Lisa Fonssagrives-Penn

AF271532

Lisa Fonssagrives-Penn

**Une collection particulière
A singular collection**

Fashion
Icône Icon
de la mode

SKIRA ☐ MEP

Il y a plusieurs années, j'ai travaillé avec Tom Penn, le fils d'Irving Penn et le directeur exécutif de la Fondation Irving Penn, sur une grande vente charitable de tirages destinés à compléter la collection de la Maison Européenne de la Photographie. L'idée était de permettre à la MEP d'acquérir plus de quarante œuvres de Penn réalisées tout au long de sa carrière afin d'enrichir son fonds déjà important et d'en faire un lieu de référence européen pour les expositions et les prêts. La générosité de la Fondation, la vision de Tom Penn et du directeur adjoint Vasilios Zatse, du responsable de la propriété intellectuelle Matthew Krejcarek et du conseil d'administration de la Fondation Irving Penn, ont ainsi permis d'approfondir et renforcer le lien fort qui existait depuis longtemps entre la MEP et Irving Penn. À ce jour, la collection a été exposée au Japon et en France ; dans les années à venir, elle continuera à l'être dans le monde entier.

Vers la fin de notre conversation, avec la modestie qui le caractérise, Tom m'a demandé si j'aimerais voir « quelque chose d'autre » sur lequel il travaillait. Naturellement j'ai accepté, me demandant à quoi il pouvait avoir le temps de se consacrer en plus de la succession de son père. À partir de quelques clichés pris à la hâte sur son iPhone, j'ai compris que Tom était également responsable du Lisa Fonssagrives-Penn Trust, qui est le dépositaire d'une collection de sculptures, peintures, monotypes et dessins de sa mère. En outre, en dehors du Trust, il y avait un ensemble de photographies provenant de sa collection personnelle. Loin d'être un album de famille, ces images de Lisa avaient été prises par de nombreux photographes importants au cours de sa carrière. Peu avant sa mort, elle en fit don à Tom qui conserva ces œuvres dans sa collection privée afin de les protéger.

Lisa Fonssagrives-Penn était en réalité l'un des plus grands top models du xxe siècle, peut-être même le premier qui travailla pour les plus grandes maisons de couture ; elle fut photographiée par les meilleurs artistes de sa génération, bien avant qu'elle ne rencontre son futur mari. Tom me dit qu'il lui restait encore beaucoup de travail avant de pouvoir tout me montrer, mais j'avais déjà le sentiment qu'il s'agirait d'une grande exposition, d'un grand livre, ou les deux à la fois. Ce que je n'aurais jamais imaginé, c'est qu'après avoir si généreusement permis à la MEP d'acquérir une grande partie de l'œuvre de son père, Tom souhaite également faire don de tirages provenant des incroyables archives photographiques ayant appartenu à sa mère. La longue et chaleureuse relation entre la MEP et Tom Penn conduisit notre équipe des collections, Pascal Hoël et Frédérique Dolivet, à se rendre à New York pour examiner les archives. Ils en revinrent encore plus enthousiastes que moi. Les œuvres étaient extraordinaires – 230 tirages en tout, réalisés entre 1935 et 1958 par une vingtaine d'artistes, dont quelques tirages couleur, des Ektachromes et des planches-contacts. De plus, la collection était très personnelle – chaque tirage avait été offert amicalement à Lisa par les photographes. Elle comprenait plusieurs images magnifiques d'Irving Penn, ainsi que soixante-quinze tirages réalisés par Fernand Fonssagrives, le premier mari de Lisa, danseur comme elle, qu'elle encouragea dans sa pratique photographique au début des années 1930, et qui devint par la suite un photographe très demandé.

Bien qu'à l'évidence il y eût beaucoup de recherches à faire pour identifier les photographes, les dates et les maisons de couture, nous avons immédiatement commencé à planifier l'exposition que ce livre accompagne : «Lisa Fonssagrives-Penn, icône de mode». Ce qui caractérise cette collection remarquablement cohérente et importante pour l'histoire de la photographie, c'est la manière dont elle donne à voir une personnalité à travers les yeux de nombreux photographes, hommes et femmes : des artistes les plus connus de leur époque à des figures plus confidentielles mais tout aussi fascinantes. Il existe par ailleurs une grande variété de mises en scène photographiques : qu'il s'agisse d'images en action prises sur le vif, montrant les talents de danseuse de Lisa Fonssagrives-Penn, ou des portraits de studio emblématiques d'Irving Penn.

Nous sommes honorés d'avoir été choisis comme dépositaires de ce fonds unique et nous exprimons notre profonde gratitude à Tom Penn et à sa famille, à Mia Fonssagrives Solow, et à l'équipe de la Fondation Irving Penn pour leur engagement continu auprès de la MEP.

Simon Baker
Directeur de la MEP

Several years ago, I was working with Tom Penn, the son of Irving Penn and Executive Director of The Irving Penn Foundation, on a major charitable sale of prints to complement the Maison Européenne de la Photographie's collection. The idea was to enable the MEP to acquire more than forty works by Penn from throughout his career to add to the MEP's already substantial holdings, which created a European "base" for exhibitions and loans. The foundation's generosity, and the vision of Tom Penn and Deputy Director Vasilios Zatse, as well as Assistant Director Matthew Krejcarek and the board of The Irving Penn Foundation, thus made it possible for the strong connection that has long existed between the MEP and Irving Penn to further deepen and flourish. To date, the collection has been exhibited in both Japan and France, and it will continue to be exhibited around the world for many years to come.

Toward the end of our conversation, Tom, with his characteristic modesty, asked if I would like to see "something else" that he had been working on. Naturally, I said yes, wondering what he could possibly have time for whilst overseeing his father's estate. From just a few hastily taken snapshots on his iPhone, I came to understand that Tom was also responsible for the Lisa Fonssagrives-Penn Trust, the repository of a personal collection of his mother's sculptures, paintings, monotypes and drawings. In addition, outside of the Trust's holdings, there was a photographic component of her personal collection. Far from being a family album, these images of Lisa were taken by many important photographers during her career. Shortly before her death, she gifted them to Tom, who kept these works in his private collection in order to protect them.

Lisa Fonssagrives-Penn was in fact one of the greatest "supermodels" of the twentieth century, perhaps even the first, who worked for the finest couture houses and was photographed by some of the greatest artists of her generation, long before she met her future husband. Tom said he had a lot of work to do before I could see everything, but to me it already sounded like a great exhibition, a great book, or both. What I had never imagined was that having so generously made it possible for the MEP to acquire so much of his father's work, Tom would also want to donate prints from the incredible photographic archive that had belonged to his mother. The long and warm relationship between the MEP and Tom Penn led our collections team, Pascal Hoël and Frédérique Dolivet, to travel to New York to look at the material. They came back even more excited than I had been. The works were stunning – 230 prints in all, made between 1935 and 1958 by some twenty artists, including colour prints, transparencies and contact sheets. Moreover, the collection was intensely personal: each print had been given to her by the photographers out of friendship. It included several magnificent images by Irving Penn, as well as seventy-five prints by Lisa's first husband, Fernand Fonssagrives, like her a dancer, whom she encouraged to take informal photographs in the early 1930s and who went on to become an incredibly successful photographer.

Although there was obviously a great deal of research to be done to identify the photographers, dates and fashion houses, we immediately began planning the exhibition that this book accompanies: *Lisa Fonssagrives-Penn, Fashion Icon*. What marks this extraordinarily complete and important collection is the way in which we are able to see one personality through the eyes of many different photographers, both men and women: from the best-known practitioners of their day to lesser-known but equally fascinating figures. There are also wide differences in the nature of the staging, from candid, action-filled images showing Lisa

Fonssagrives-Penn's skill as a trained dancer to Irving Penn's iconic studio portraits.

We are honoured to have been chosen as the custodians of this unique body of work, and express our profound gratitude to Tom Penn and his family, to Mia Fonssagrives Solow, and to the team at The Irving Penn Foundation, for their ongoing commitment to the MEP.

Simon Baker
Director, MEP

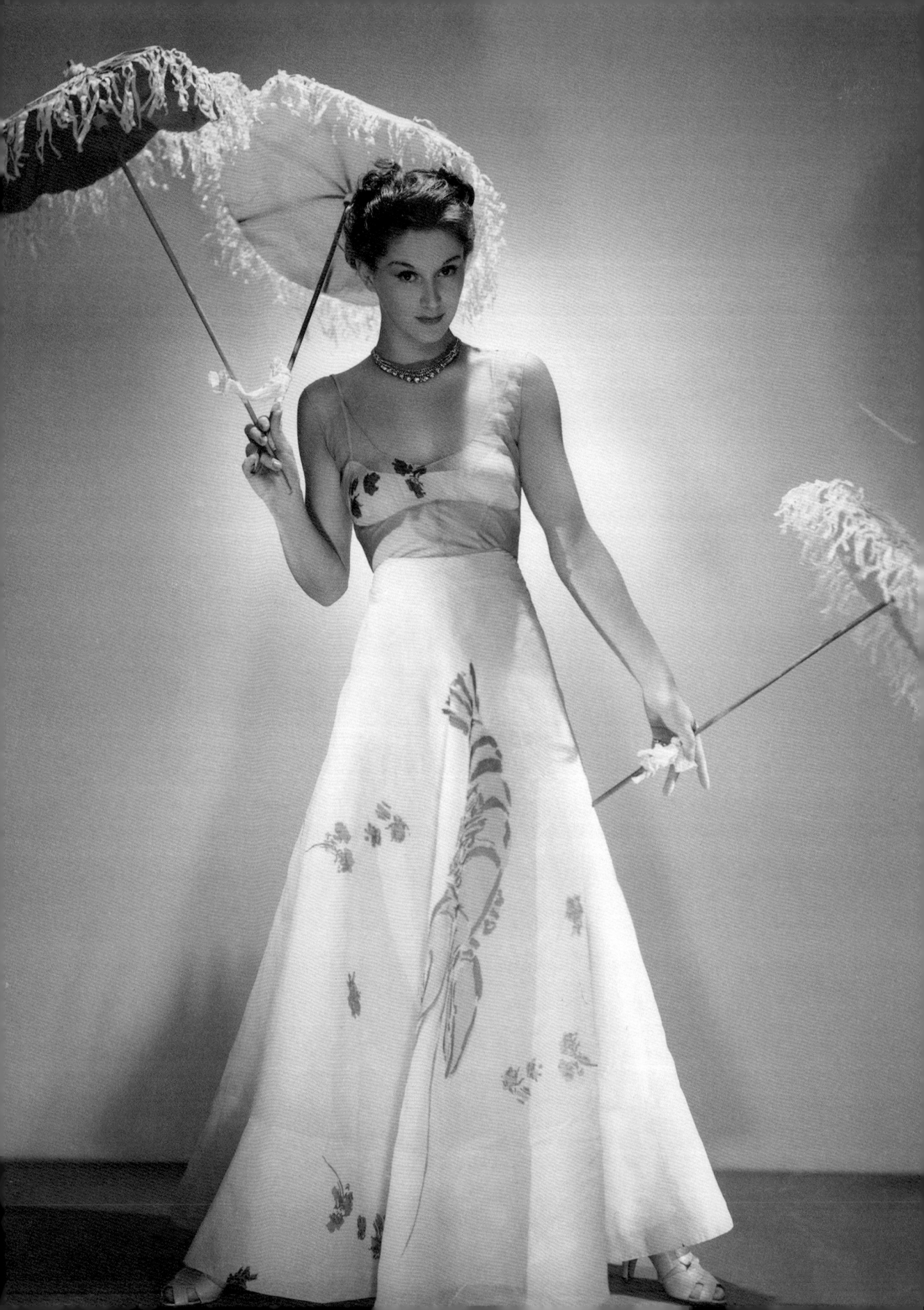

Vince Aletti

Une photographie de mode n'est pas une photographie de robe, c'est une photographie de femme. Alexander Liberman

J'ai toujours pensé que nous vendions des rêves, pas des vêtements. Irving Penn

Irving Penn a rejoint l'équipe de *Vogue* en 1943 et s'est rapidement imposé comme un maître de la nature morte artistiquement désordonnée et du portrait de studio formaliste mais informel. En 1946, il commence une série de portraits de groupe. Avec une approche qui semble improvisée, bien qu'en réalité très précise, il dispose les danseurs et les chorégraphes du Ballet Theatre, les dessinateurs («artistes») du *New Yorker* et les producteurs les plus puissants de Broadway sur des échafaudages, des échelles et des blocs recouverts de tapis dans son studio dépouillé. Les résultats sont pleins d'esprit, saisissants, et – malgré toutes leurs références à l'Antiquité – d'une modernité frappante. Si dans ses premières années chez *Vogue* Penn a fait de la photographie de mode, ce n'était que de temps en temps et rarement avec les meilleurs mannequins. Ainsi, lorsqu'il a mis en scène un groupe auquel on donnera la légende «Les douze femmes mannequins les plus photographiées» en 1947, c'était la première fois qu'il travaillait avec la plupart d'entre elles, et notamment Lisa Fonssagrives. Au centre du groupe, penchée sur le dossier d'une chaise, elle est saisie de profil, l'air serein. Comme toutes les femmes ici présentes, elle habite un monde charmant qui lui est propre, prenant une pose qui souligne sa présence unique et ne permet aucune intrusion. Deux ans plus tard, en septembre 1949, Fonssagrives sera le premier mannequin de mode à faire la couverture du magazine *TIME* (avec pour légende: «Les illusions vendent-elles les réfrigérateurs?»). L'année suivante, elle épousera Penn.

Le portrait de groupe réalisé par Penn en 1947 est l'une des premières fois où Fonssagrives et ses collègues mannequins sont identifiées par leur nom. *Vogue* intitule l'article «12 Beauties/ The most photographed models in America» («12 beautés/Les femmes mannequins les plus photographiées d'Amérique») et ajoute une longue légende dans la marge de la page en regard, qui se termine par les noms des mannequins. Parmi les commentaires: «Ces douze femmes partagent un regard de non-adolescence, un regard qu'elles ont développé non pas tant en étant belles qu'en le devenant.» (La «non-adolescence» est un terme du milieu de la mode qui désigne l'apparition d'une maturité sophistiquée chez une femme d'une vingtaine d'années. La véritable adolescence n'intéressait pas *Vogue* en 1947). Cette photographie de Penn est l'une des plus célèbres et parmi les plus fréquemment reproduites, tant dans ses monographies que dans les ouvrages sur l'histoire de la photographie de mode; mais partout où elle apparaît, les noms des mannequins sont invariablement supprimés. Depuis l'introduction de la photographie dans les magazines de mode dans les années 1920, les mannequins professionnels étaient strictement anonymes; les seules femmes mannequins qui étaient identifiées par leur nom étaient des mondaines (Mme William Paley), des sportives, des actrices de théâtre ou des stars de cinéma. Lorsque la photographie de Richard Avedon que nous connaissons aujourd'hui sous le nom de «Dovima et les éléphants» a été publiée dans le *Harper's Bazaar* de septembre 1955, seul apparaissait «Dior», le nom du créateur de la robe qu'elle portait.

Pourtant, Dovima et Avedon ont marqué un tournant: un modèle original, un photographe passionné et audacieux; l'alliance des deux ne pouvait que sauter aux yeux. C'est le cas dans *Drôle de frimousse*, le film de Stanley Donen de 1957, dans lequel Fred Astaire incarne une version chantante, dansante et romantique d'Avedon; et Dovima une version caricaturale d'elle-même, lisant des bandes dessinées et mâchant du chewing-gum. Même si Avedon a participé à tous les aspects de la direction artistique du film, une comédie musicale sur un photographe de mode amoureux n'allait pas changer le monde. Cependant, grâce au suivi enthousiaste de Diana Vreeland chez *Harper's Bazaar* (puis chez *Vogue*), et de manière évidente et irrésistible, le film a aidé à imposer dans la culture pop l'idée que les mannequins de mode sont des célébrités – ce que la couverture de *TIME*, avec Fonssagrives, ne laissait qu'entrevoir. Dans les années 1960, les mannequins ne sont plus seulement des beautés mais des personnalités qui peu à peu, puis dans un élan formidable, redéfinissent la beauté : Suzy Parker, Jean Shrimpton, Lauren Hutton, Penelope Tree, Donyale Luna, Twiggy, Veruschka, Peggy Moffitt.

Mais nous nous sommes trop avancés. Prenons un peu de recul. Tout d'abord, il est utile de rappeler que Lisa Bernstone, née en Suède en 1911, a épousé un photographe, Fernand Fonssagrives, qu'elle avait rencontré alors qu'ils suivaient tous deux le même cours de danse à Paris. Lorsqu'une blessure empêche Fernand de continuer à danser, il se met à la photographie et Lisa est encouragée à poser, d'abord pour Horst P. Horst, puis pour George Hoyningen-Huene, Erwin Blumenfeld, Man Ray et d'autres, à la fois pour *Vogue* et *Harper's Bazaar*. En 1939, alors que la guerre approche, les Fonssagrives quittent Paris pour New York, où Fernand photographie pour *Town & Country* et où Lisa continue à travailler avec Horst P. Horst et Huene, désormais en exil, George Platt Lynes, et enfin Penn. Lorsqu'elle fait la couverture de *TIME*, elle est, selon le journal, le mannequin le mieux payé des États-Unis, à hauteur de 40 dollars de l'heure et environ 500 dollars par semaine. Bien que *TIME* ait placé l'histoire de Fonssagrives dans ses pages «Business & Finance» et titré l'article *Billion-Dollar Baby*, il ne s'agit pas d'une grosse affaire. Un mannequin qui ne se lève pas pour moins de 10 000 dollars la journée, comme l'affirmera Linda Evangelista en 1990, est inconcevable en 1949. Fonssagrives n'hésite pas à mettre à mal l'idée des milliards de dollars. «Je ne suis qu'un bon cintre», dit-elle.

La modestie lui ressemble, mais c'est rarement l'attitude qu'elle projette. Comme tout mannequin, Fonssagrives n'aurait pas pu connaître le même succès ni la même popularité si elle n'avait pas été capable d'adapter son humeur en fonction des circonstances. Elle est particulièrement douée pour les poses majestueuses et sait ne pas les rendre froides ou dédaigneuses. La cliente imaginaire qu'elle incarne à travers les robes qu'elle porte se veut aimable, pas glaciale. Devant l'appareil photo, elle peut être incandescente ou bien baisser d'un cran et se montrer subtilement expressive, à la limite du repli sur soi. Il s'agit pour elle d'être avant tout présente dans l'instant et de répondre à la personne qui se trouve derrière la caméra. Le seul écrit quelque peu vivant dans le profil de *TIME* est une transcription des instructions point par point d'Irving Penn à Fonssagrives au cours d'une séance photo : «Amuse-toi», lui dit-il. «Maintenant, bouge vraiment de ce côté-ci, bouge légèrement de ce côté-là… C'est très bien… Vas-y maintenant, vraiment en mouvement… Vas-y… Oui, oui… laisse le mouvement se répercuter dans tout le corps… Détends les épaules… Creuse la poitrine… C'est merveilleux, merveilleux!» Nous ne pouvons qu'imaginer ce qui se passe devant l'objectif, mais nous n'avons pas besoin d'une planche-contact pour prouver que Fonssagrives était sans cesse en mouvement : du plus marqué au plus léger, en passant par toutes les variations intermédiaires.

Parfois, un mannequin est réduit à son corps, mais sur ce plan-là aussi Fonssagrives avait l'avantage. Souple grâce à ses années de danse et à une vie personnelle active et sportive, elle était la figure idéale pour la célèbre couverture du *Vogue* de Horst P. Horst du 1er juin 1940, épelant le nom du magazine avec son corps – bras et jambes en l'air pour un «V» devenu d'emblée iconique. Les États-Unis n'étaient pas encore entrés en guerre, mais *Vogue* signalait déjà la Victoire de la manière la plus élégante qui soit. La séance photo avec Horst P. Horst a été réalisée en maillot de bain ; Lisa a souvent été photographiée dans des tenues plus légères. Mais elle est surtout connue pour des séances plus formelles, et surtout pour la remarquable série qu'elle a réalisée avec Penn autour de la haute couture parisienne au cours de l'été 1950. Pour le premier travail de Penn sur les collections parisiennes, Alexander Liberman, directeur artistique impérial de *Vogue* et mentor indulgent de Penn, l'installe dans un studio à lumière naturelle au dernier étage d'une école de photographie sur la rive gauche. Dans son livre *Passage*, paru en 1990, Penn raconte cette expérience : « C'était la lumière de Paris telle que je l'avais imaginée, douce mais déterminante ». Un rideau de théâtre mis au rebut – un rouleau de toile peinte évoque un ciel de platine orageux en noir et blanc – a servi de toile de fond neutre (il convenait si bien à Penn qu'il l'a renvoyé à New York et l'a utilisé pendant le reste de sa carrière). Les photographies qui en résultent sont publiées dans les éditions américaine, britannique et française de *Vogue* ; cette dernière, étalée sur deux mois à l'automne 1950, étant la plus complète. À cette époque, Penn publie régulièrement des pages de mode, pourtant il n'a jamais semblé particulièrement investi dans les résultats. Si les photos étaient impeccables, les mannequins auraient tout aussi bien pu être des mannequins de vitrine. « Je pense que la personnalité de la fille ne doit jamais s'immiscer », aurait déclaré Penn. Son travail à Paris était différent : toujours impeccable, mais avec plus d'âme, voire de passion. Fonssagrives n'était pas le seul modèle de la séance photo, elle est cependant la plus mémorable, la plus ravissante. Nous savons maintenant qu'il y avait de l'amour dans l'air et que cette atmosphère imprégnait le travail. Les séances de Paris ont eu lieu en juillet ; Penn et Fonssagrives (qui s'était séparée de Fernand en 1949) se sont mariés en septembre. Les photos des séances parisiennes ne peuvent résumer ces deux carrières très différentes dans le domaine de la photographie de mode et en dehors, mais toute histoire du

médium les considère comme la réunion parfaite des styles classique et moderne. Penn, le grand formaliste, est à son meilleur ici car il s'autorise une certaine chaleur et une nouvelle tendresse. En règle générale, son travail est méticuleusement descriptif, mais il apprécie aussi profondément la beauté et l'élégance du modèle et des vêtements. Il est enthousiasmé par tout ce qu'il regarde et cette exaltation continue d'animer son travail. De toute évidence, c'est un vrai bonheur pour lui de photographier Lisa. Même lorsqu'elle se montre distante ou amusée, elle est merveilleusement vivante. Si sa personnalité s'immisce dans l'œuvre, Penn n'en est que plus heureux.

Après son mariage, Fonssagrives-Penn continue à travailler comme mannequin avec Norman Parkinson, Lillian Bassman, Frances McLaughlin-Gill, Milton Greene, Louise Dahl-Wolfe et d'autres. Elle a alors une quarantaine d'années, elle est toujours d'une beauté exceptionnelle, mais elle est un peu plus âgée que ses concurrentes, toujours plus jeunes. Lorsqu'avec Penn ils ont un fils, Tom, en 1952, elle commence à refuser plus de travail qu'elle n'en accepte et finit par s'arrêter, consacrant plus de temps à son atelier de sculpture et à la création d'une ligne de vêtements. Elle avait quatre-vingts ans lorsqu'elle est décédée en 1992, mais n'avait nullement perdu de son éclat et à peine ralenti le rythme. Quelques années auparavant, elle avait accepté de soutenir le projet de David Seidner, son ami photographe, de publier un livre rassemblant les meilleures photographies de sa carrière de mannequin. Ce livre qui était attendu déjà bien avant sa mort ne sera publié qu'en 1996. *Lisa Fonssagrives: Three Decades of Classic Fashion Photography* est le fruit d'un travail passionné et d'une conception remarquable. Il s'agit de l'une des meilleures histoires de la photographie de mode, dans les années où elle s'adressait encore à un public relativement restreint et averti, vue à travers le prisme d'une femme mannequin polyvalente, astucieuse et sophistiquée, dont le travail résume tout.

L'exposition à la Maison Européenne de la Photographie s'appuie sur cette même histoire visuelle et comprend de nombreuses autres photographies issues des archives personnelles de Fonssagrives. Intégrant des travaux à la fois publiés et privés, dont beaucoup lui avaient été offerts et dédicacés, cette exposition a l'intimité d'un album et la portée d'un documentaire. C'est là l'œuvre d'une vie, mais elle ne peut que suggérer la rigueur, le dévouement, les exigences et les récompenses de cette vie. Fonssagrives est à la fois présente et hors de portée, malléable et toujours bien elle-même. Image après image, c'est une magnifique réussite : un autoportrait collaboratif, ouvert et toujours très vivant.

Vince Aletti est un critique et commissaire d'exposition basé à New York. Ancien critique de photographie pour *The Village Voice*, **il écrit aujourd'hui sur les expositions et les livres photo pour** *The New Yorker*. **En 2019, il a publié** *Issues: A History of Photography in Fashion Magazines*. **Son livre** *The Drawer* **a remporté le Prix du livre photographique de l'année 2023 à Paris Photo.**

Page 10
George Platt Lynes
Robe « Homard » Elsa Schiaparelli
en organza blanc, *Harper's Bazaar*, avril 1937
Prêt de l'Archive Tom Penn
Tirage gélatino-argentique
22,6 × 16,5 cm
Elsa Schiaparelli's white organza
"Lobster Dress", *Harper's Bazaar*, April 1937
Loan from the Tom Penn Archive
Gelatin silver print

**A fashion photograph is not
a photograph of a dress; it's a photograph
of a woman.** Alexander Liberman

**I always felt I was selling dreams,
not clothes.** Irving Penn

Irving Penn joined the staff of *Vogue* in 1943
and quickly established himself as a master of
the artfully dishevelled still life and the informal
formal studio portrait. In 1946, he began a
series of group portraits. With an approach that
appeared improvised but was quite precise,
he arranged the dancers and choreographers
of the Ballet Theatre, the cartoonists ("artists")
at *The New Yorker*, and Broadway's most
powerful producers on scaffolding, ladders, and
carpet-covered lumps in his bare studio. The
results were witty, arresting, and, for all their
retro references, strikingly modern. Although
Penn did fashion in his early years at *Vogue*,
it was only occasionally and rarely with the
top models. So when he staged a group of
what's officially captioned "The Twelve Most
Photographed Models" in 1947, he was working
with most of them, including Lisa Fonssagrives,
for the first time. At the centre of the group,
leaning over the back of a chair, Fonssagrives
is caught in serene profile. Like all the women
here, she's in a lovely world of her own, striking
a pose that emphasises her unique presence
and allows for no intrusion. Two years later,
in September 1949, Fonssagrives would be
the first fashion model on the cover of *TIME*
magazine (the caption: "Do illusions also sell
refrigerators?"). The following year, she and
Penn would be married.

Penn's 1947 group portrait was one of the first
times Fonssagrives or any of her fellow-models
was identified by name. *Vogue* titled the spread
"12 Beauties/The most photographed models
in America" and snaked a long caption down
the margin on the opposite page, ending with
their names. Among the comments: "These
twelve share a look of non-adolescence, a
look gained not so much in being beautiful as

becoming so." ("Non-adolescence" is fashion-
speak for the appearance of sophisticated
maturity in a woman who's in her twenties.
Actual adolescence was not of interest to
Vogue in 1947.) The photograph is among
Penn's most famous and most frequently
reproduced, both in his retrospective books
and in histories of fashion photography, but
wherever it appears, the models' names are
invariably dropped. Since photography was
introduced to fashion magazines in the 1920s,
professional models were strictly anonymous;
the only women modelling clothes who were
identified by name were socialites (Mrs. William
Paley), sportswomen, theatre actresses,
or movie stars. When the Richard Avedon
photograph we now know as "Dovima with
Elephants" ran in the September 1955 issue of
Harper's Bazaar, only the designer of the dress
she was wearing, Dior, was named.

Still, Dovima and Avedon were something of a
turning point: a distinctive model, a passionate,
head-strong photographer; the combination
was bound to jump off the page. It did with
Funny Face, Stanley Donen's 1957 film with Fred
Astaire playing a singing, dancing, romantic-
lead version of Avedon and Dovima playing a
cartoon version of herself, reading comics and
chewing gum. Even if Avedon was involved
in every aspect of the film's art direction, a
musical about a fashion photographer in love
wasn't going to change the world. But, with
enthusiastic follow-through by Diana Vreeland
at *Harper's Bazaar* (and later at *Vogue*), it
helped open up the pop-culture landscape to
the inevitable, irresistible idea of fashion models
as celebrities – something Fonssagrives' *TIME*
cover could only hint at. By the 1960s, models
weren't just beauties, they were personalities
who, little by little and then in a terrific rush,
redefined beauty: Suzy Parker, Jean Shrimpton,
Lauren Hutton, Penelope Tree, Donyale Luna,
Twiggy, Veruschka, Peggy Moffitt.

But we're getting too far ahead of ourselves.
We need some perspective. First, it's helpful to

know that Lisa Bernstone, born in Sweden in 1911, was married to a photographer, Fernand Fonssagrives, whom she had met when they were both taking the same dance class in Paris. When an injury prevented Fernand from continuing to dance, he took up photography and Lisa was encouraged to model, first for Horst, then George Hoyningen-Huene, Erwin Blumenfeld, Man Ray, and others at both *Vogue* and *Harper's Bazaar*. In 1939, just as war was bearing down, the Fonssagrives left for New York, where Fernand photographed for *Town & Country* and Lisa continued to work with Horst and Huene, now in exile, George Platt Lynes, and, eventually, Penn. When she appeared on the cover of *TIME*, she was, they claimed, America's highest paid model, making all of $40 an hour and averaging $500 a week. Although *TIME* slotted the Fonssagrives story into their Business & Finance pages and titled the piece "Billion-Dollar Baby", this was hardly big business. A model who wouldn't get out of bed for less than $10,000 a day, as Linda Evangelista claimed in 1990, was inconceivable in 1949. Fonssagrives is quick to puncture the billion-dollar bubble. "I'm just a good clothes hanger", she said.

Modesty became her, though it was rarely the attitude she projected. Like any model, Fonssagrives couldn't have been as successful or as popular as she was if she hadn't been able to alter her mood to suit the circumstances. But she was especially good at hauteur, and at keeping that pose from turning chilly or disdainful. Her imaginary couture client was gracious, not glacial. She could be incandescent in front of the camera, or she could turn it down a notch and be subtly expressive and just this side of withdrawn. It was all about being present in the moment and responsive to the person behind the camera. The only vivid writing in the *TIME* profile is a transcription of Irving Penn's minute-by-minute instructions to Fonssagrives in the course of a photo session. "Just enjoy the whole thing", he says. "Now let's have some major

action here, some minor action there...that's quite good.... Go on now, really moving.... Go right on.... Yes, yes...let the action transfer to the whole body.... Relax the shoulders...hollow the chest.... That's wonderful, wonderful!" We can only imagine what's going on in front of the camera, but we don't need a contact sheet to know that Fonssagrives was in constant motion: major action, minor action and everything in between.

Sometimes a model is just a body, but here too Fonssagrives had the edge. Supple from her years as a dancer and an active, sporty life off-camera, she was the ideal figure for Horst's famous *Vogue* cover of 1 June 1940, spelling out the magazine's name with her body: arms up, legs up for an instantly iconic V. The United States was not yet at war, but *Vogue* was signalling Victory in the most stylish way possible. The Horst shoot was done in a bathing suit; she was often photographed in less. But Fonssagrives is best known for more formal sittings, and best of all for the remarkable series she did with Penn and the Paris couture in the summer of 1950. For Penn's first Paris collections work, Alexander Liberman – *Vogue*'s imperial art director and Penn's indulgent mentor – set him up in a daylight studio on the top floor of what used to be a photography school on the Left Bank. Writing about the experience in his book *Passage* (1990), Penn says, "It was the light of Paris as I had imagined it, soft but defining." A discarded theatre prop, a roll of painted canvas that suggests a stormy platinum sky in black and white, served as a neutral backdrop. (It suited Penn so well that he shipped it back to New York and used it for the rest of his career.) The resulting photographs ran in the American, British and French editions of *Vogue*, with the latter, spread over two months in autumn 1950, being the most extensive. Penn had been turning out fashion pages regularly by this time, but he never seemed especially invested in the results. The pictures were flawless but the models might as well have been mannequins.

"I don't think the girl's personality should ever intrude", Penn is quoted as saying. His Paris work was different: still flawless but more soulful, even passionate. Fonssagrives was not the only model on the shoot, but she's the most memorable, the most ravishing. We know now that love was in the air and that atmosphere pervades the work. The Paris sessions were in July; Penn and Fonssagrives (who'd separated from Fernand in 1949) were married in September.

Pictures from the Paris sessions can't begin to sum up these two very different careers in and outside of fashion photography, but any history of the medium acknowledges them as perfect examples of the blending of classic and modern approaches. Penn, the great formalist, is at his best here because he's allowed himself a new warmth and tenderness. Typically, the work is meticulously descriptive, but it's also deeply appreciative of the beauty and elegance of both the model and the clothes. He's excited – thrilled – by everything he's looking at and that excitement still animates the work. Obviously, one of the things that thrills him is Fonssagrives. Even when she's playing it aloof or amused, she's wonderfully alive here. If her personality is intruding, Penn couldn't be more pleased.

After their marriage, Fonssagrives-Penn continued working as a model with Norman Parkinson, Lillian Bassman, Frances McLaughlin-Gill, Milton Greene, Louise Dahl-Wolfe, and others. But she was now in her early forties, still an outstanding beauty but quite a bit older than her ever-younger competition. When she and Penn had a son, Tom, in 1952, she began to turn down more work than she took, and eventually stopped, spending more serious time in her sculpture studio and designing a line of clothes. She was 80 when she died in 1992, but had never faded and hardly slowed down. Just a few years before, she'd agreed to the idea of her friend, the photographer David Seidner, for a

book collecting the best photographs from her career as a fashion model. It was years overdue when she died, but *Lisa Fonssagrives: Three Decades of Classic Fashion Photography*, a labour of love and exceptional design, was published in 1996. It's one of the best condensed histories of fashion photography in the years when it was still speaking to a relatively small and discerning audience, seen through the prism of one versatile, shrewd, and sophisticated model.

The Maison Européenne de la Photographie exhibition draws on this same visual history and includes many more photographs from Fonssagrives' personal archive. Including work both published and private, much of it gifted and dedicated to her, it has the intimacy of a scrapbook and the range of a documentary. It's a life's work, but it can only begin to suggest the off-camera rigorousness, dedication, demands and rewards of that life. Fonssagrives is at once present and beyond, malleable and always very much herself. Picture by picture, it's a splendid achievement: a collaborative self-portrait, open-ended and still very much alive.

Vince Aletti is a New York-based critic and curator. Formerly the photography critic for *The Village Voice*, he now reviews exhibitions and photo books for *The New Yorker*. In 2019, he published *Issues: A History of Photography in Fashion Magazines*. His book *The Drawer* won the 2023 Photo Book of the Year at Paris Photo.

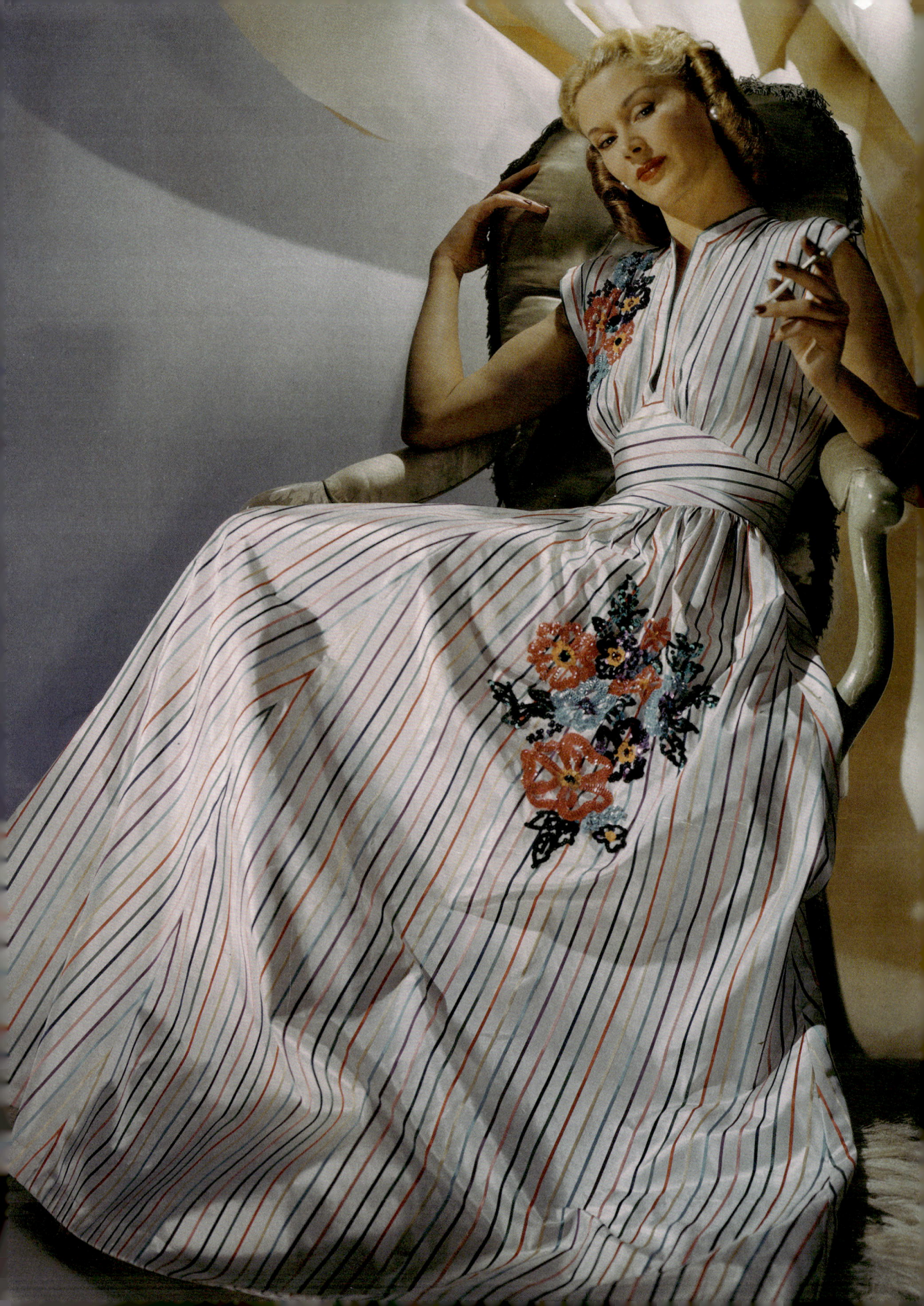

Laurence Benaïm

**«Qu'aime l'amour ? L'infinité.
Que craint l'amour? Des bornes.»**

Søren Kierkegaard, *Le Journal du séducteur*, 1843

Elle est née en Suède, six ans après Garbo. C'est dans un ascenseur qu'elle a rencontré Willy Maywald, avant que ses premiers essais de mannequin ne soient suivis par une série test avec Horst P. Horst pour *Vogue*: ce fut alors le début d'une longue carrière qui fit d'elle le premier top model de l'histoire de la mode. Lisa Fonssagrives-Penn, le premier mannequin à avoir eu droit à la couverture de *TIME*, le 19 septembre 1949. Auprès d'Henry Moore, elle disait avoir appris «le sens du volume et du poids[1]». Au Louvre, elle a étudié les plissés antiques qui inspiraient tant Alix Grès. 1911-1992 – sa vie est une légende. Un émerveillement sculpté par la lumière de George Hoyningen-Huene, Man Ray, Horst P. Horst, Erwin Blumenfeld, George Platt Lynes, Louise Dahl-Wolfe, Norman Parkinson, Richard Avedon. Quoi de commun entre la Lisa Fonssagrives dansant dans un champ, photographiée par André Steiner en 1936, et l'épouse d'Irving Penn, au visage dissimulé derrière un voile en mousseline, si altière dans une «Cocoa Dress» de Balenciaga? Prononcer son nom, c'est se redresser, ouvrir ses épaules, enfiler de longs gants noirs qui repoussent le monde en l'aimantant. Un nom qui est à lui seul une apparition. Il bondit, et la griffe devenue *grive* a quelque chose d'ailé, digne de créatures prophétiques des légendes slaves, de l'Alkonost calmant les vents et les tempêtes au Gamaïoun qui sait tout de la terre et du ciel. Il s'étire, en majesté, pareil à un grand cygne dont on cherche obstinément à croiser le regard; ou mieux, dont on tente de s'abstraire, tant la rencontre avec le personnage est chargée d'émotion.

«J'aimais vraiment Madame de Guermantes. Le plus grand bonheur que j'eusse pu demander à Dieu eût été de faire fondre sur elle toutes les calamités, et que ruinée, déconsidérée, dépouillée de tous les privilèges qui me séparaient d'elle, n'ayant plus de maison où habiter ni de gens qui consentissent à la saluer, elle vînt me demander asile[2]»: Lisa Fonssagrives-Penn, c'est tout à la fois l'Oriane de Guermantes de Proust, la Clélia Conti de Stendhal, ou la Blanche-Henriette de Mortsauf de Balzac, «au brillant des cheveux lissés au-dessus d'un cou velouté[3]».

Une allure donc. Un style. Une présence. Une forme de discipline. Une attitude digne d'une œuvre d'art vivante. Tout ce qu'elle touchait devenait immédiatement entre ses mains un projet esthétique, qu'il s'agisse de peinture, d'entrechats, de sculpture, de pose devant l'objectif des plus grands photographes du monde. «Mes parents étaient de grands amateurs d'art: enfant, j'ai passé toutes mes vacances à traverser des musées. Mon père peignait et nous encourageait beaucoup, ma sœur et moi. Ma mère aussi avait un tempérament créateur[4]». Ce «tempérament créateur» n'aura cessé d'être le sien, et son corps est au cœur d'une histoire tout en mouvement et en perpétuelle renaissance. Un corps qui a transcendé toutes les modes, et dont la tenue magistrale tient bien évidemment à sa formation de danseuse. «Toute mon expérience est liée à la danse. J'ai commencé par la danse, je m'y suis projetée totalement. Mannequin, je considérais mes poses comme des mouvements de danse arrêtés», assurait-elle. «J'apportais à ce métier une maîtrise de danseuse. Pour moi, la nature est pleine de choses qui dansent et que j'ai envie de toucher, les branches en mouvement, les rochers que les vagues recouvrent[5].» Qu'elle soit nue, en maillot de bain drapé,

1. «Lisa Fonssagrives-Penn. Profession : artiste. Mannequin légendaire devenue aujourd'hui sculpteur: autoportrait d'une femme élégante», *Air France Madame*, n°11, 1989.

2. Marcel Proust, *À la recherche du temps perdu*, vol. 3, *Le Côté de Guermantes*, Paris, Gallimard, 1920.
3. Honoré de Balzac, *Le Lys dans la vallée*, Paris, Gallimard, 2004.
4. «Lisa Fonssagrives-Penn by David Seidner», *BOMB*, n°12 (printemps 1985).
5. «Lisa Fonssagrives-Penn. Profession : artiste. Mannequin légendaire devenue aujourd'hui sculpteur: autoportrait d'une femme élégante», *op. cit.*

ou parée d'une cape qui semble soulevée par un vent invisible, Lisa Fonssagrives traverse toutes les décennies, elle les emporte comme on «enlève» une robe, faisant oublier les modes au nom d'un style qui se prête à toutes les métamorphoses. Elle assurait ne jamais avoir laissé un maquilleur s'approcher d'elle. C'est elle qui façonnait son visage, point de départ de tout ce que la robe lui inspirait. Tel est sans doute le secret de sa présence à facettes: «Avant la photo, je me regardais dans le miroir de la cabine et instinctivement, j'essayais de résoudre le problème qui allait se poser au photographe. J'examinais la coupe de la robe, j'essayais des attitudes pour voir comment elle tombait mieux, comment la lumière la mettait en valeur. En somme, je cherchais une ligne, comme quand on commence un dessin[6]». La différence est là. Certains mannequins essaient des robes. Lisa Fonssagrives essayait des attitudes. Il y a, chez elle, au-delà du métier qui consiste à paraître la plus hiératique possible, un jeu intérieur digne d'une grande artiste, une dramaturge de l'anatomie parée. Elle qui, très jeune, est entrée dans la peau de tant de personnages, lectrice précoce de Dostoïevski, Kierkegaard, Freud, mais également Voltaire, Sartre, Mallarmé, Malraux. «J'essayais de me voir de l'extérieur. Je me comportais plus en metteur en scène qu'en actrice. Je n'étais plus Lisa Fonssagrives: j'étais devenue la fille de la robe. À tel point qu'en regardant les planches-contacts, je me disais: «Tiens! elle pose bien. Là elle a l'air emprunté[7]».

Ce dos qui se bombe légèrement, cet œil de biche tracé par une véritable calligraphe, contiennent tout ce dont un photographe peut en effet rêver: la maîtrise du geste autant que de la technique. Si la force d'une grande première d'atelier est de faire oublier que la robe a été touchée, celle de Lisa Fonssagrives est sans doute de garder secrètes les coulisses de l'exploit, les spots de cinq mille watts, les interminables séances de pose. On dirait qu'elle ne subit rien, qu'elle ne transpire pas, qu'elle n'a jamais chaud, ni froid. Enfant, elle a appris à réaliser ses robes; jeune mariée, elle va se mettre à la photographie, et lors de sa rencontre avec Irving Penn, elle sait déjà comment utiliser le ferricyanure pour blanchir l'image et éliminer le contour de la forme. «Finalement, je me remariai. Le labo devint une chambre d'enfant. Mais je n'ai pas arrêté mon métier de mannequin[8]». Cette vocation qui n'en semblait pas une, elle la transforme même en créant une ligne de vêtements de sport pour le magasin Lord & Taylor. Puis en sculptant. Chaque étape de sa vie semble admirablement cousue, s'ajuste à la perfection sur ce corps intérieur qui ne bouge pas. Entrer dans «un état de vide, de néant[9]», c'est sans doute pour elle la meilleure façon de «se rendre disponible à ce qui va advenir», de modeler son obsession, pareille à Madeleine Vionnet, Alix Grès, ou peut-être même Azzedine Alaïa, virtuoses de la coupe. Éliminer tout ce qui entrave le mouvement, tout ce qui le fige, pour aller vers l'inconnu familier, chercher la sensation pure, fruit d'un long travail de construction. Fixer la grâce, l'instant suprême. Lisa l'innombrable, modèle, danseuse, artiste, épouse, mère. Lisa suédoise, américaine, européenne. En robe «Homard» d'Elsa Schiaparelli, en «femme au chapeau-poule» ou en odalisque au palais de la Bahia à Marrakech, «muse accomplie et parfait caméléon[10]» – selon David Seidner qui lui consacra une exposition et un livre paru chez Schirmer/ Mosel –, elle règne, s'envole, trace son chemin à l'encre de son regard. Le temps aura été cette glaise à laquelle elle a donné des formes d'une pureté extrême. Si enchantement il y a, il tient à sa capacité de plonger à l'intérieur d'elle-même, d'aller fouiller au plus profond de son

6. «Lisa Fonssagrives-Penn by David Seidner», *op. cit.*
7. *Ibid.*
8. *Ibid.*
9. «Lisa Fonssagrives-Penn. Profession: artiste. Mannequin légendaire devenue aujourd'hui sculpteur: autoportrait d'une femme élégante», *op. cit.*
10. David Seidner, «La danse immobile», dans *Lisa Fonssagrives: Trente ans de classiques de la photo de mode*, Munich, Schirmer/Mosel, 1996.

être pour faire surgir une apparence sculptée. Qu'elle soit minérale ou de chair. Là, dans cette forme de dépassement qui fait d'elle un soleil absolu à l'ombre du géant Irving Penn. Et qui redonne à la mode, si versatile par excellence, une forme d'éternité.

Journaliste, écrivaine, Laurence Benaïm est l'auteure de nombreux ouvrages, dont les biographies d'Yves Saint Laurent, de Jean-Michel Frank, Marie-Laure de Noailles (Grasset). Elle a notamment publié *Christian Dior, Christian Bérard, la mélancolie joyeuse* (Gallimard) en 2023.

Page 18
Louise Dahl-Wolfe
Sans titre, vers 1946
Tirage à développement chromogène
35,2 × 28,6 cm
Untitled, ca. 1946
C-type print

**"What does erotic love love? Infinity.
What does erotic love fear? Boundaries."**
Søren Kierkegaard, *The Seducer's Diary* (1843)

She was born in Sweden, six years after Garbo. She met Willy Maywald in an elevator, before her first attempts at modelling were followed by a test series with Horst P. Horst for *Vogue,* and the start of a long career that made her the first supermodel in fashion history. Lisa Fonssagrives-Penn, the first model to grace the cover of *TIME* on 19 September 1949. From Henry Moore, she said she had learned "the sense of volume and weight."[1] At the Louvre, she studied the pleats of Antiquity that so inspired Alix Grès. 1911–1992. Her life was mythical. A wonder sculpted by the light of George Hoyningen-Huene, Man Ray, Horst P. Horst, Erwin Blumenfeld, George Platt Lynes, Louise Dahl-Wolfe, Norman Parkinson, and Richard Avedon. What does Lisa Fonssagrives dancing in a field, photographed by André Steiner in 1936, have in common with Irving Penn's wife, her face hidden behind a muslin veil, so haughty in a Balenciaga "Cocoa Dress"? To pronounce her name is to straighten up, open your chest, and slip on long black gloves that repel the world while also drawing it in. A name that is an apparition in itself. It soars, spreading its wings, like the prophetic creatures of Slavic legends, from the Alkonost who calms winds and storms to the Gamayun who knows everything of the earth and the sky. It stretches out majestically, like a great swan whose gaze we stubbornly try to catch; or better still, from which we try to remove ourselves, given the emotional charge of the encounter.

"I was genuinely in love with Mme de Guermantes. The greatest happiness that I could have asked of God would have been that He should send down on her every imaginable calamity, and that ruined, despised, stripped of all the privileges that separated her from me, having no longer any home of her own or people who would condescend to speak to her, she should come to me for asylum"[2]: Lisa Fonssagrives-Penn is at once Proust's Oriane de Guermantes, Stendhal's Clélia Conti and Balzac's Blanche-Henriette de Mortsauf, with "the brilliancy of the hair laid smoothly above a neck as soft and velvety as a child's."[3]

A fine figure. A style. A presence. A form of discipline. An attitude worthy of a living work of art. Everything she touched immediately became an aesthetic project in her hands, whether painting, entrechats, sculpting, or posing for the world's greatest photographers. "My parents were very supportive of the arts, in fact my childhood vacations were spent driving through Europe with them, visiting museums. My father painted and encouraged us a great deal, me and my sisters. My mother too was very creative."[4] This creativity never ceased to be her own, and her body was at the core of a story of perpetual movement and rebirth. A body that transcended every trend, and whose masterly bearing came naturally from her training as a dancer. "I really saw myself as a dancer. Having started out dancing, I projected my whole being into the dance. The movements I chose in modelling were arrested dance movements", she explained. "My training gave me terrific control... There are dancing things in nature that inspire me enormously. Branches of trees that sway in the wind, water crashing over the rocks in the sea".[5] Whether nude, in a draped swimsuit, or adorned in a cape that seems to be lifted by an invisible wind, Lisa Fonssagrives crossed the decades, carrying them off like a dress, making us forget fashion trends in the name of a style that lends itself to every transformation. She claims never to

1. "Lisa Fonssagrives-Penn. Profession : artiste. Mannequin légendaire devenue aujourd'hui sculpteur : autoportrait d'une femme élégante," *Air France Madame*, no. 11 (1989): 84.

2. Marcel Proust, *In Search of Lost Time III. The Guermantes Way* (London: Vintage, 2000): 70.
3. Honoré de Balzac, *The Lily of the Valley*, trans. Katharine Prescott Wormeley (Boston: Roberts Brothers, 1891): 22.
4. "Lisa Fonssagrives-Penn by David Seidner," *BOMB*, no. 12 (Spring 1985).
5. *Air France Madame, op. cit.*, 84.

have let a make-up artist anyway near her. She shaped her own face, the starting point for everything that the dress inspired in her. This is undoubtedly the secret of her multi-faceted presence: "I would look at myself in the dressing-room mirror before going on the set and instinctively try to solve the photographer's problems. I would look at the cut of the dress and try different poses to see how it fell best, how the light would enhance it, and basically try to create a line the way one starts a drawing".[6] That's the difference. Some models try on dresses. Lisa Fonssagrives tried on attitudes. Beyond her profession, which consists in appearing as aloof as possible, there's an inner act worthy of a great artist, a dramatist of adorned anatomy. She was an early reader of Dostoyevsky, Kierkegaard and Freud, as well as Voltaire, Sartre, Mallarmé, and Malraux. "I would objectify myself and become more of a director than an actress", she recalled. "I became this girl and not Lisa Fonssagrives. So that when I saw the contacts I would think 'There, that girl stands correctly, there she looks awkward'".[7]

That slightly arched back, that doe eye traced by a true calligrapher, contain everything a photographer could dream of, a mastery of gesture as much as of technique. If the skill of a head seamstress is to make us forget that a dress has been touched, Lisa Fonssagrives' strength is undoubtedly to keep the behind-the-scenes feats secret, the five-thousand-watt spotlights, the endless sittings. It's as if she never suffered, never sweated, never felt hot or cold. As a child, she learned to make her own dresses; as a young bride, she took up photography – when she met Irving Penn, she already knew how to use ferrous cyanide to whiten an image and eliminate the outline of the form. "Eventually, after I remarried, my darkroom became a nursery. But I continued modelling".[8]

She even transformed this vocation, which didn't seem like one, by creating a line of sportswear for the Lord & Taylor store. Then through sculpture. Each stage of her life seems to have been admirably sewn, fitting perfectly to this imperturbable inner body. Entering "a state of blankness, of emptiness"[9] was undoubtedly the best way for her to open herself to what was to come, to shape her obsession, like Madeleine Vionnet, Alix Grès, or perhaps even Azzedine Alaïa – all virtuosos of the cut. Eliminating everything that hinders movement, everything that blocks it, to move towards the familiar unknown, searching for the pure sensation that is the fruit of a long process of construction. To capture grace, the supreme moment. The many Lisas: model, dancer, artist, wife, mother. Swedish, American, European Lisa. In Elsa Schiaparelli's "Lobster" dress, as a "woman in a bucket hat" or as an odalisque at the Bahia Palace in Marrakesh, a "consummate muse and chameleon" – according to David Seidner, who devoted an exhibition to her and a book published by Schirmer/Mosel[10] – she reigned supreme, taking flight, tracing her path through the depth of her gaze. Time is the clay to which she gave shapes of extreme purity. If there was any enchantment, it lay in her ability to dive into herself, to delve into the depths of her being and bring out a sculpted appearance. Whether of stone or of flesh. Here, in this form of transcendence that made her an absolute ray of light in the shadow of the great Irving Penn. And that gave fashion, so versatile par excellence, a form of eternity.

Journalist and writer Laurence Benaïm is the author of numerous books, including biographies of Yves Saint Laurent, Jean-Michel Frank, and Marie-Laure de Noailles (Grasset). In 2023, she published *Christian Dior, Christian Bérard, la mélancolie joyeuse* (Gallimard).

6. Seidner, *op. cit.*
7. *Ibid.*
8. *Ibid.*

9. *Air France Madame, op. cit.*, 85.
10. David Seidner, "Still Dance", *Lisa Fonssagrives-Penn: Three Decades of Classic Fashion Photography* (Munich: Schirmer/Mosel, 2017).

Une collection particulière

Les photographies reproduites proviennent de la collection personnelle de Lisa Fonssagrives-Penn, qui les a ensuite données à son fils, Tom Penn. Il s'agit de tirages d'époque, dont plusieurs ont subi les altérations du temps. Nous avons fait le choix de les reproduire dans leur intégralité sans corriger les petites marques d'usure ou les éventuelles modifications des couleurs d'origine.

Sauf mention contraire, les tirages sont des épreuves gélatino-argentiques issues d'un don de l'Archive Tom Penn en 2023 pour la collection de la Maison Européenne de la Photographie à Paris, et pour certaines, d'une promesse de don.

A singular collection

The photographs reproduced were originally from the personal collection of Lisa Fonssagrives-Penn and later gifted to her son Tom Penn. They are vintage prints, some of which have undergone the deterioration of time. We have chosen to reproduce them without correcting minor marks of wear or possible deterioration to the original colors.

Unless otherwise stated, the prints are gelatin silver and come from a donation made in 2023 by the Tom Penn Archive to the Maison Européenne de la Photographie collection in Paris; others are future pledges.

Photographe non identifié
Sans titre, vers 1935
20,3 × 25,2 cm

Untitled, ca. 1935

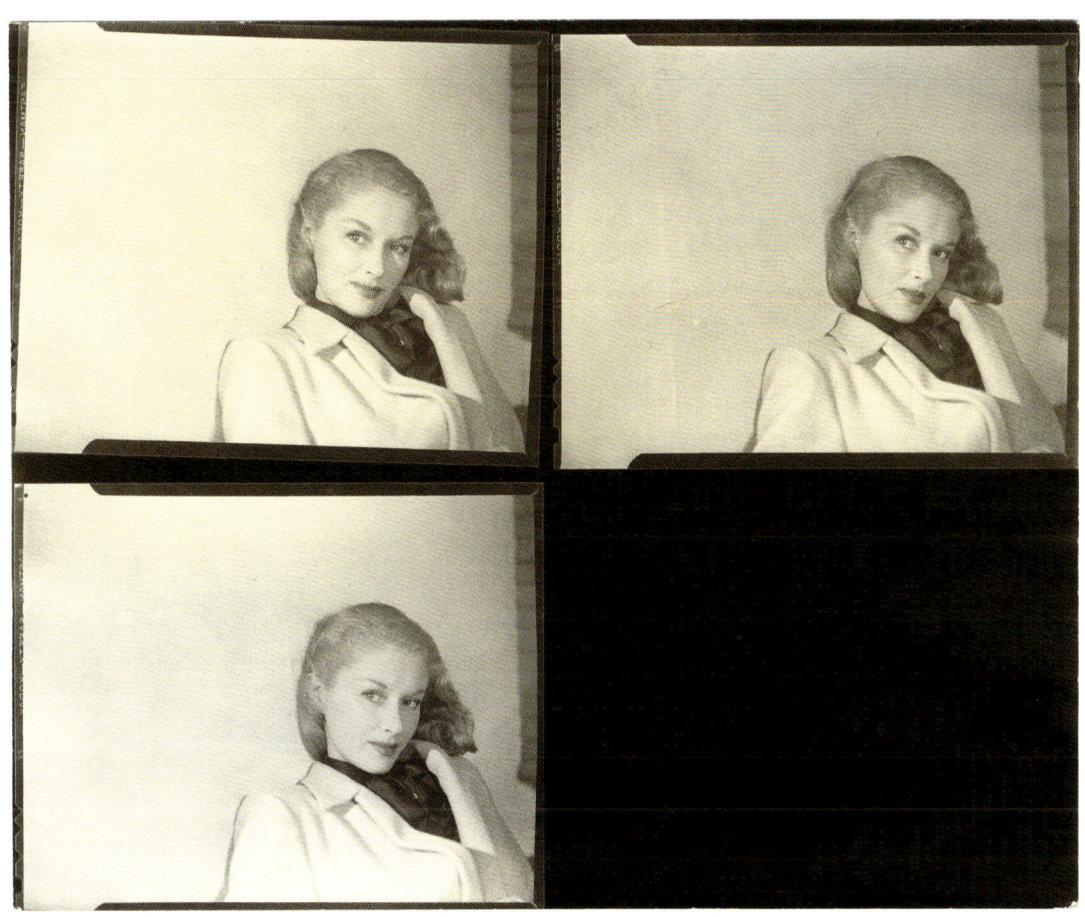

Fernand Fonssagrives
Uddevalla Fjord, Suède, 1934
Prêt de l'Archive Tom Penn
33,5 × 27,7 cm

Uddevalla Fjord, Sweden, 1934
Loan from the Tom Penn Archive

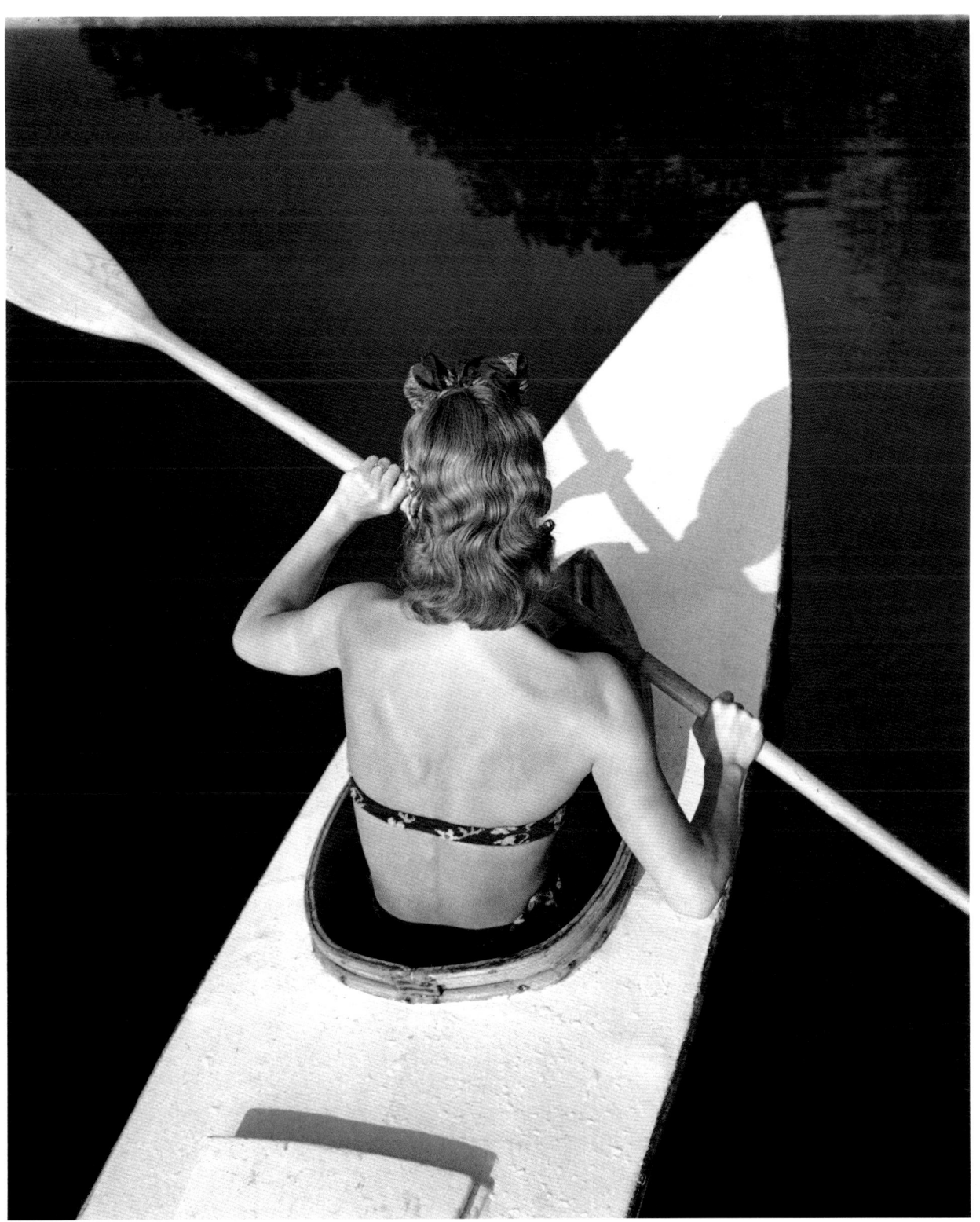

Fernand Fonssagrives
La Plage de Noirmoutier, n° 5, France, 1935
35,3 × 27,7 cm

La Plage de Noirmoutier, no.5, France, 1935

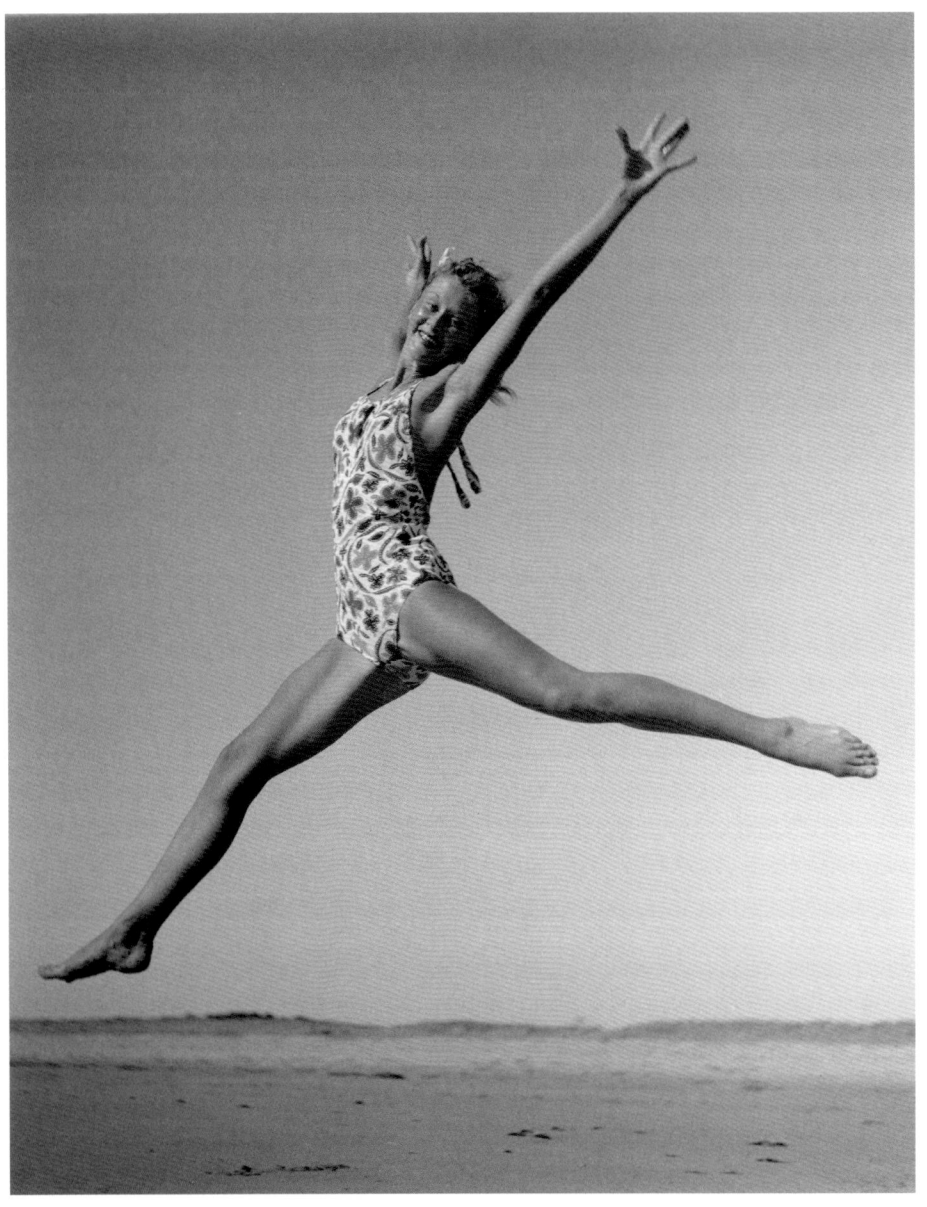

Fernand Fonssagrives
La Plage de Noirmoutier, France, 1935
22,8 × 17,7 cm
Élan, plage de Noirmoutier, France, 1935
35,2 × 27,7 cm

La Plage de Noirmoutier, France, 1935
Élan, Noirmoutier beach, France, 1935

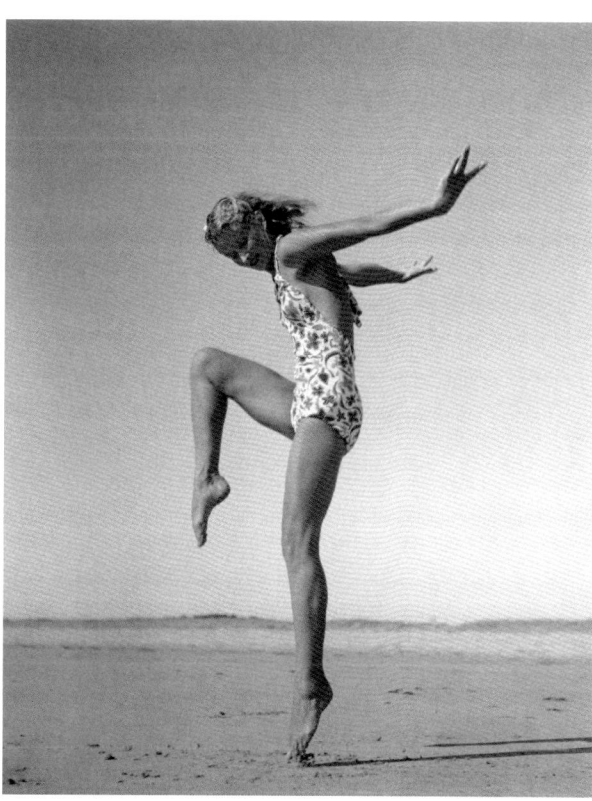

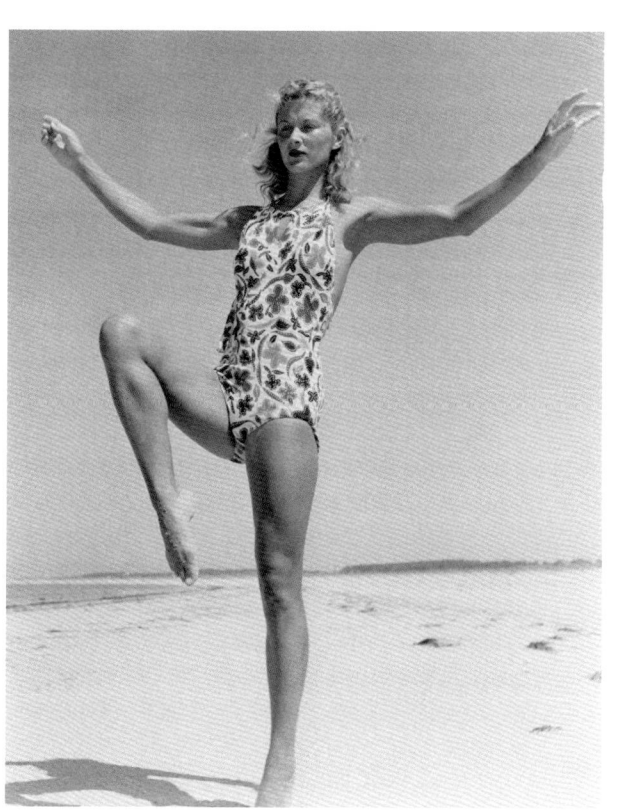

Fernand Fonssagrives
Sans titre, 1935-1939
34,2 × 26,5 cm

Untitled, 1935–1939

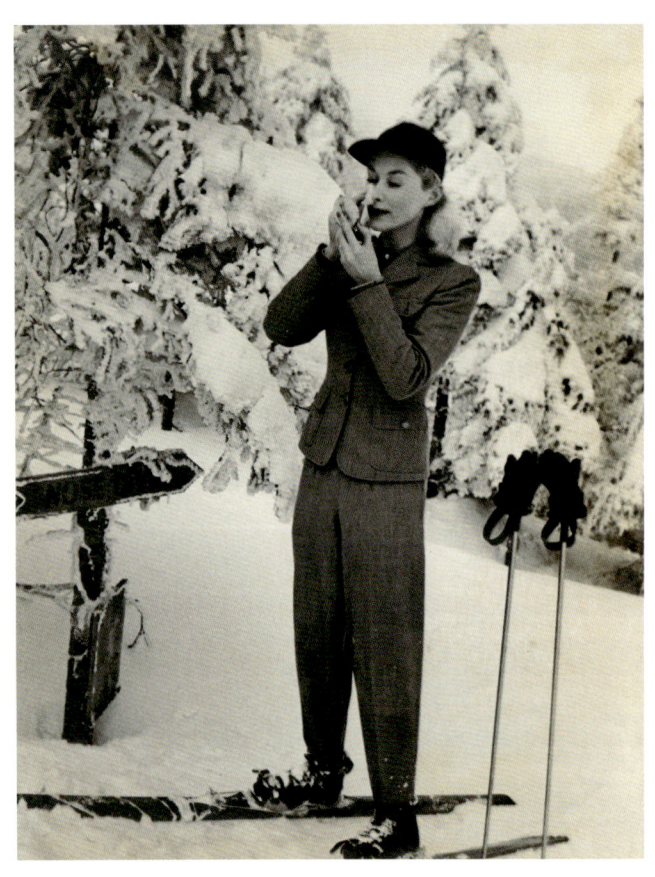

Fernand Fonssagrives
Tignes, France, 1935
28,2 × 23,7 cm

Tignes, France, 1935

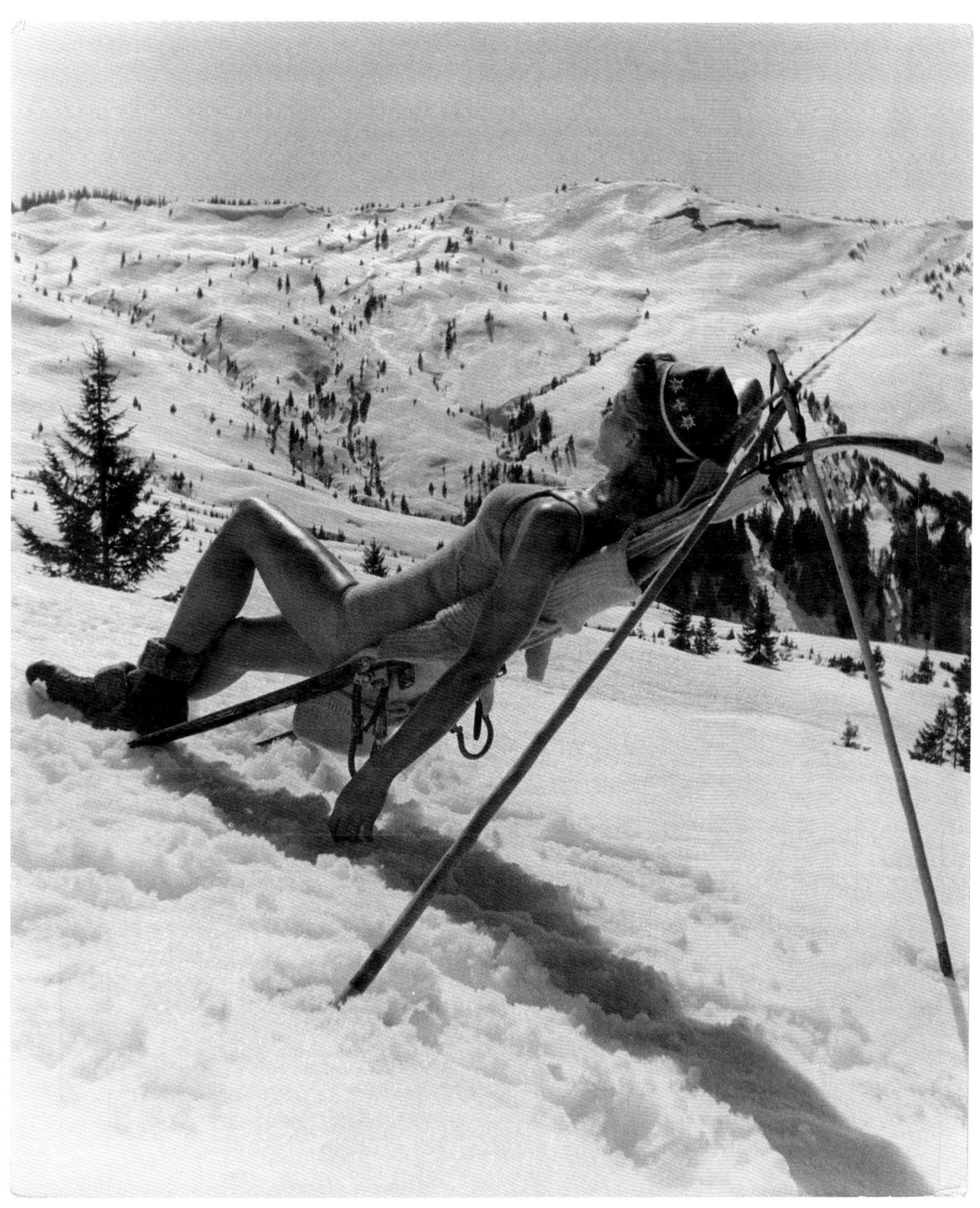

Fernand Fonssagrives
La Plage de Cabasson, nº 1, France, 1936
Prêt de l'Archive Tom Penn
23 × 18 cm

La Plage de Cabasson, no.1, France, 1936
Loan from the Tom Penn Archive

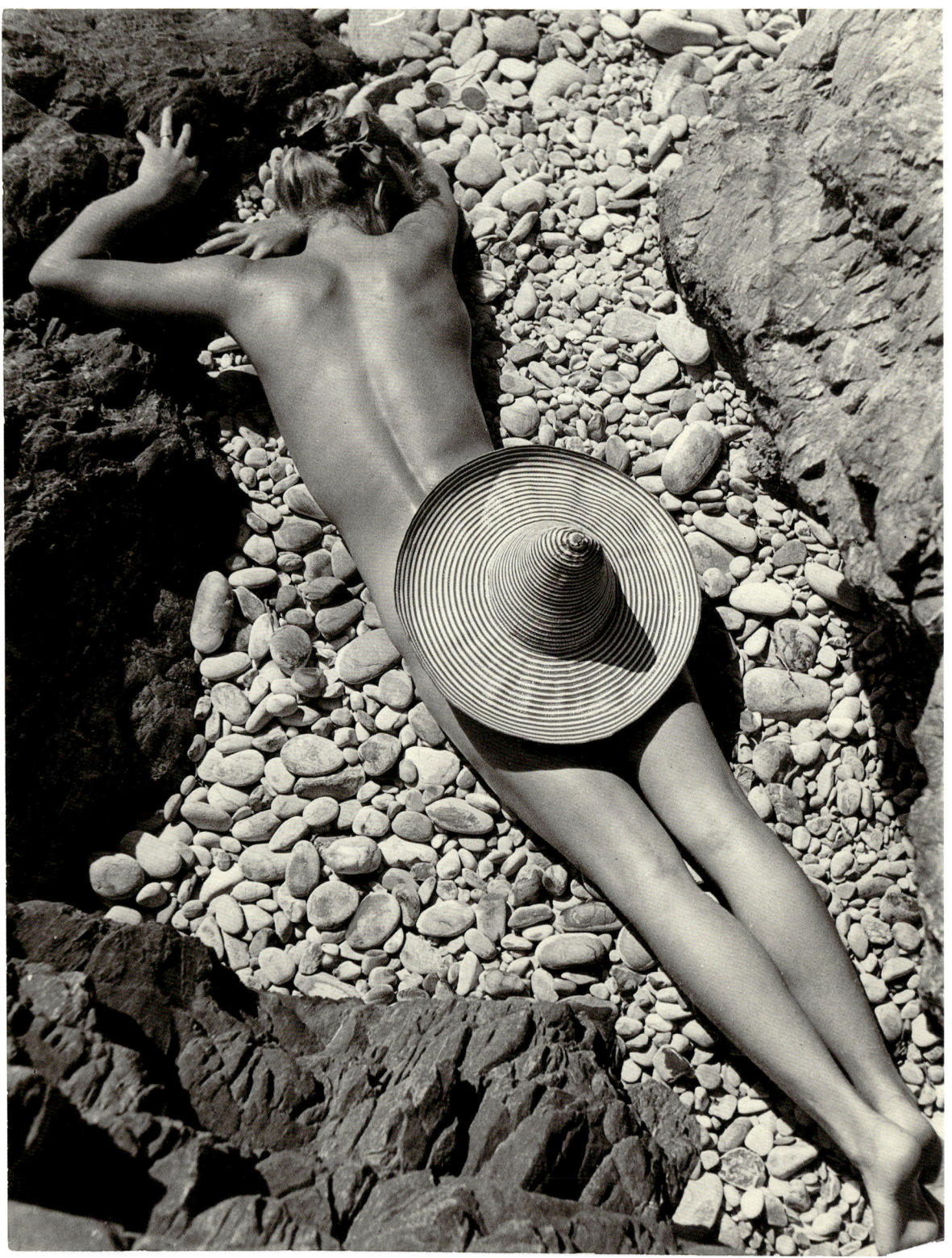

Fernand Fonssagrives
Bain de boue, Île de Noirmoutier, France, 1937
Prêt de l'Archive Tom Penn
24 × 17,9 cm

Bain de boue, Noirmoutier Island, France, 1937
Loan from the Tom Penn Archive

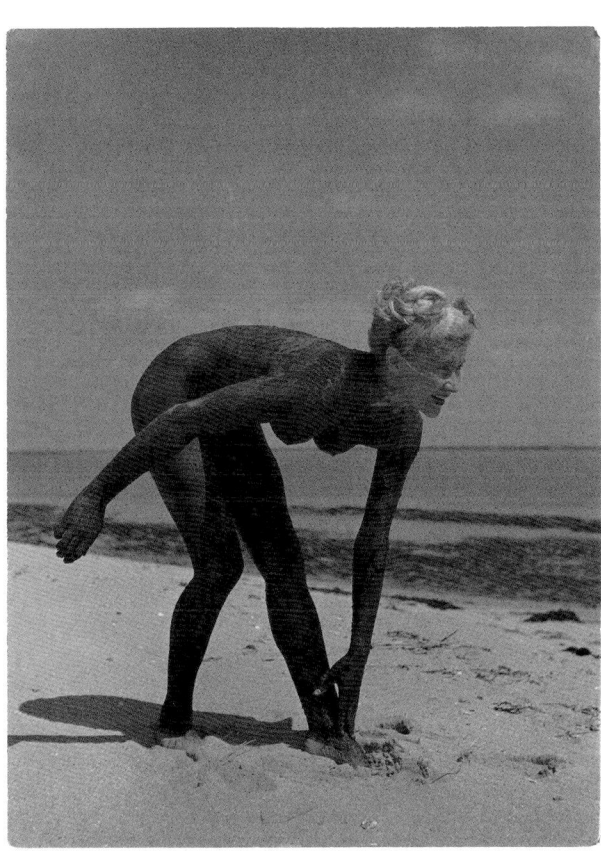

Fernand Fonssagrives
Sans titre, vers 1937   Untitled, ca. 1937
35 × 28 cm

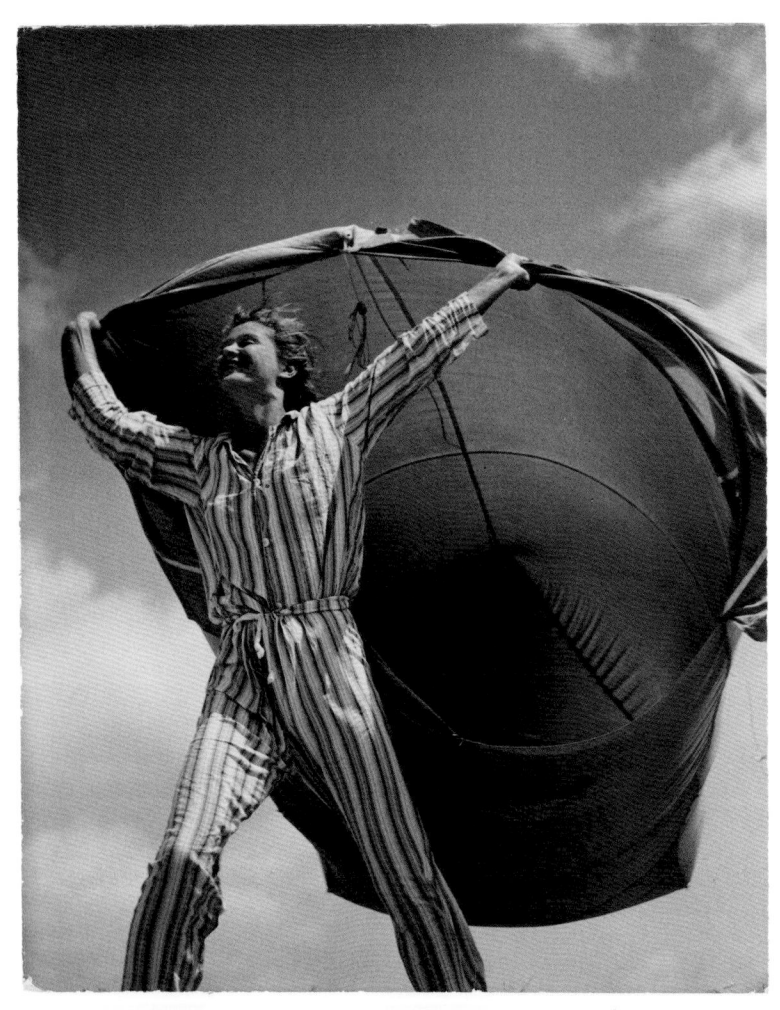

Fernand Fonssagrives
Danse, Versailles, 1936-1939
35,2 × 28,3 cm

Dance, Versailles, 1936–1939

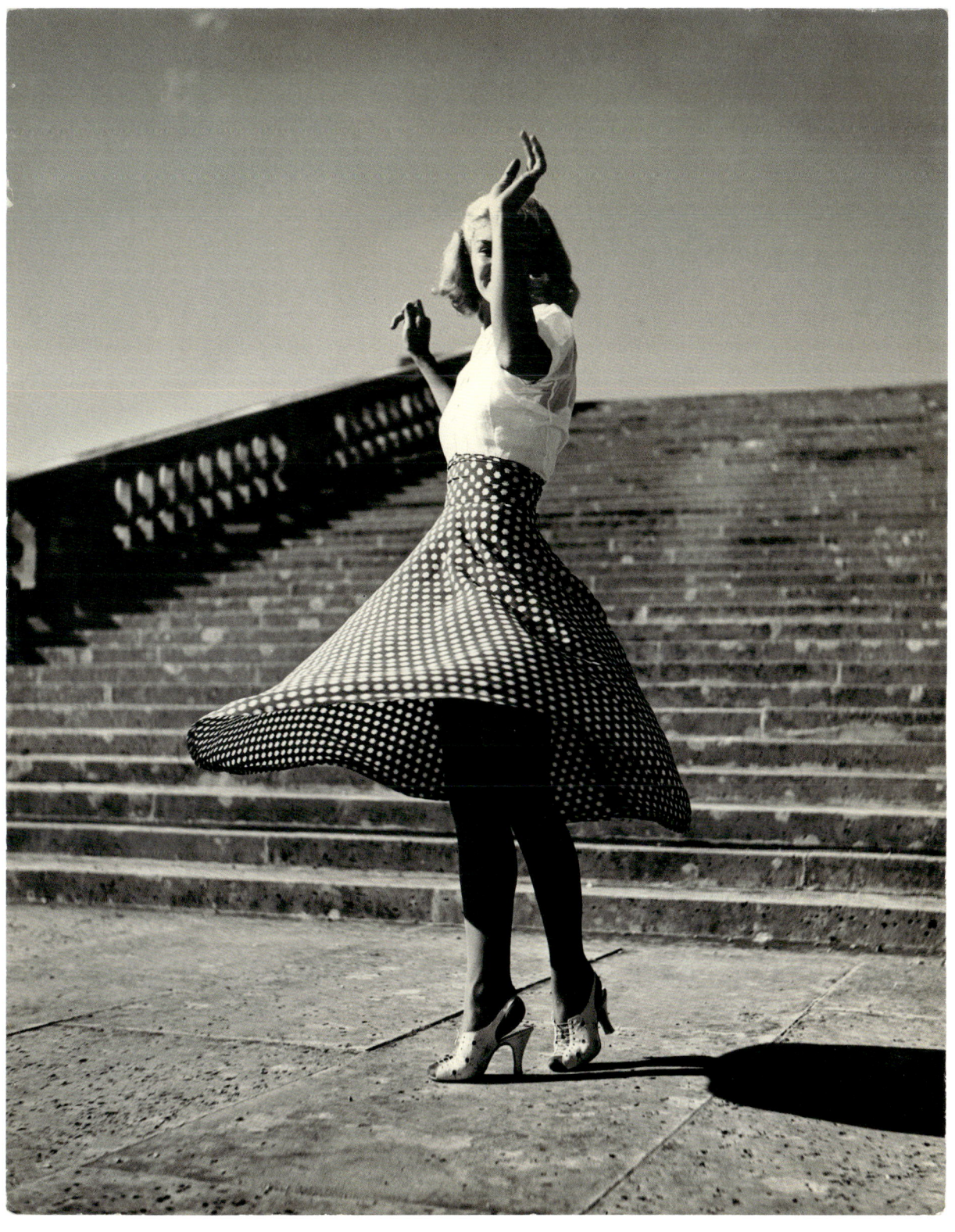

Attribué à George Platt Lynes (attributed to)
Sans titre, vers 1937
29,9 × 23,8 cm

Untitled, ca. 1937

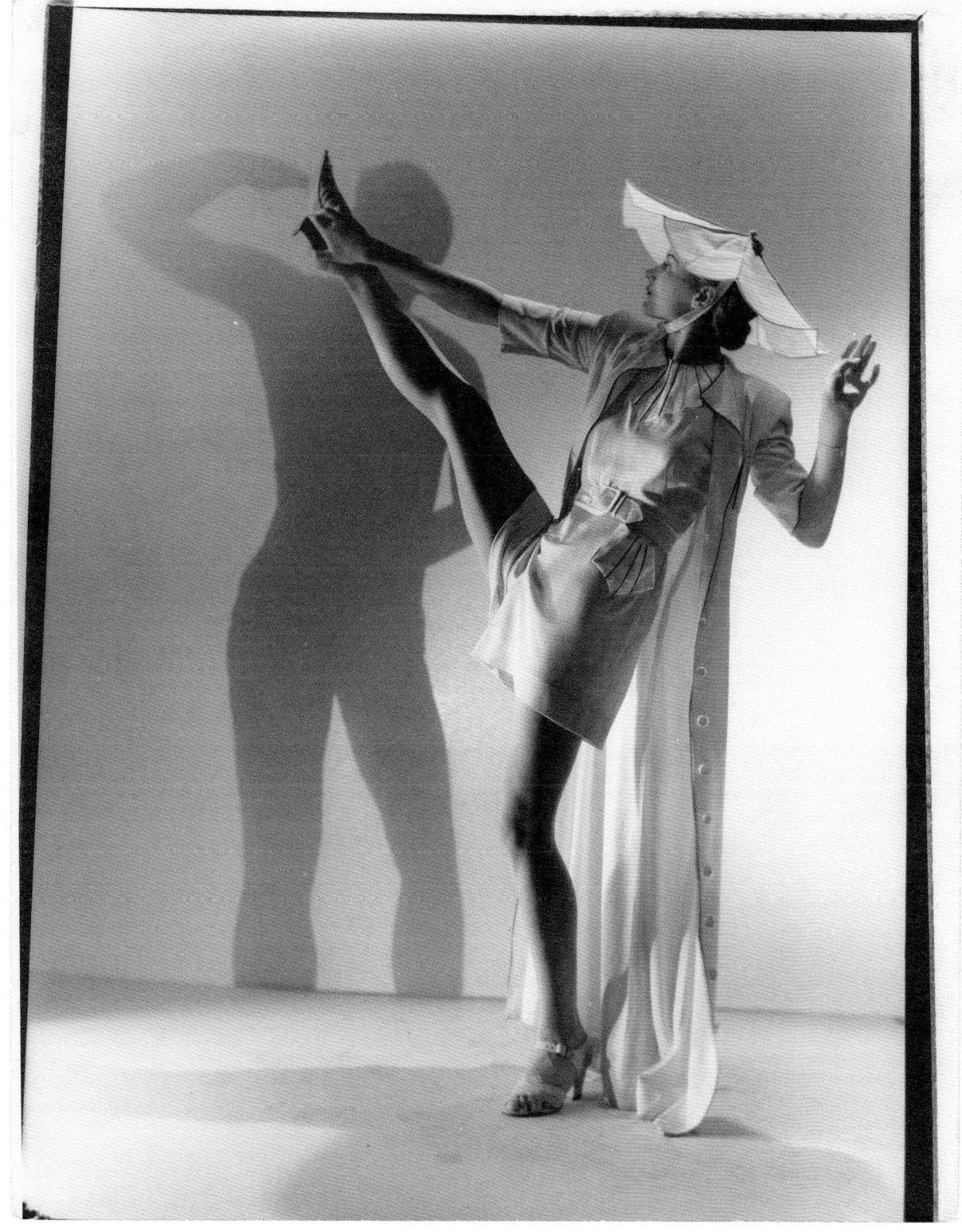

Fernand Fonssagrives
Publicité pour L'Oréal, 1936-1937
35,3 × 27,7 cm

Advertisement for L'Oréal, 1936–1937

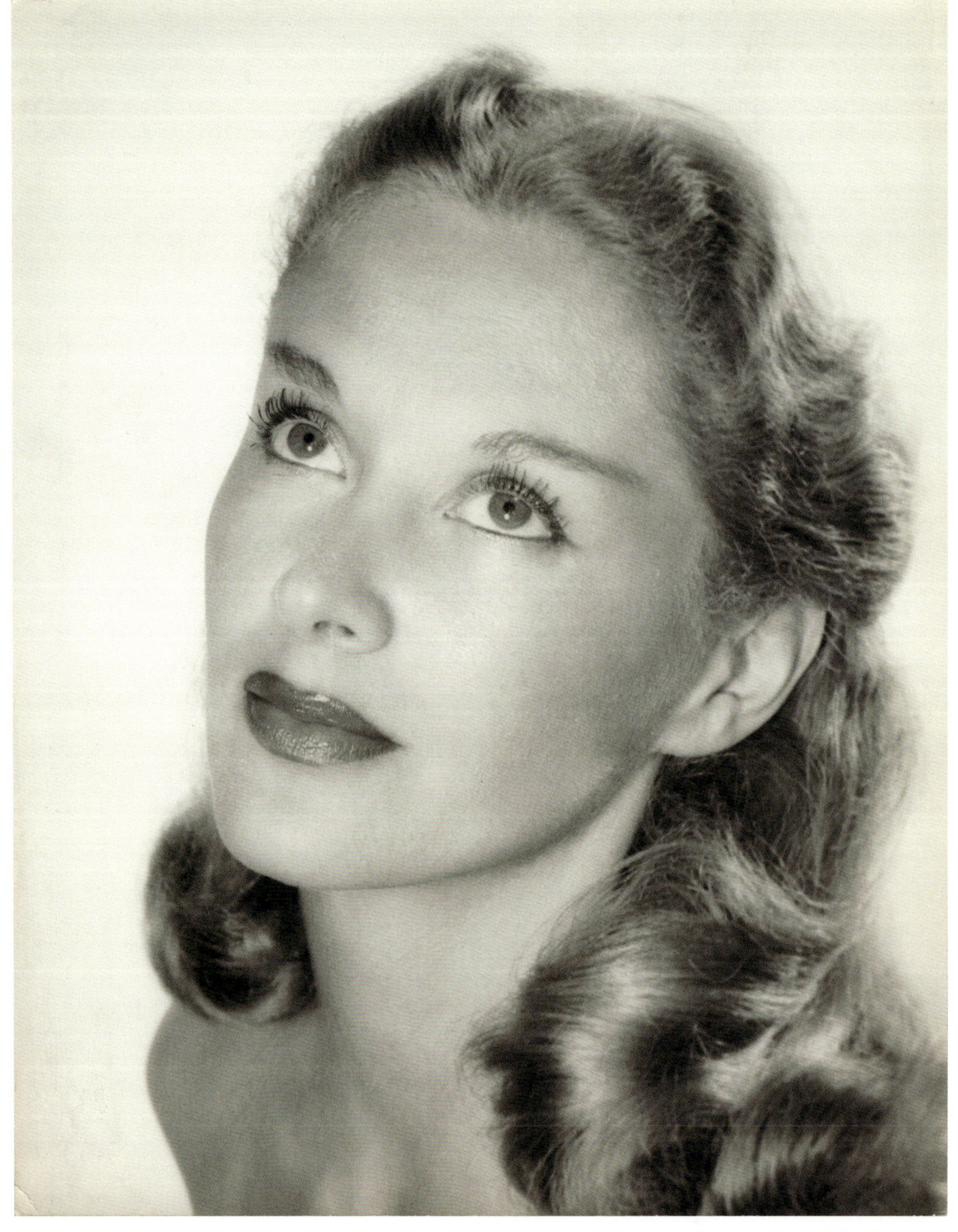

George Platt Lynes
Robe fourreau en marquisette Alix, bijoux Herz,
Harper's Bazaar, avril 1937
22,7 × 16,5 cm

Marquisette sheath dress by Alix, jewellery
by Herz, *Harper's Bazaar*, April 1937

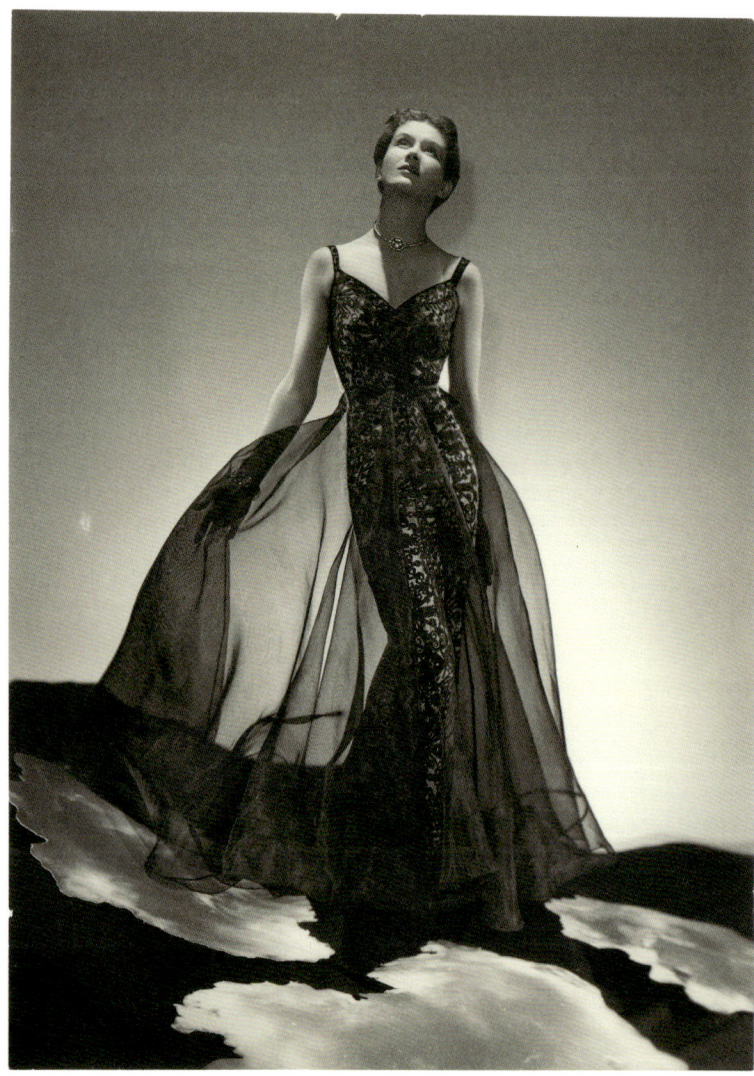

George Platt Lynes
Deux-pièces Brigance, imprimé floral en pure soie
Publicité pour le magasin Lord & Taylor,
Vogue US, 15 décembre 1939
35,2 × 28 cm

Two-piece in pure silk in a floral print by Brigance
Advertisement for Lord & Taylor, *Vogue* US,
15 December 1939

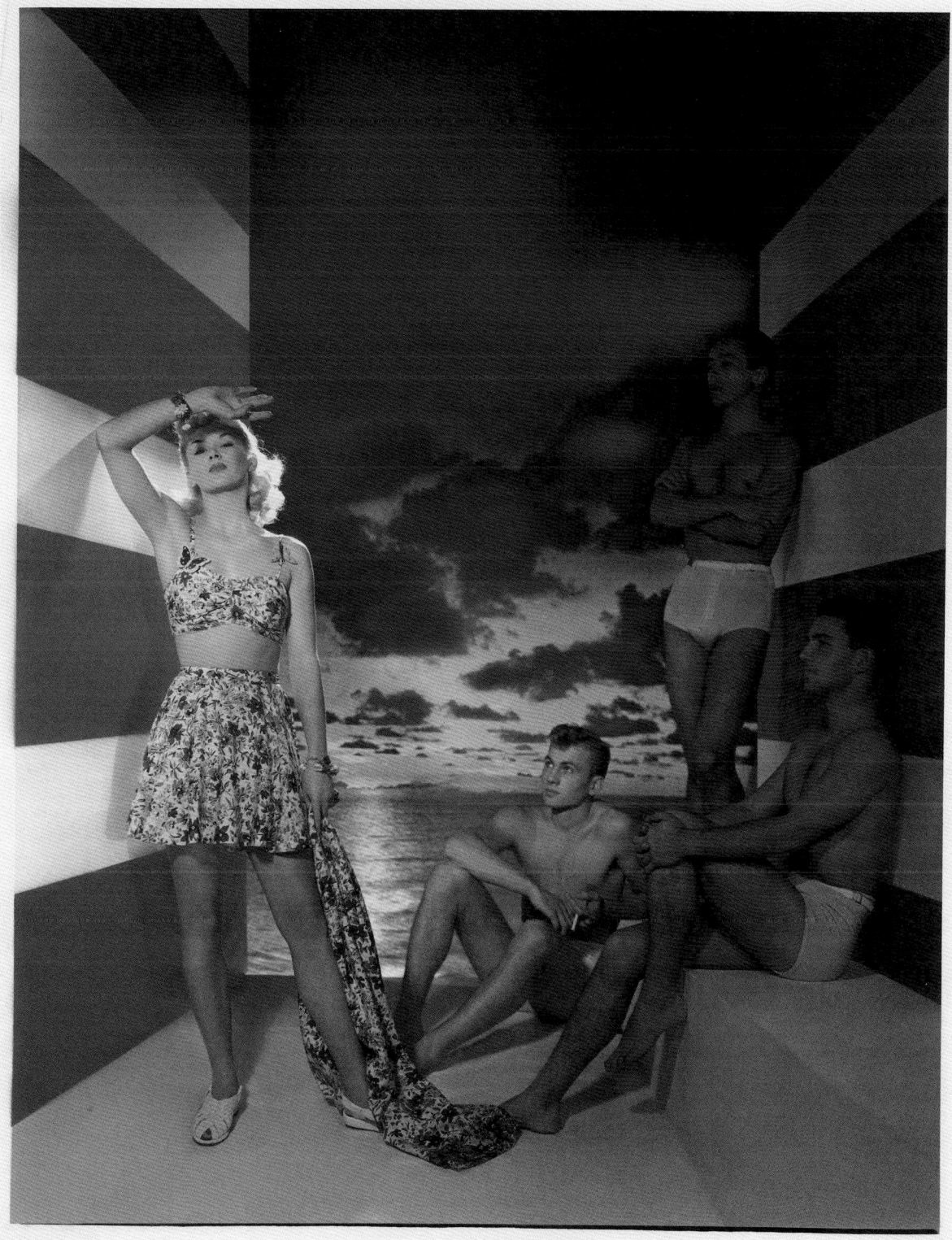

42

George Hoyningen-Huene
Lisa Fonssagrives en robe Adrian et
Léon Danielian danseur, dans *L'Après-midi
d'un faune* de Debussy par les Ballets russes
de Monte-Carlo. Publicité pour le magasin
Enka Rayon, *Vogue* US, 15 novembre 1944
35,2 × 26,9 cm

Lisa Fonssagrives in an Adrian dress,
with Léon Danielian, dancer, in Debussy's
L'Après-midi d'un Faune by the Ballets russes
de Monte-Carlo. Advertisement for
Enka Rayon, *Vogue* US, 15 November 1944

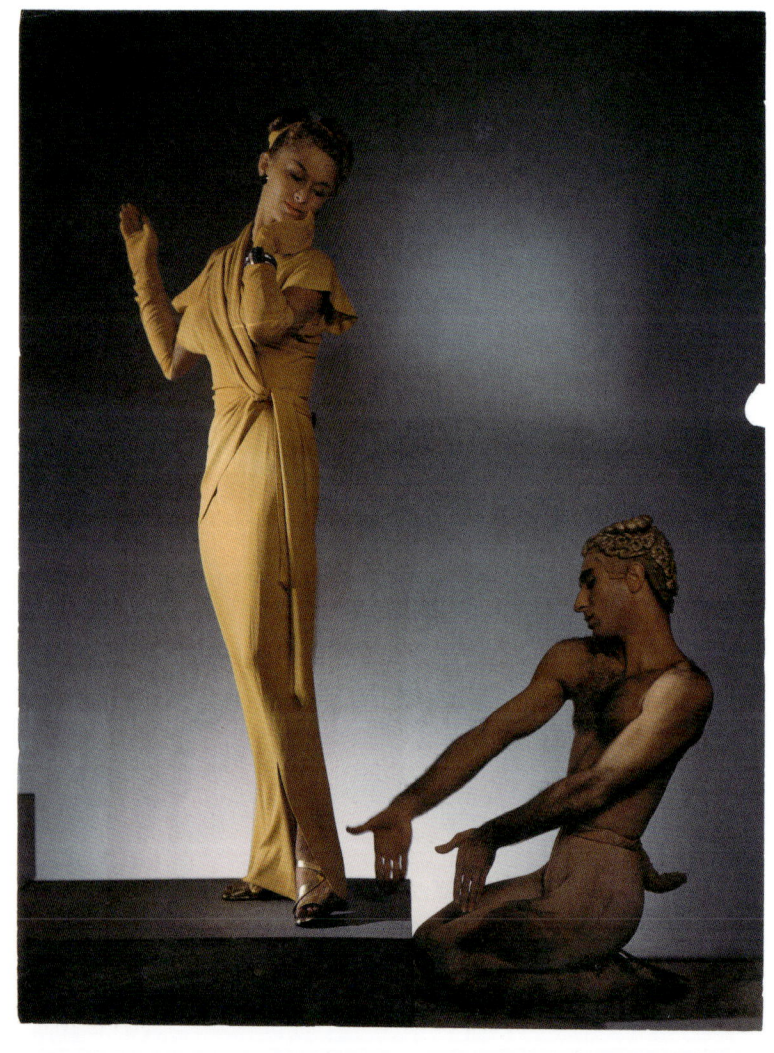

43 **George Platt Lynes**
Lisa assise sur le «Mae West Lips Sofa»
conçu par Salvador Dalí, 1937
Prêt de l'Archive Tom Penn
27,6 × 20,2 cm

Lisa sitting on the 'Mae West Lips Sofa'
designed by Salvador Dalí, 1937
Loan from the Tom Penn Archive

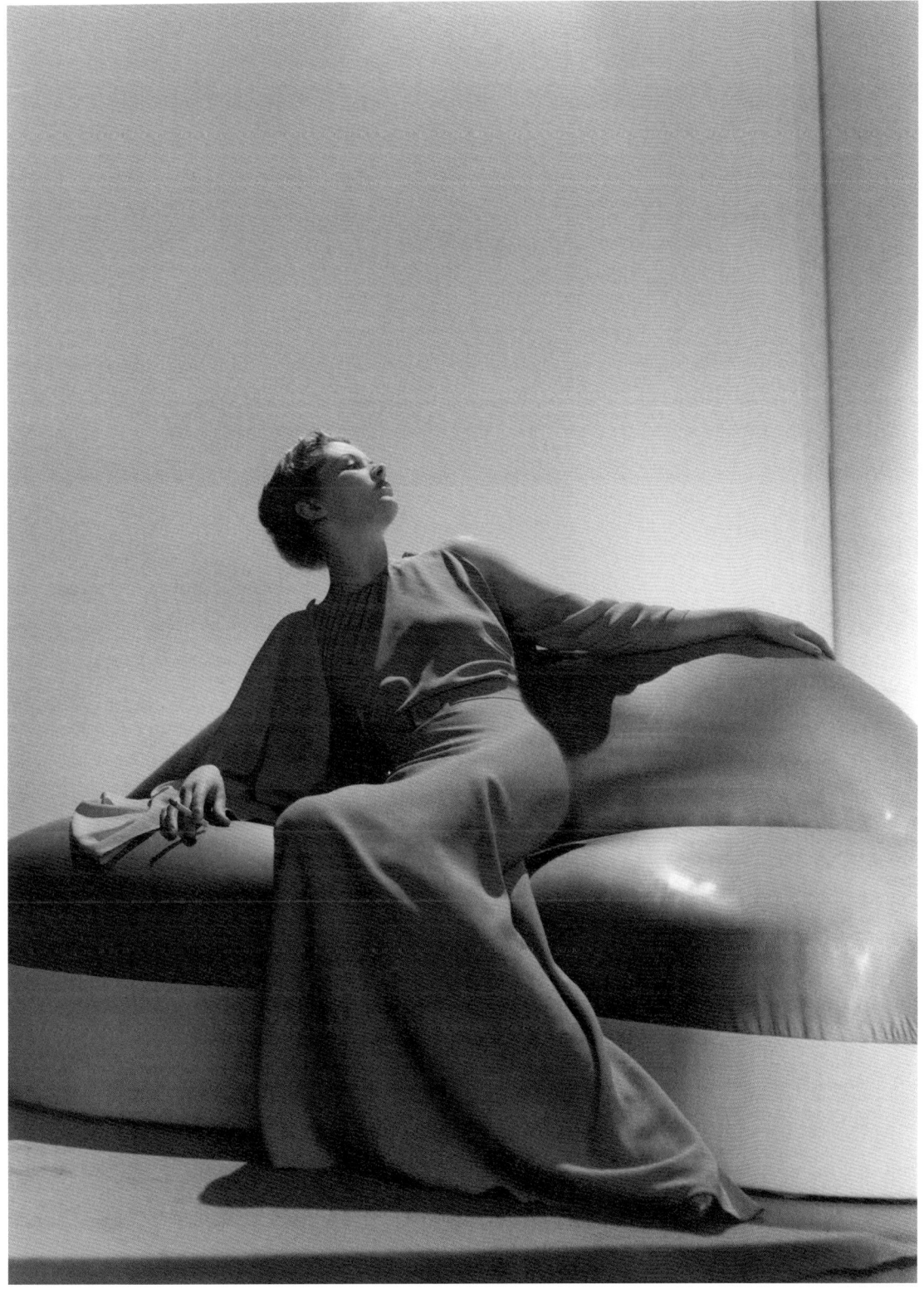

44   **Attribué à George Platt Lynes (attributed to)**
Veste «Volutes» Schiaparelli en jersey bleu
carbone et cuir blanc, Paris, 1937
22,5 × 16,7 cm

Schiaparelli "Volutes" jacket in carbon-blue
jersey wool and white leather, Paris, 1937

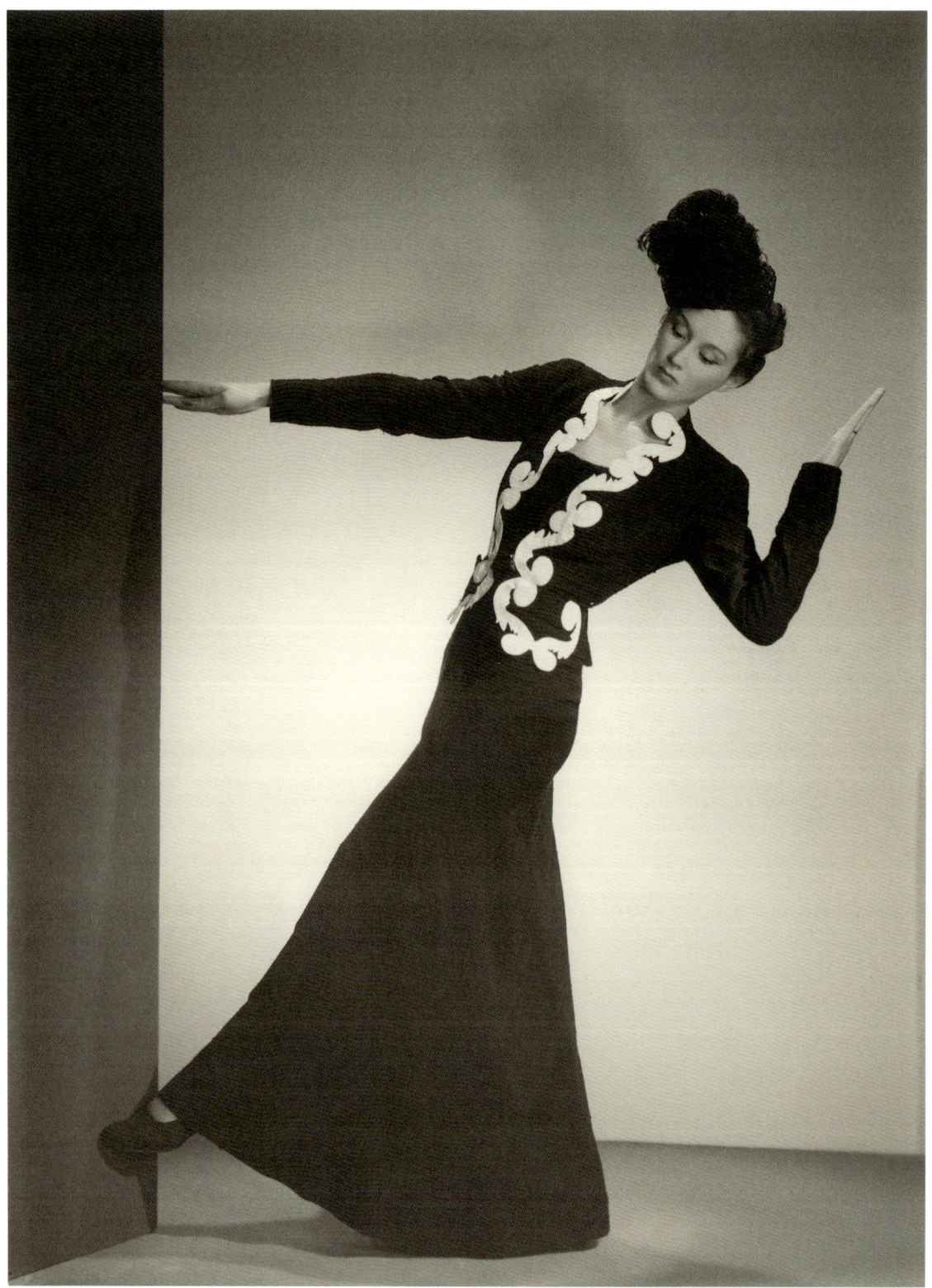

45

Erwin Blumenfeld
Sans titre, vers 1939
Prêt de l'Archive Tom Penn
24 × 18 cm

Untitled, ca. 1939
Loan from the Tom Penn Archive

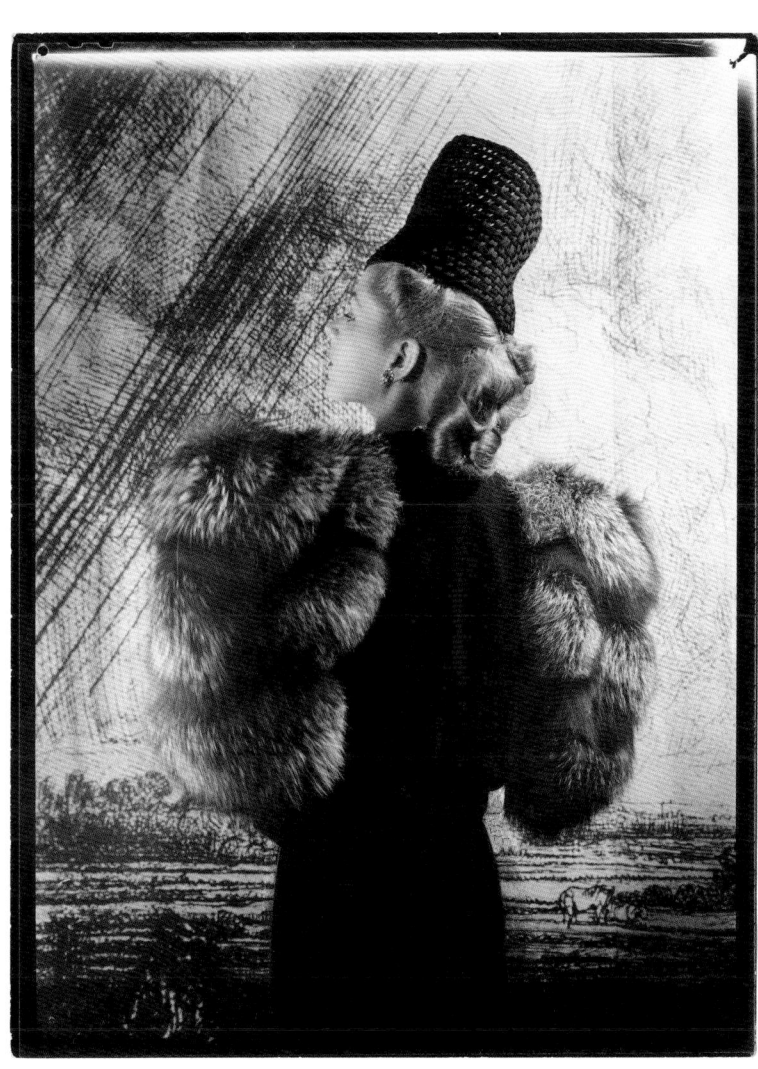

Photographe non identifié
Sans titre, 1936-1939
20,5 × 12,5 cm

Untitled, 1936–1939

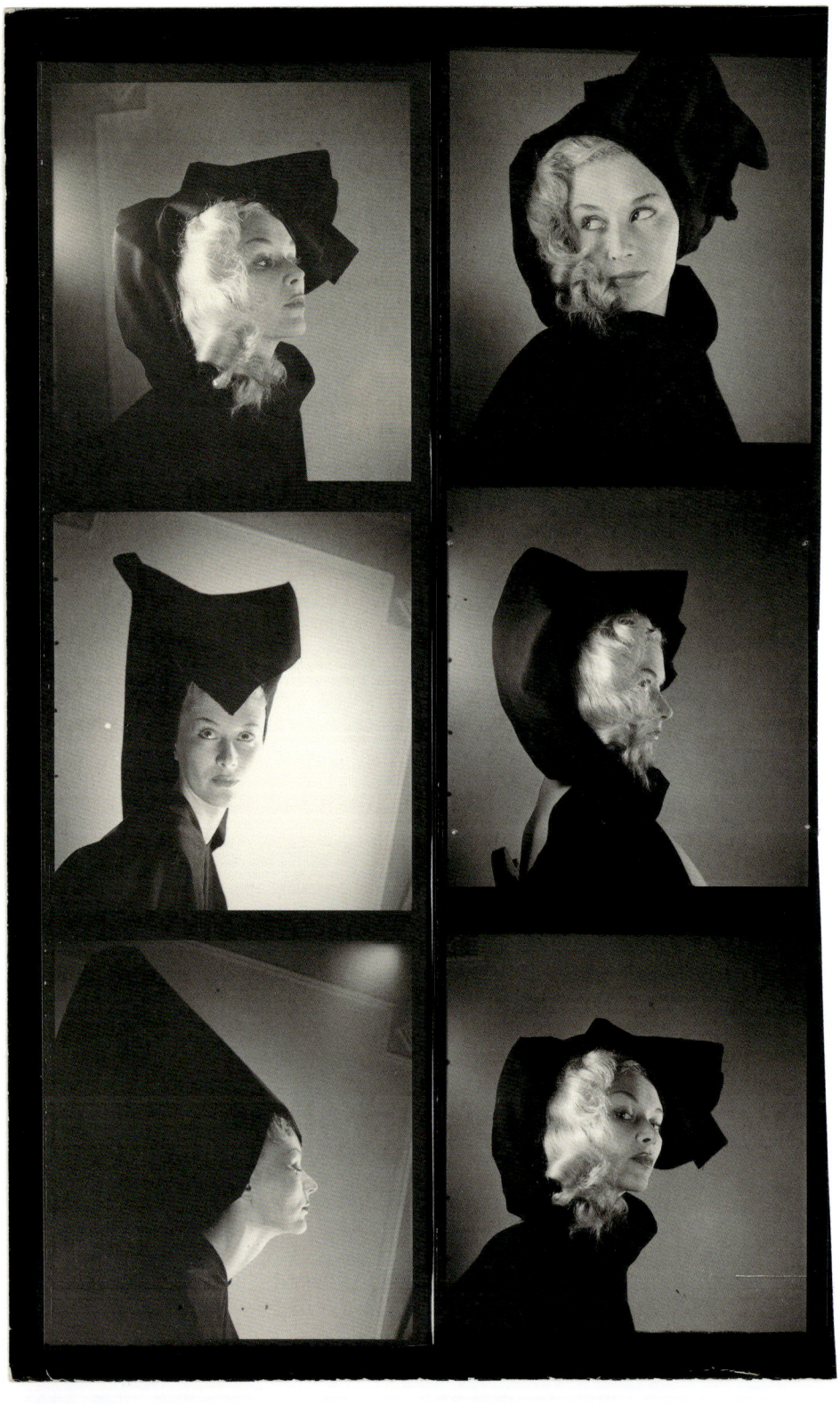

47   **Erwin Blumenfeld**
Manteau du soir en feutre multicolore   Evening coat in multicoloured felt and
et bicornes par Schiaparelli   cocked hats by Schiaparelli
Variante pour *Vogue* France, décembre 1938   Variant for *Vogue* France, December 1938
30,5 × 17,5 cm

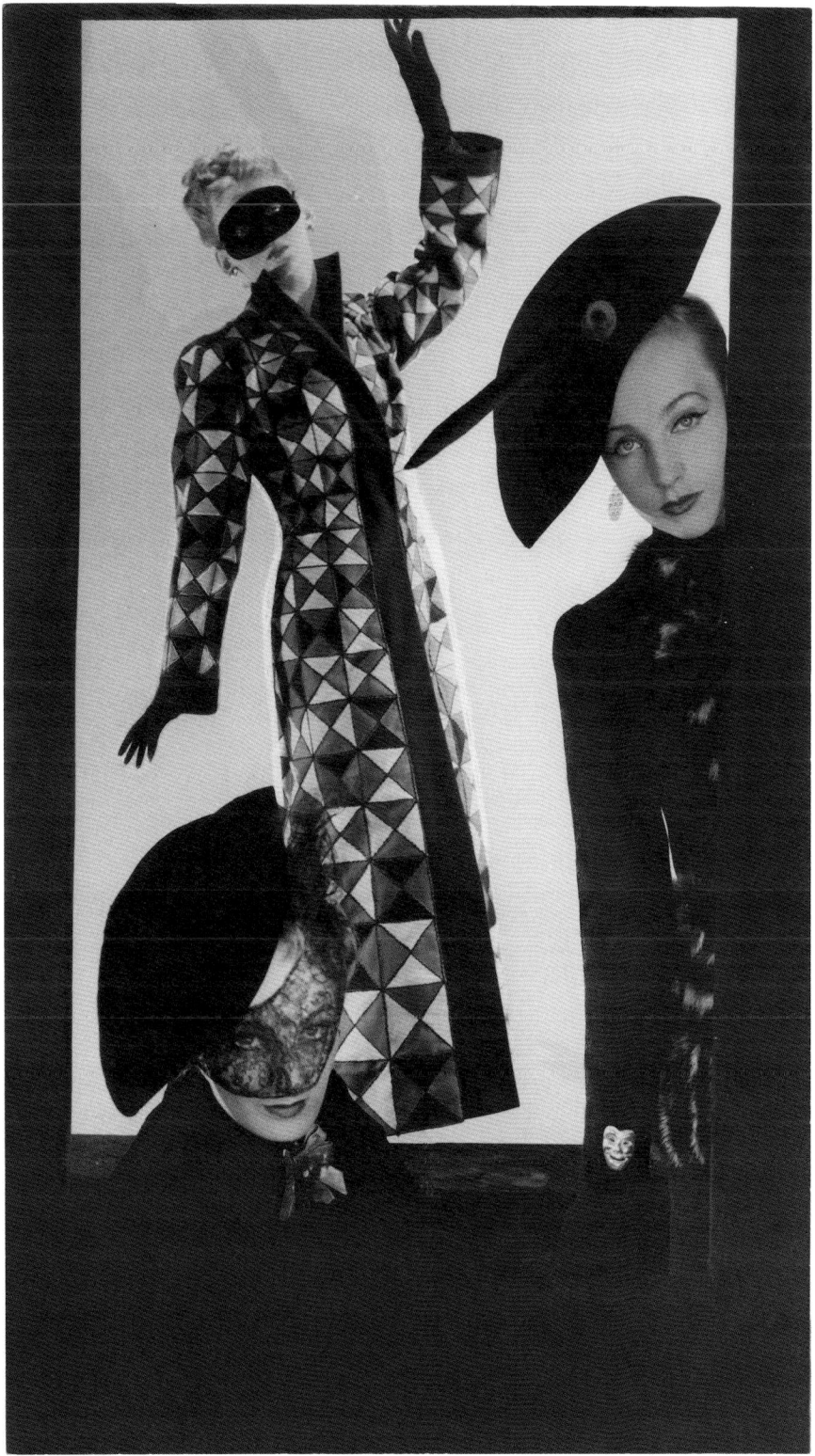

Photographe non identifié
Sans titre, 1936-1939
Prêt de l'Archive Tom Penn
24,3 × 19 cm

Untitled, 1936–1939
Loan from the Tom Penn Archive

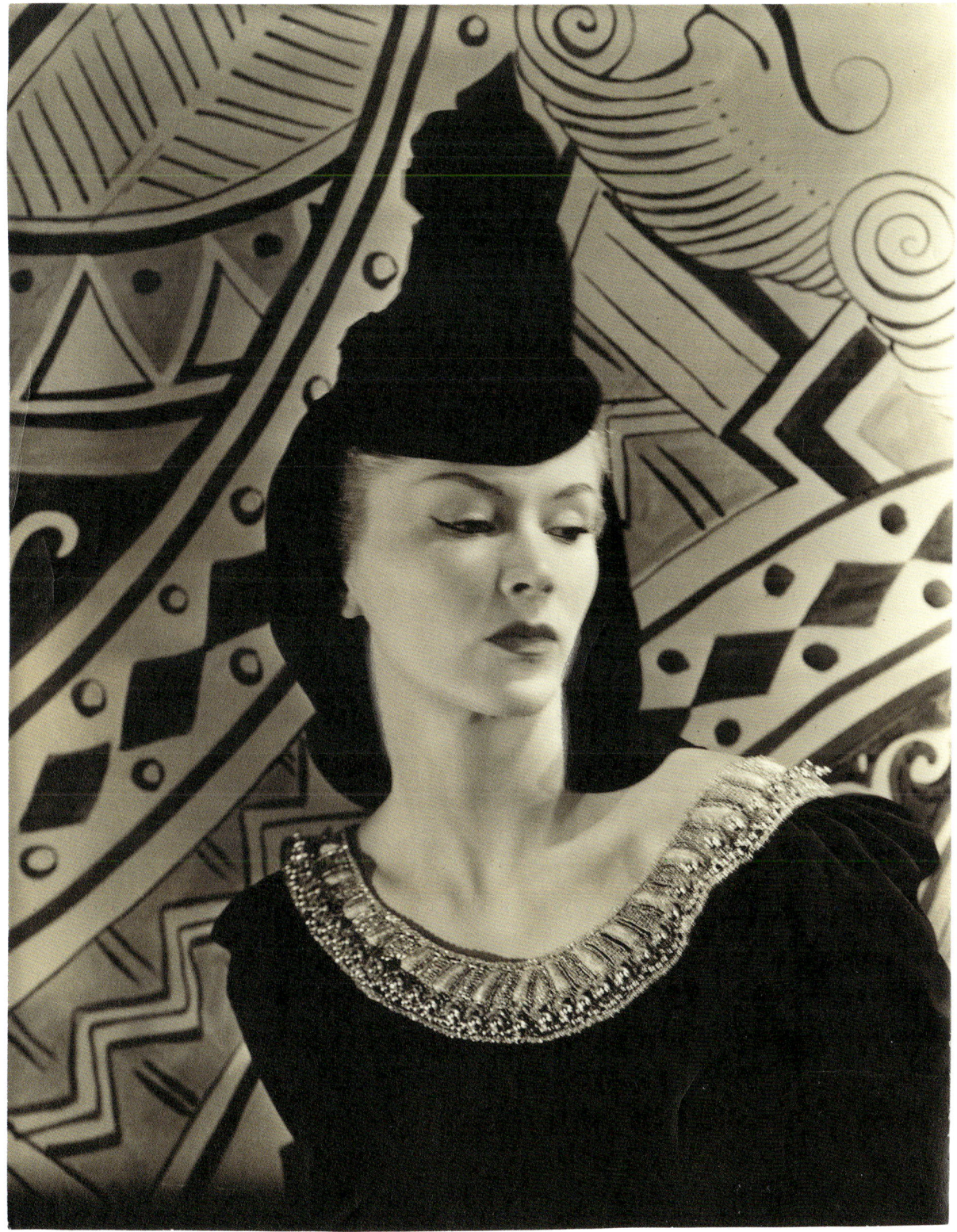

Horst P. Horst

Petite calotte noire par Talbot,
agrémentée de roses et d'un voile
Variante pour *Vogue* US, 15 janvier 1940
Prêt de l'Archive Tom Penn
25,4 × 20,6 cm

Small black skullcap by Talbot,
embellished with roses and a veil
Variant for *Vogue* US, 15 January 1940
Loan from the Tom Penn Archive

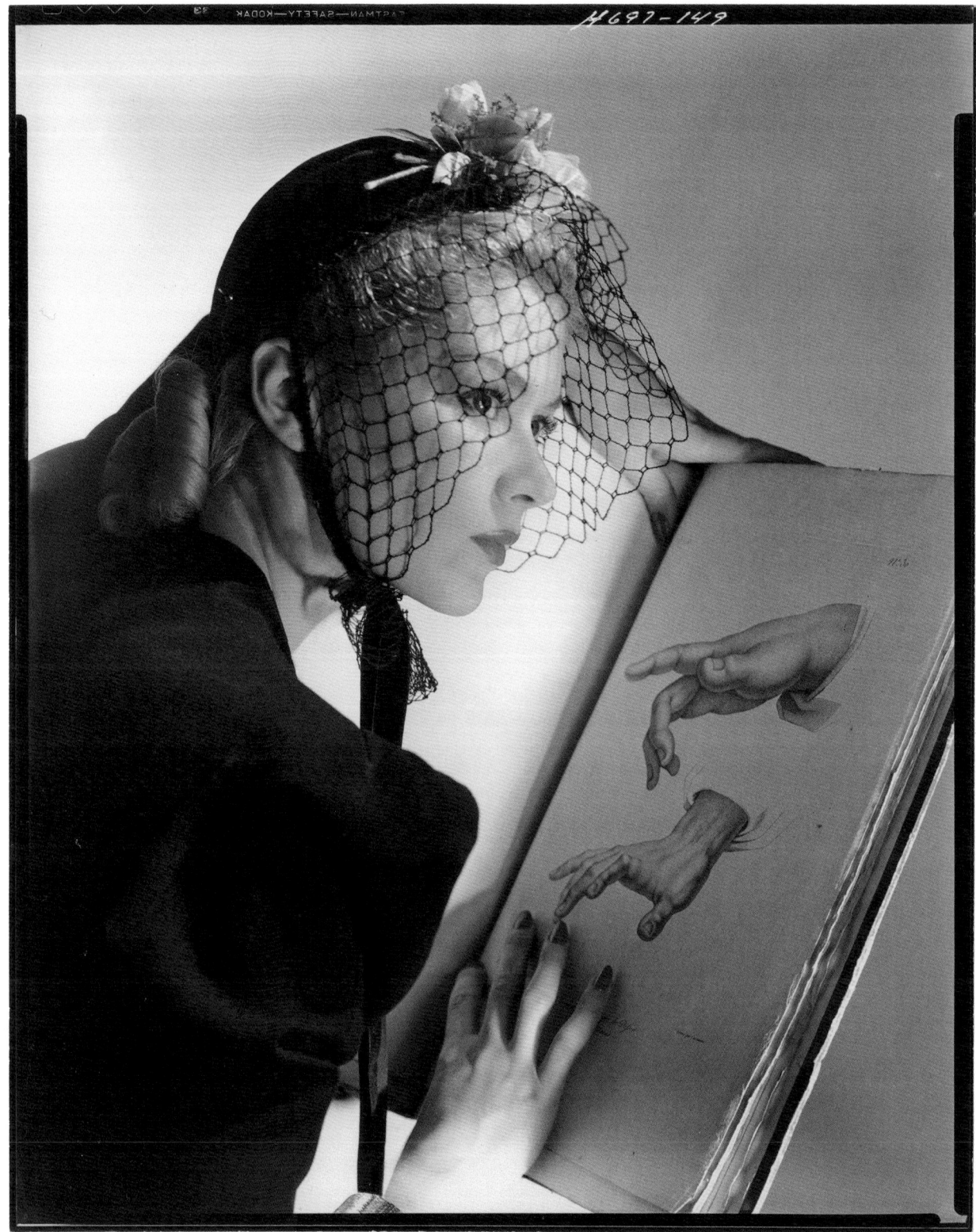

51 **Horst P. Horst**
Coiffe en rubans, voiles, fleurs en cellophane, perles
de jade et de corail, par Talbot, bijoux Mauboussin
Variante en couleur pour *Vogue* US,
1er novembre 1938
22,5 × 16,4 cm

Headdress by Talbot, made from ribbons,
veils, cellophane flowers, jade and
coral beads, jewellery by Mauboussin
Colour variant for *Vogue* US, 1 November 1938

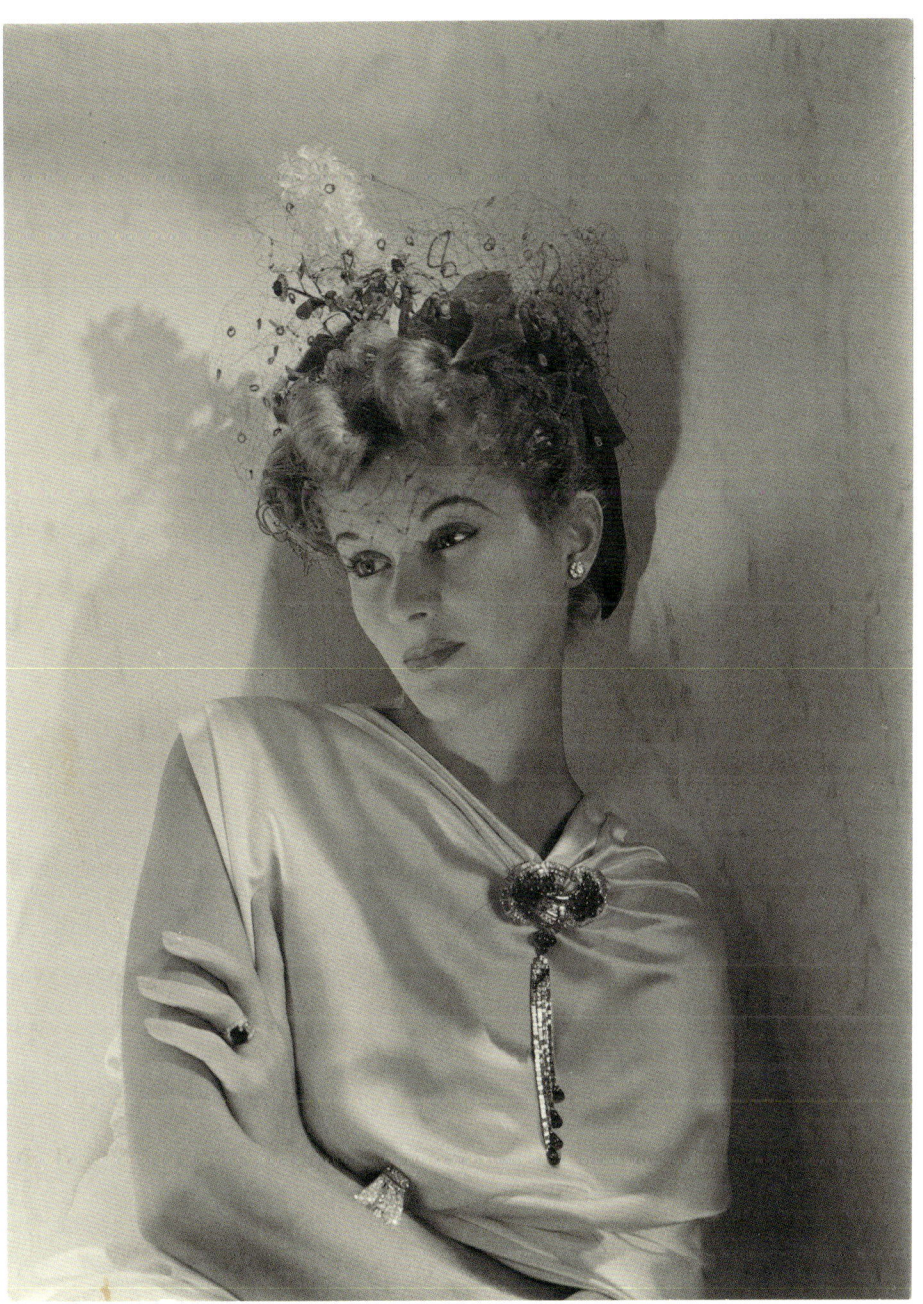

52 **George Hoyningen-Huene**
Robe Hattie Carnegie en mousseline plissée
blanche, pour les magasins Neiman-Marcus,
Harper's Bazaar, avril 1938
26,8 × 20,1 cm

White pleated chiffon dress by
Hattie Carnegie, for Neiman-Marcus
Harper's Bazaar, April 1938

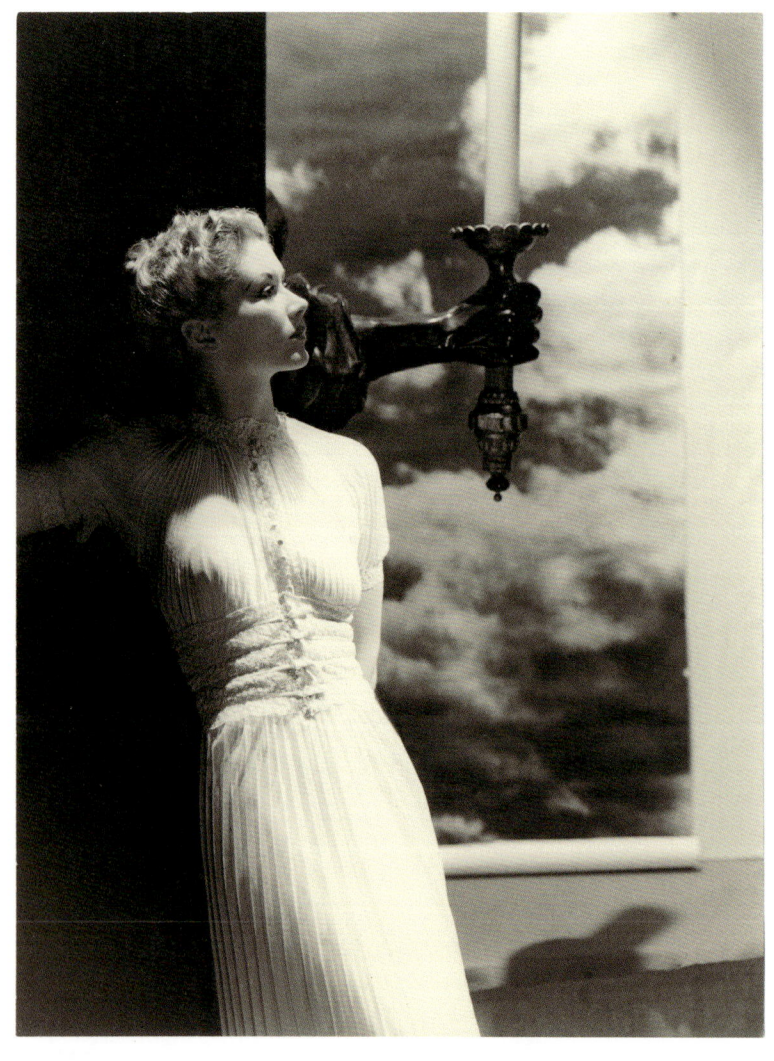

53

Horst P. Horst
Robe Lanvin en tulle blanc pailleté,
cape en satin de rayonne rose-rouge
brodée de lamé, bijoux Boucheron
Vogue France, octobre 1938
22,9 × 16,9 cm

Dress by Lanvin in sequined white tulle,
cape in red-pink rayon satin embroidered
with lamé, jewellery by Boucheron
Vogue France, October 1938

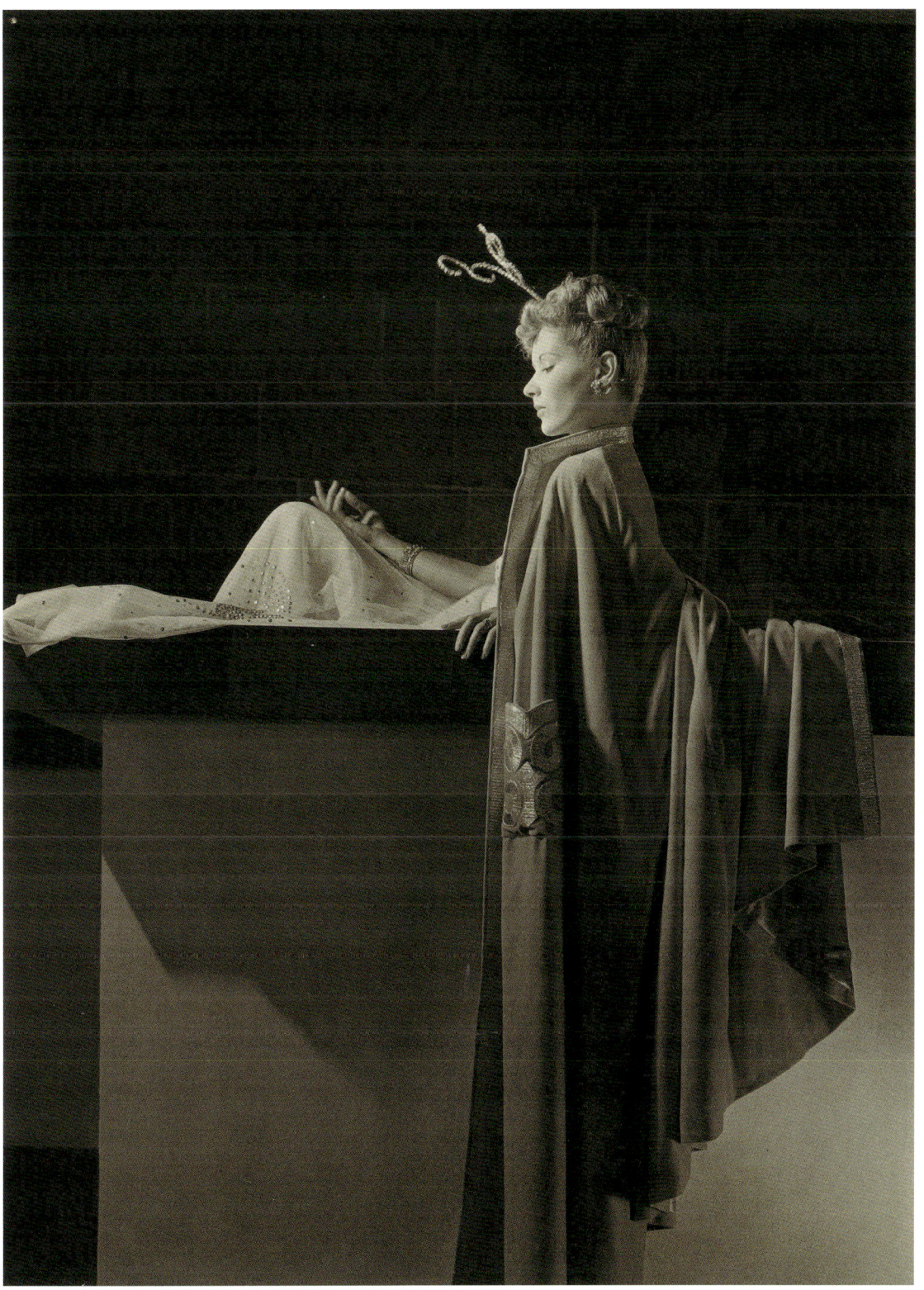

Horst P. Horst
Sans titre, années 1940
Prêt de l'Archive Tom Penn
28,7 × 21,3 cm

Untitled, 1940s
Loan from the Tom Penn Archive

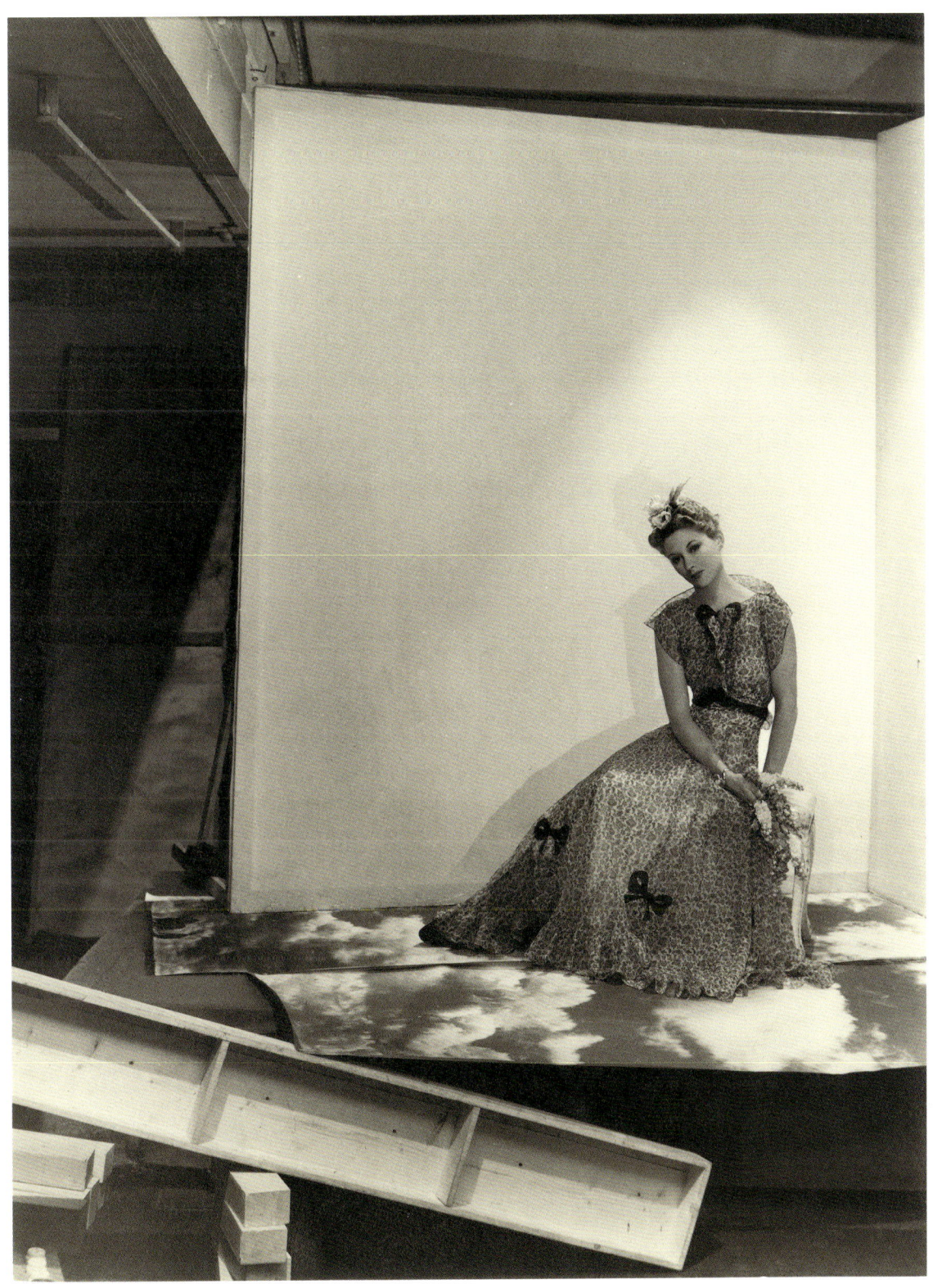

56   **Horst P. Horst**
Ophelia, New York, 1939
Vogue US, 1er janvier 1940
Prêt de l'Archive Tom Penn
24,3 × 19,5 cm

Ophelia, New York, 1939
Vogue US, 1 January 1940
Loan from the Tom Penn Archive

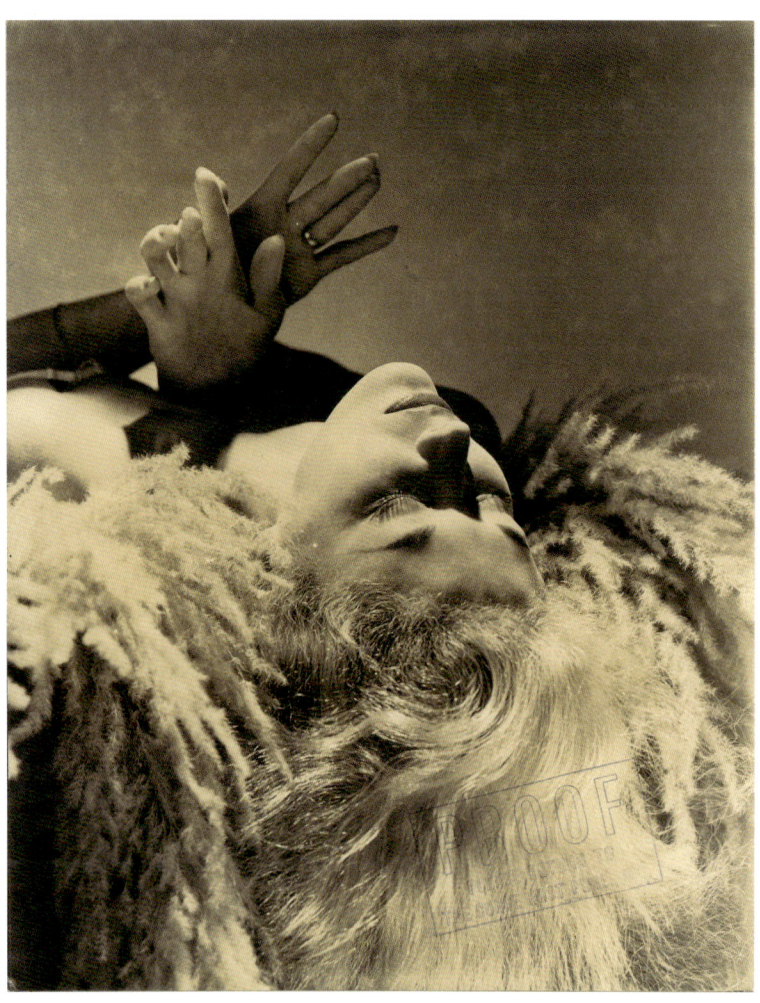

Attribué à Fernand Fonssagrives (attributed to)
Troupe de danse théâtrale, 1934   Theatrical dance troupe, 1934
35 × 28 cm

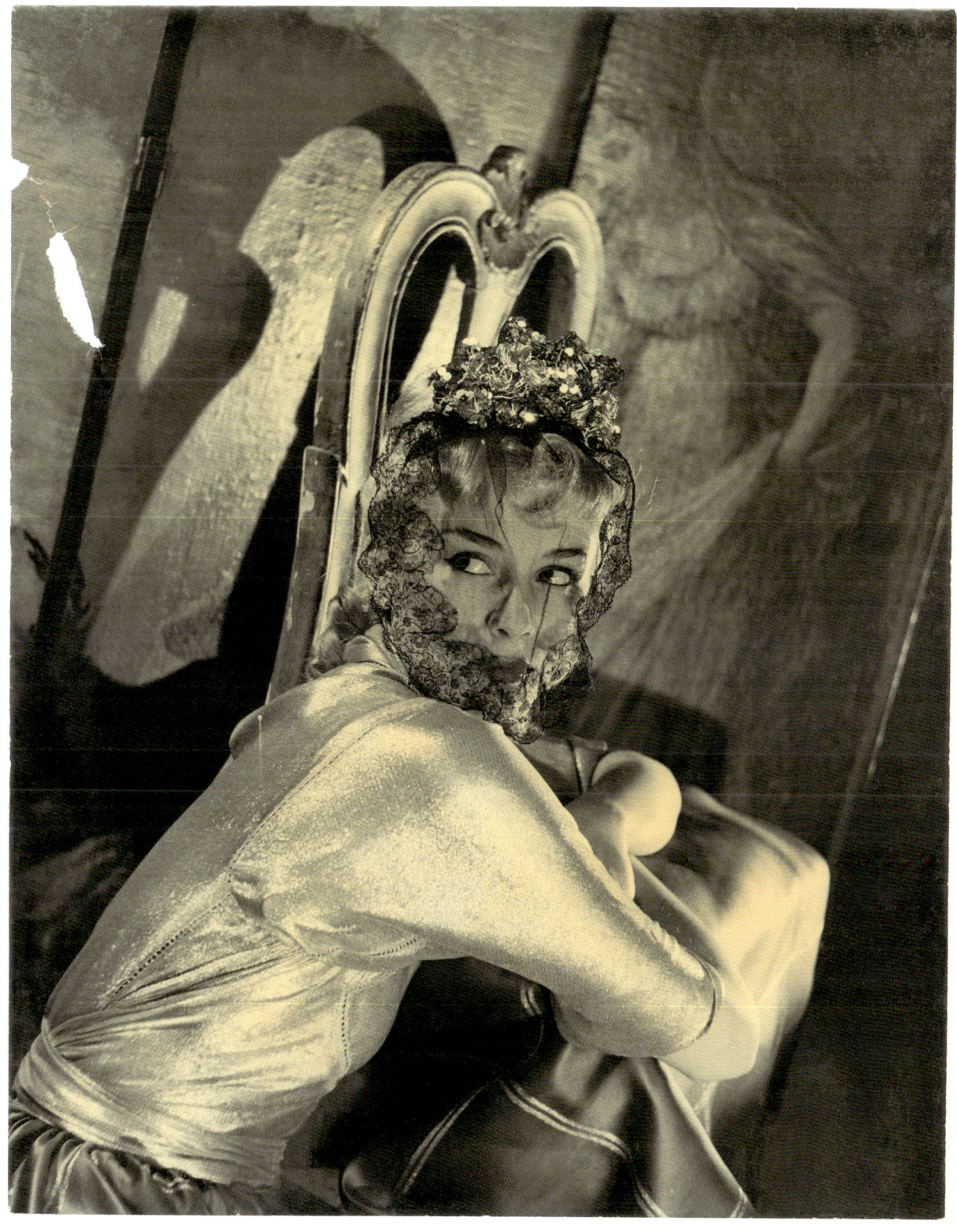

59   **Horst P. Horst**
Lisa à la Harpe, New York, 1939   *Lisa with Harp*, New York, 1939
Vogue US, 15 mai 1941   *Vogue* US, 15 May 1941
Prêt de l'Archive Tom Penn   Loan from the Tom Penn Archive
22,5 × 16,5 cm

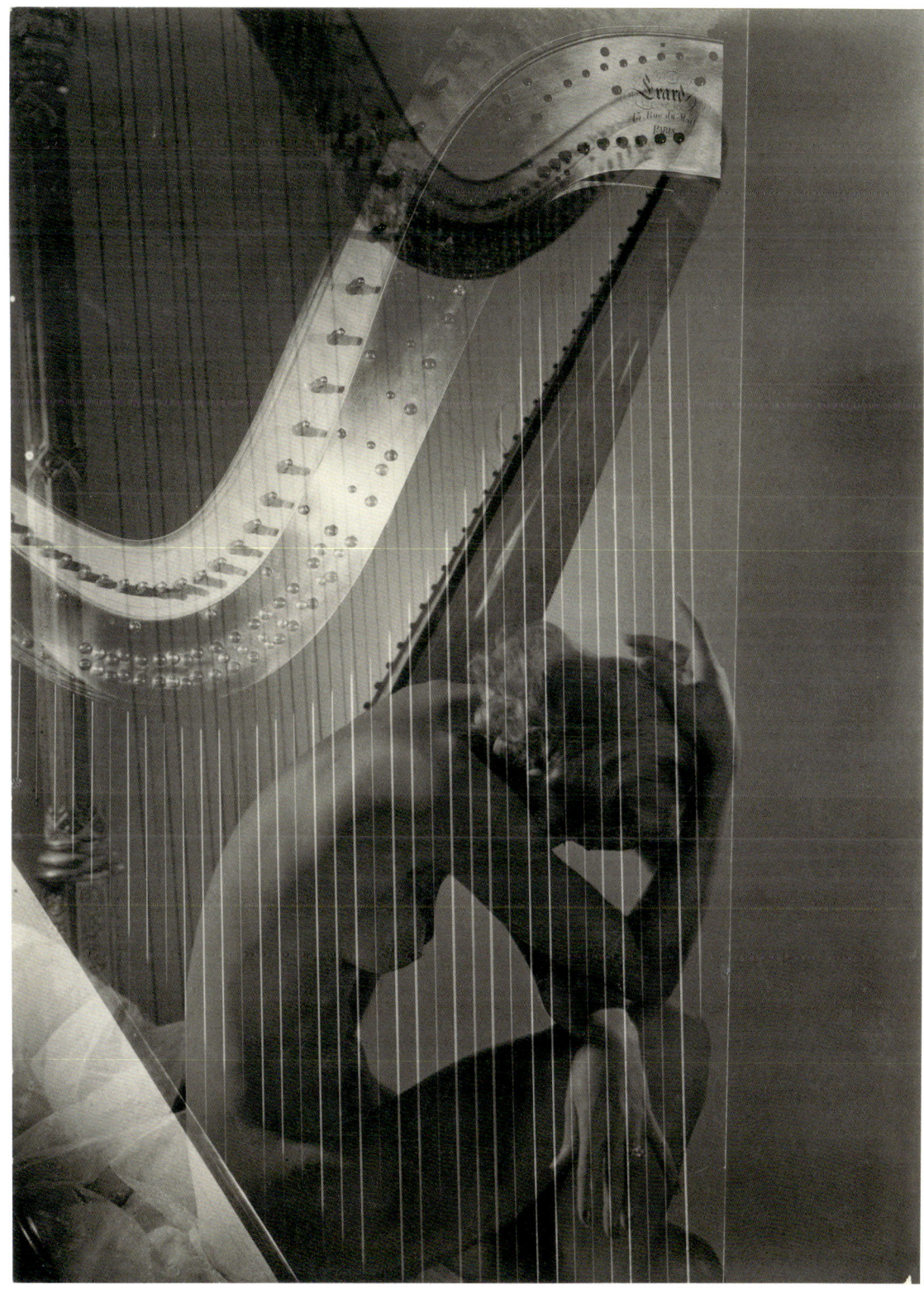

Fernand Fonssagrives
Troupe de danse théâtrale, 1934
24 × 19,2 cm

Theatrical dance troupe, 1934

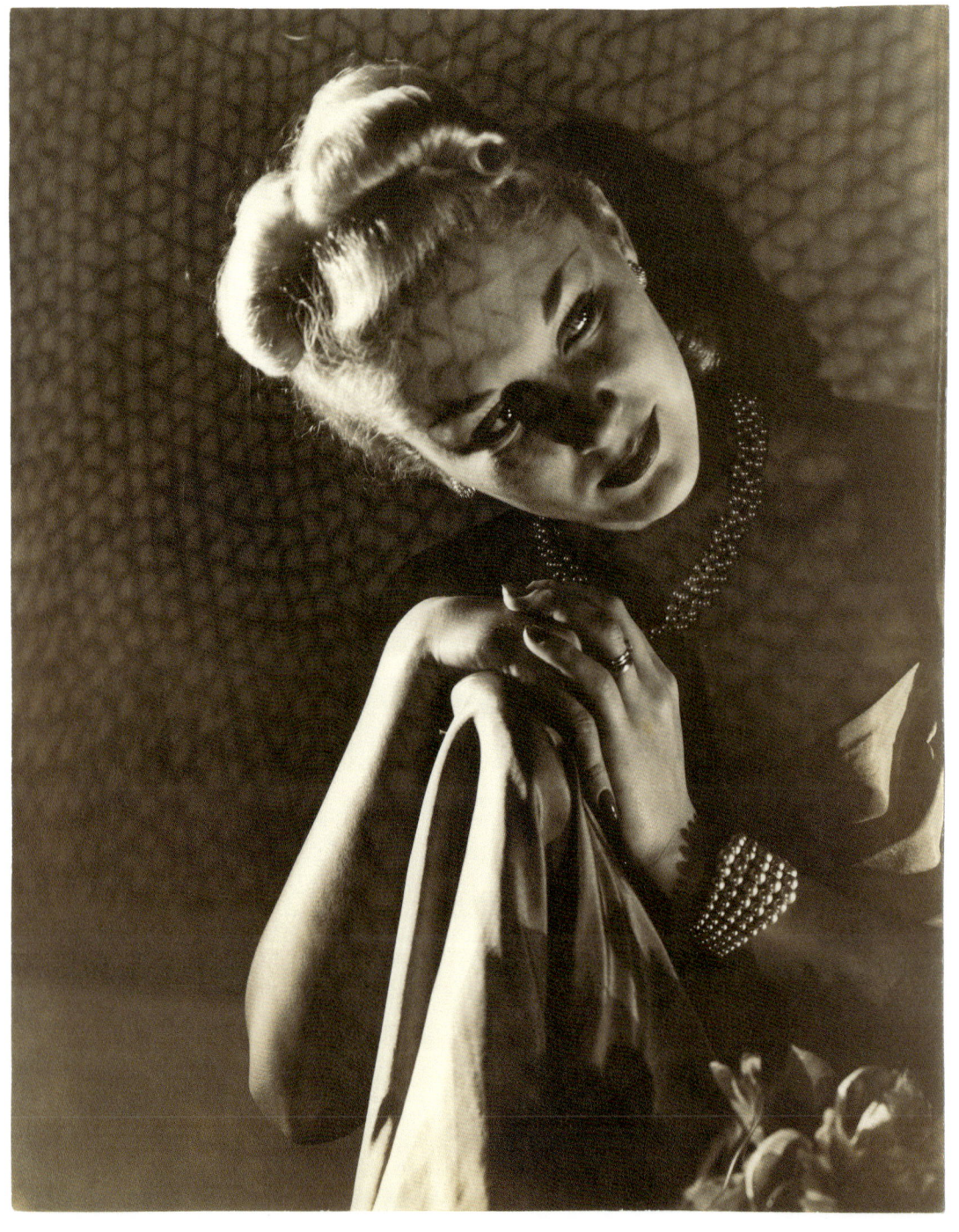

Fernand Fonssagrives
Troupe de danse théâtrale, 1934
12,7 × 20,3 cm

Theatrical dance troupe, 1934

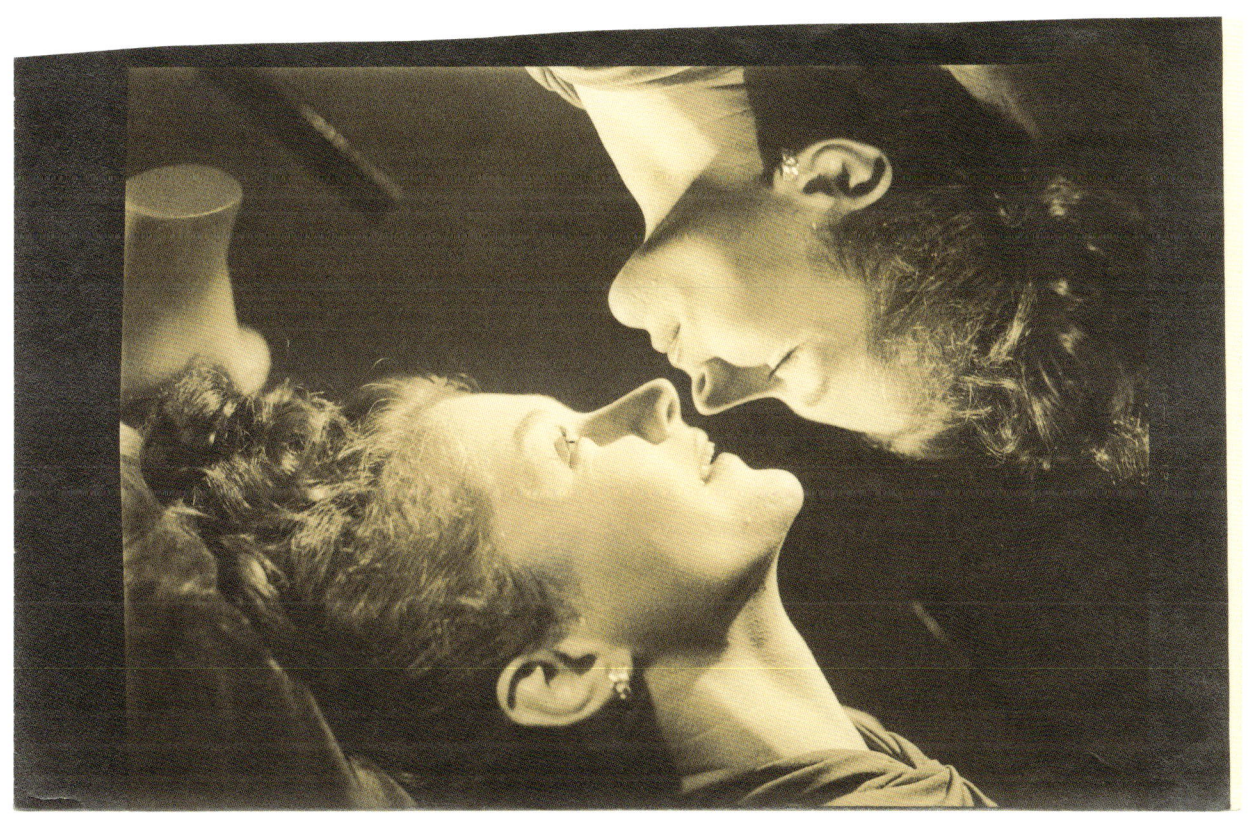

63   **George Hoyningen-Huene**
Robe directoire Vionnet en mousseline blanche
Harper's Bazaar, 15 mars 1938
Prêt de l'Archive Tom Penn
16,5 × 22,9 cm

Directoire dress by Vionnet in white chiffon
Harper's Bazaar, 15 March 1938
Loan from the Tom Penn Archive

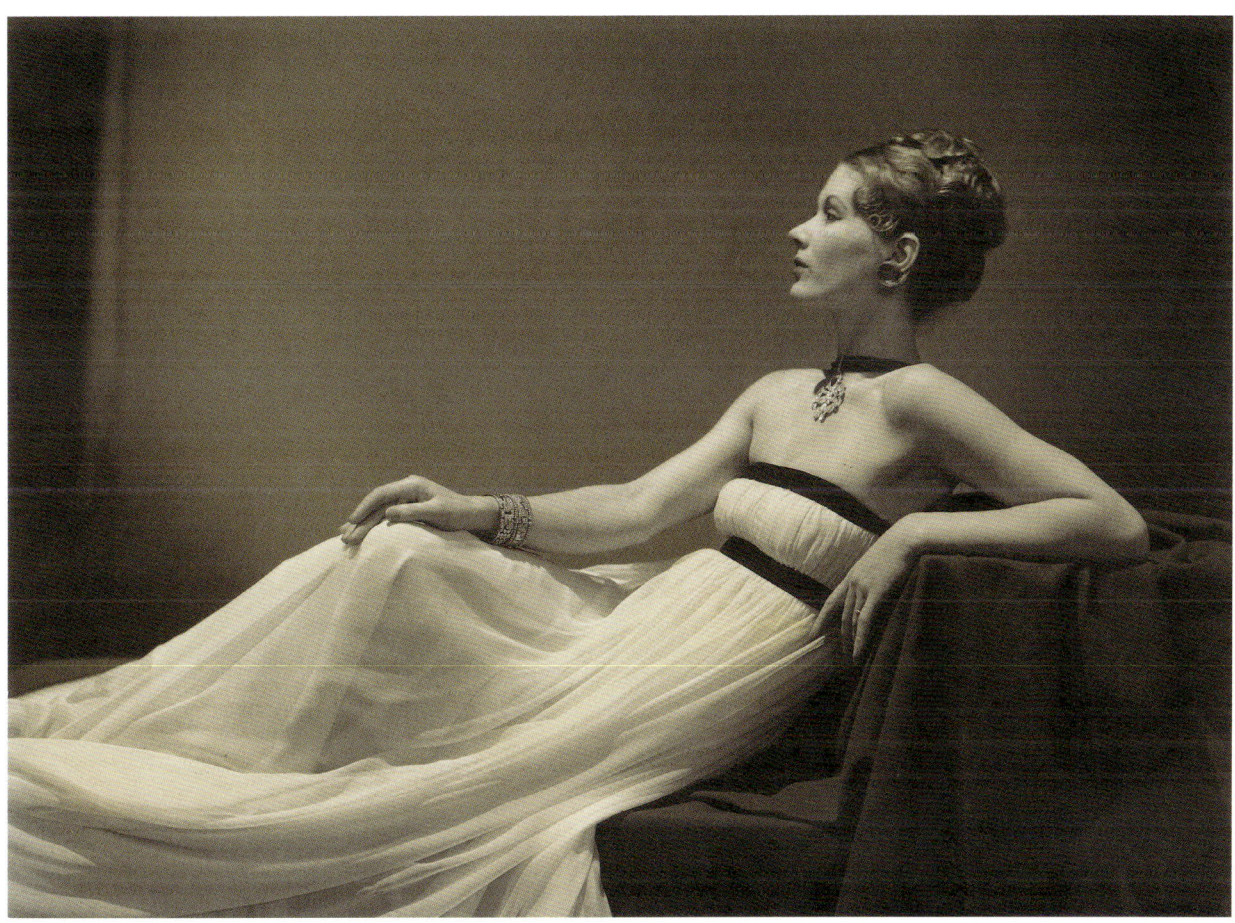

64 **Horst P. Horst**

Maillot de bain en satin blanc à fleurs rouges
Variante pour *Vogue* US, 15 décembre 1939
17 × 14 cm
Maillot de bain en caoutchouc jaune texturé,
chapeau en piqué blanc
Vogue US, 15 décembre 1939
18 × 12 cm

Swimsuit in white satin with red flowers
Variant for *Vogue* US, 15 December 1939
Yellow pebble-grained rubber swimsuit,
white piqué hat
Vogue US, 15 December 1939

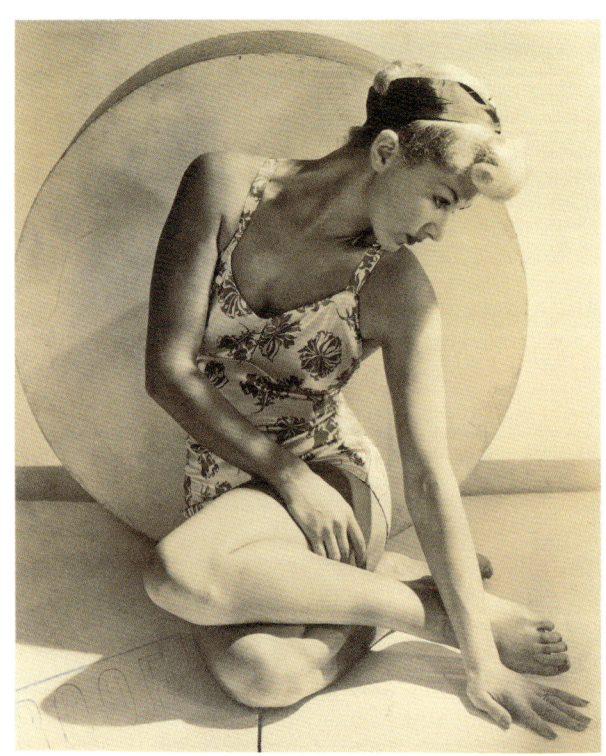

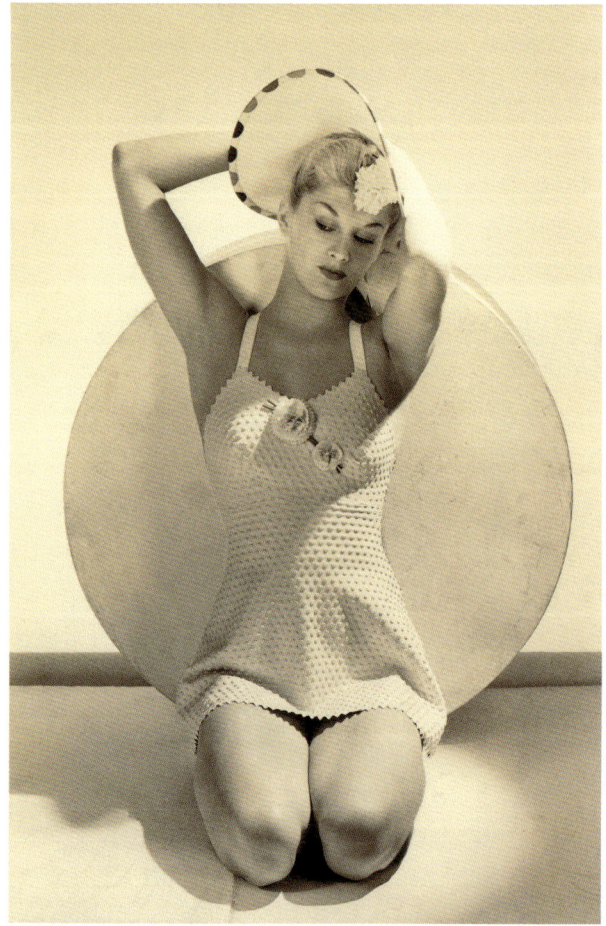

65 **Horst P. Horst**
Tenue de bain pour le soir en soie fleurie par
Thomas Franklin Brigance
Vogue US, 15 décembre 1939
23 × 14,5 cm

Evening wear in floral silk by
Thomas Franklin Brigance
Vogue US, 15 December 1939

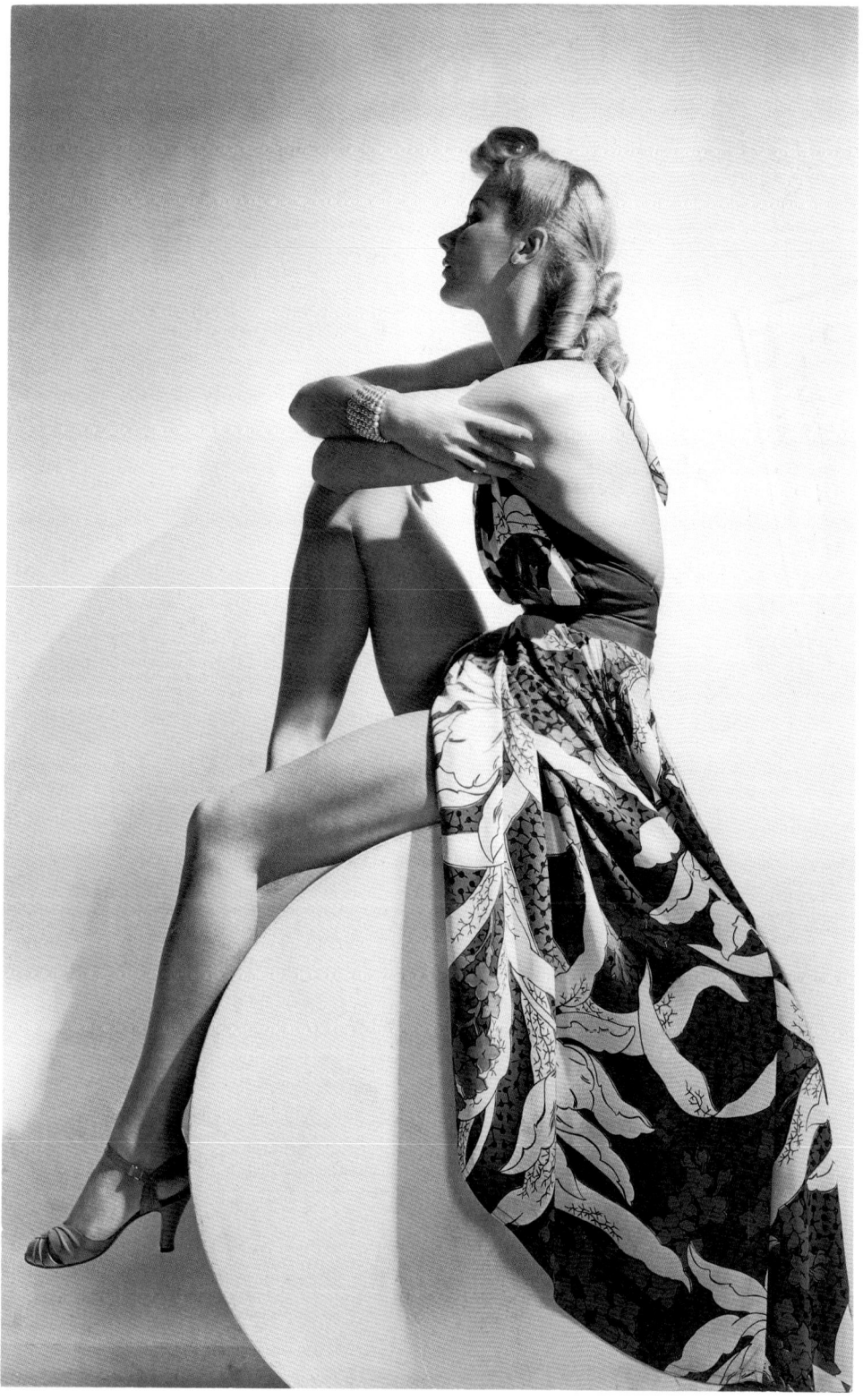

George Hoyningen-Huene
Publicité pour le magasin
Bergdorf Goodman Co., 1939
Variante pour *Vogue* US, 1er janvier 1940
34 × 26,5 cm

Advertisement for Bergdorf Goodman Co., 1939
Variant for *Vogue* US, 1 January 1940

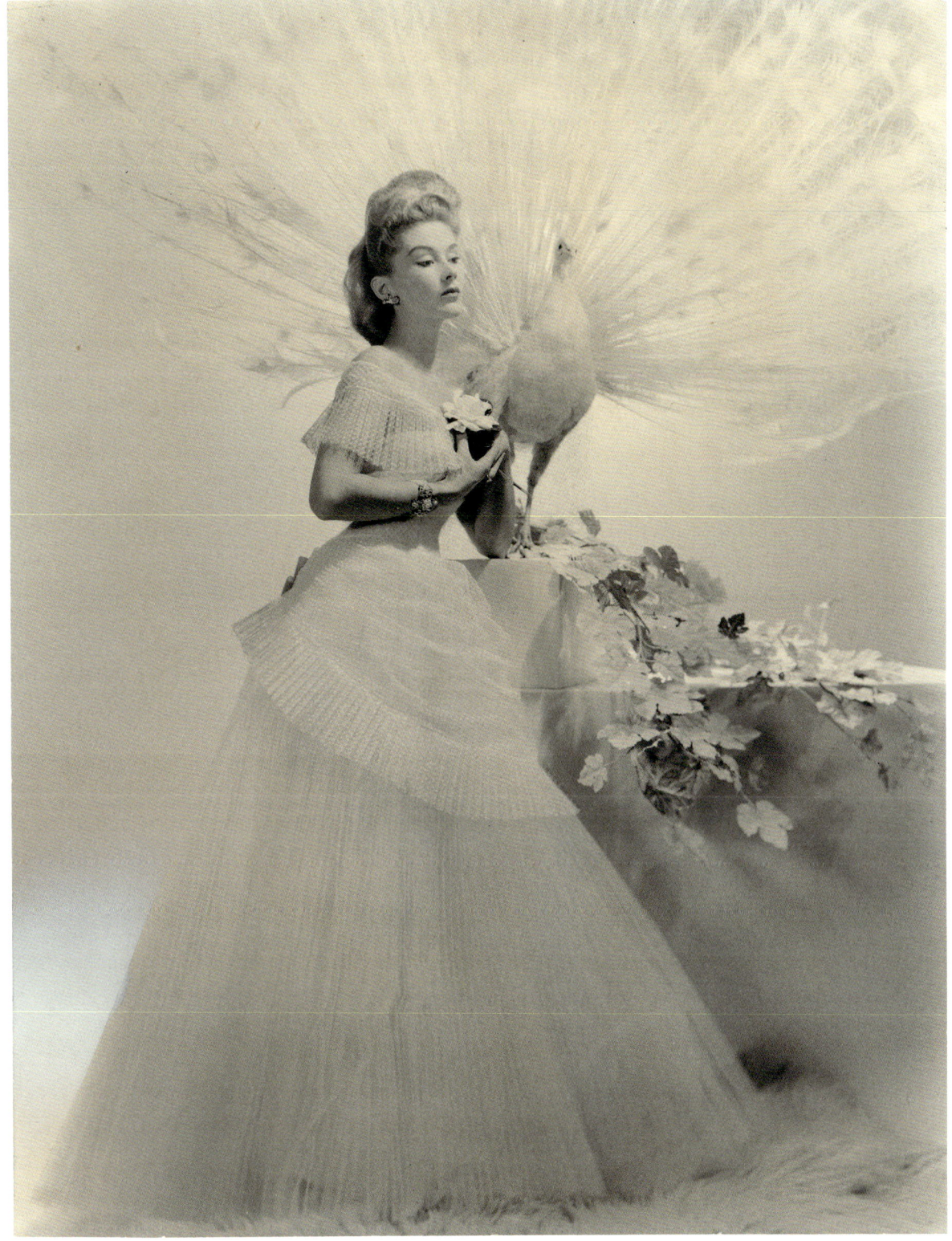

Photographe non identifié
Sans titre, 1936-1939
17,2 × 11,5 cm

Untitled, 1936–1939

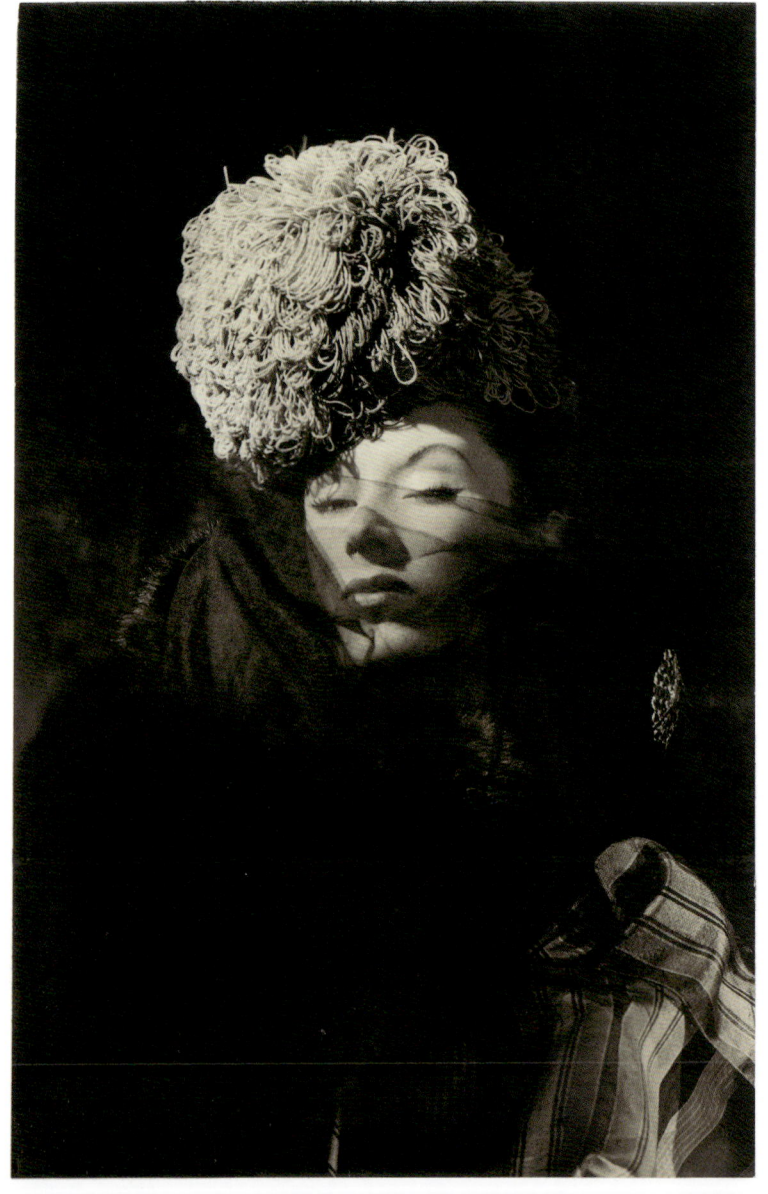

Erwin Blumenfeld
Robe Patou, vers 1939
30 × 24,4 cm

Dress by Patou, ca. 1939

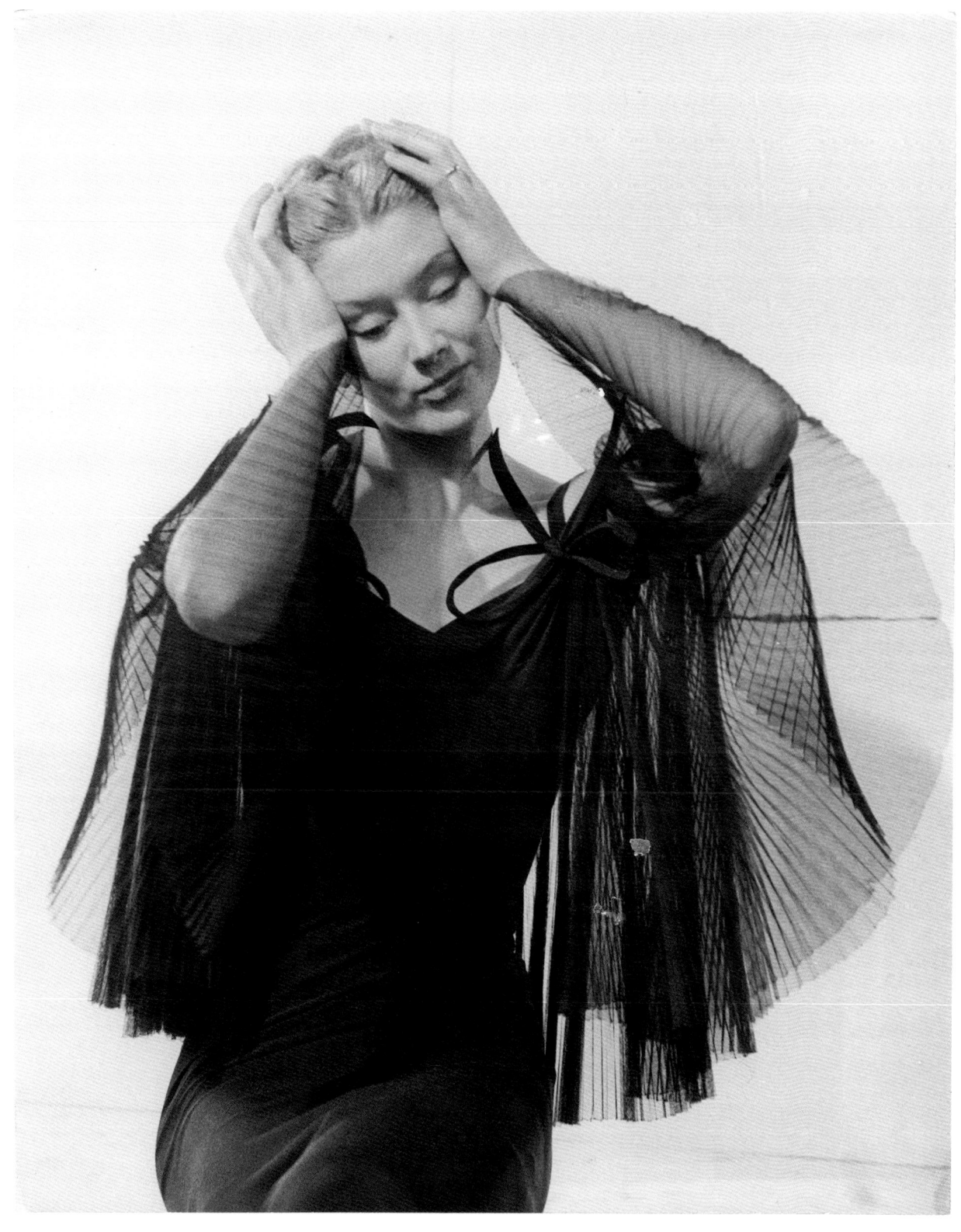

Erwin Blumenfeld
Cape du soir Weill en hermine blanche,
tour Eiffel, Paris, *Vogue* France, mai 1939
28,3 × 21,8 cm

White ermine evening cape by Weill, Eiffel
Tower, Paris, *Vogue* France, May 1939

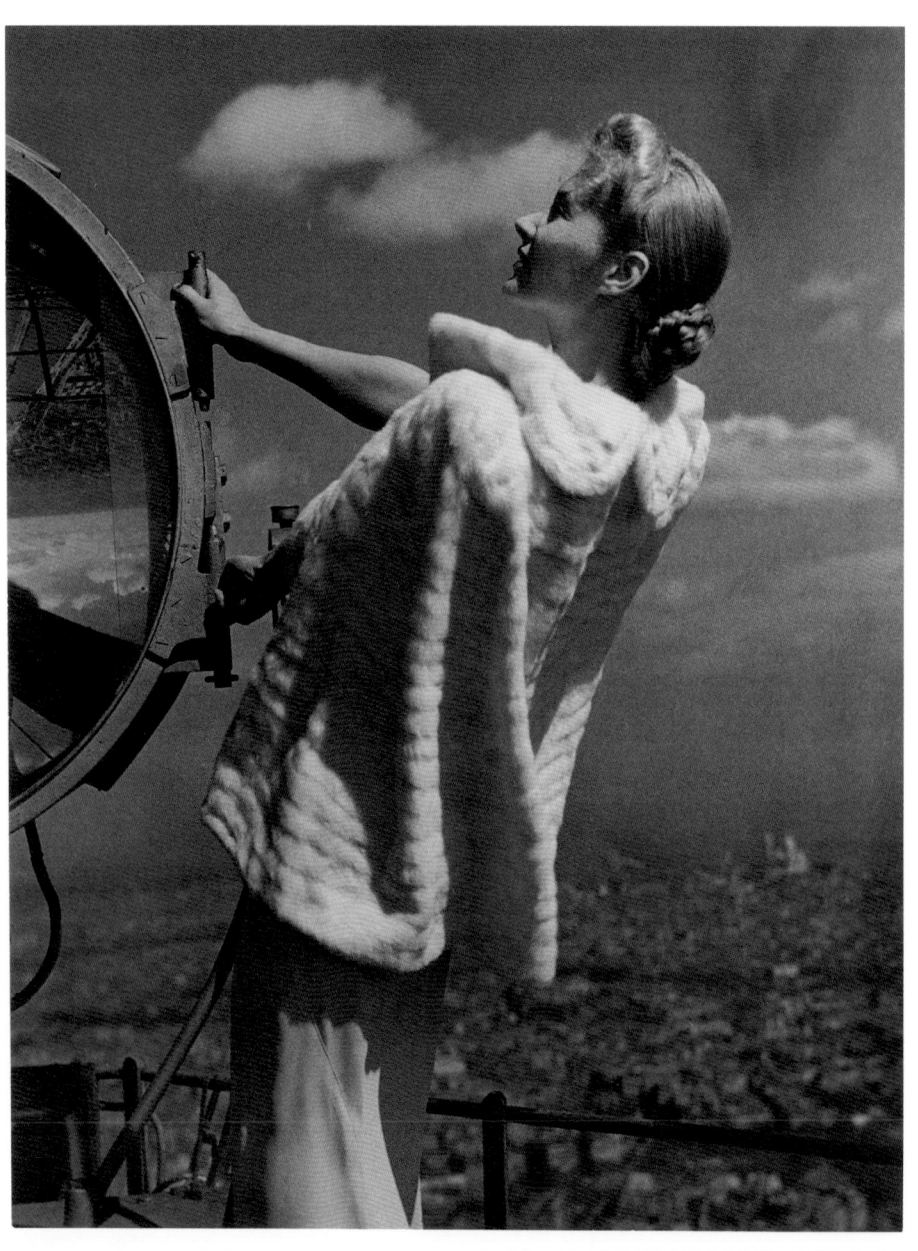

Erwin Blumenfeld
Robe-tablier Bruyère en toile de Vichy
bleu et blanc
Variante pour *Vogue* France, juillet 1939
35 × 25 cm

Pinafore apron dress by Bruyère in
blue and white Vichy fabric
Variant for *Vogue* France, July 1939

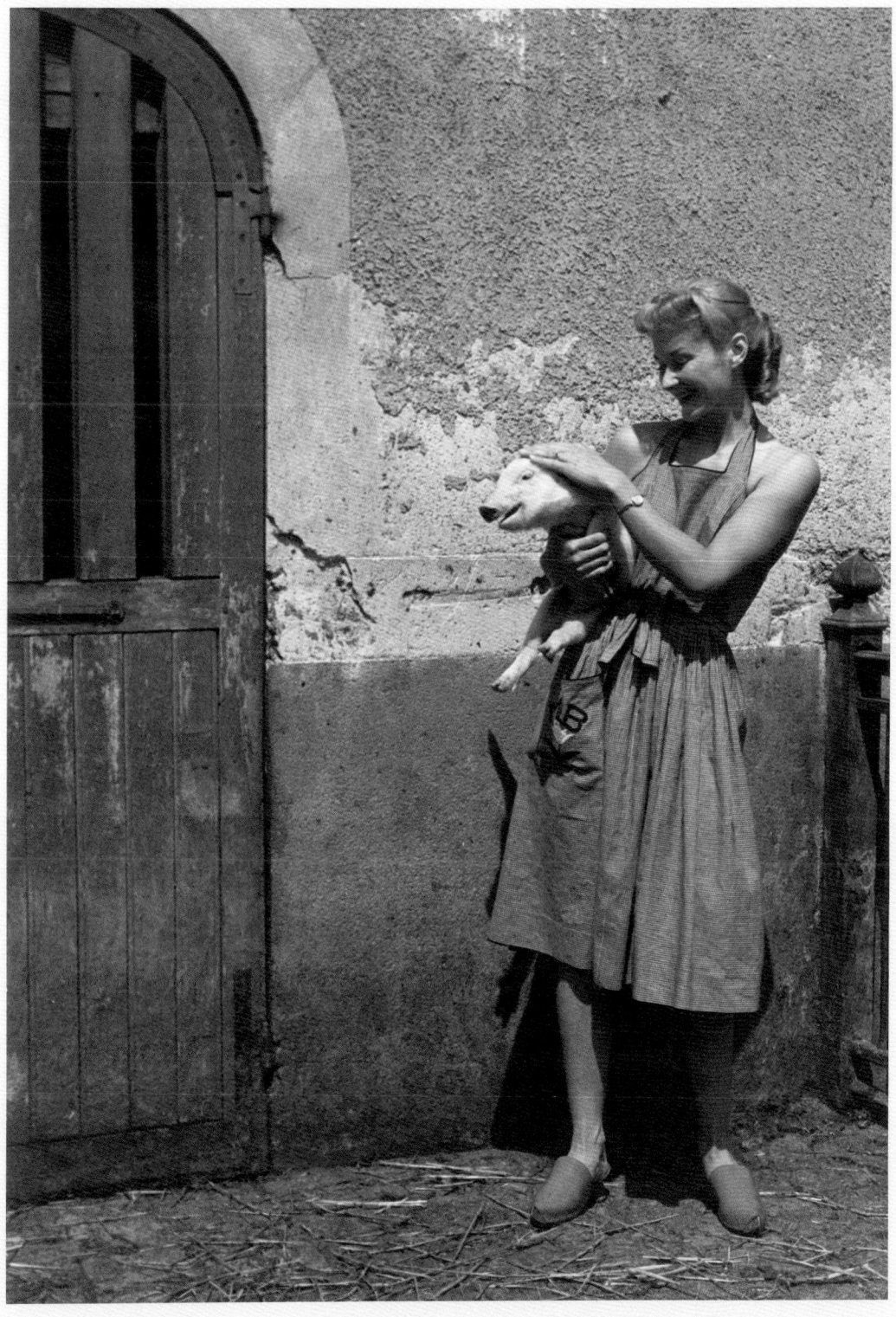

George Hoyningen-Huene
Sans titre, Paris, 1937-1939
Prêt de l'Archive Tom Penn
32,5 × 25 cm

Untitled, Paris, 1937–1939
Loan from the Tom Penn Archive

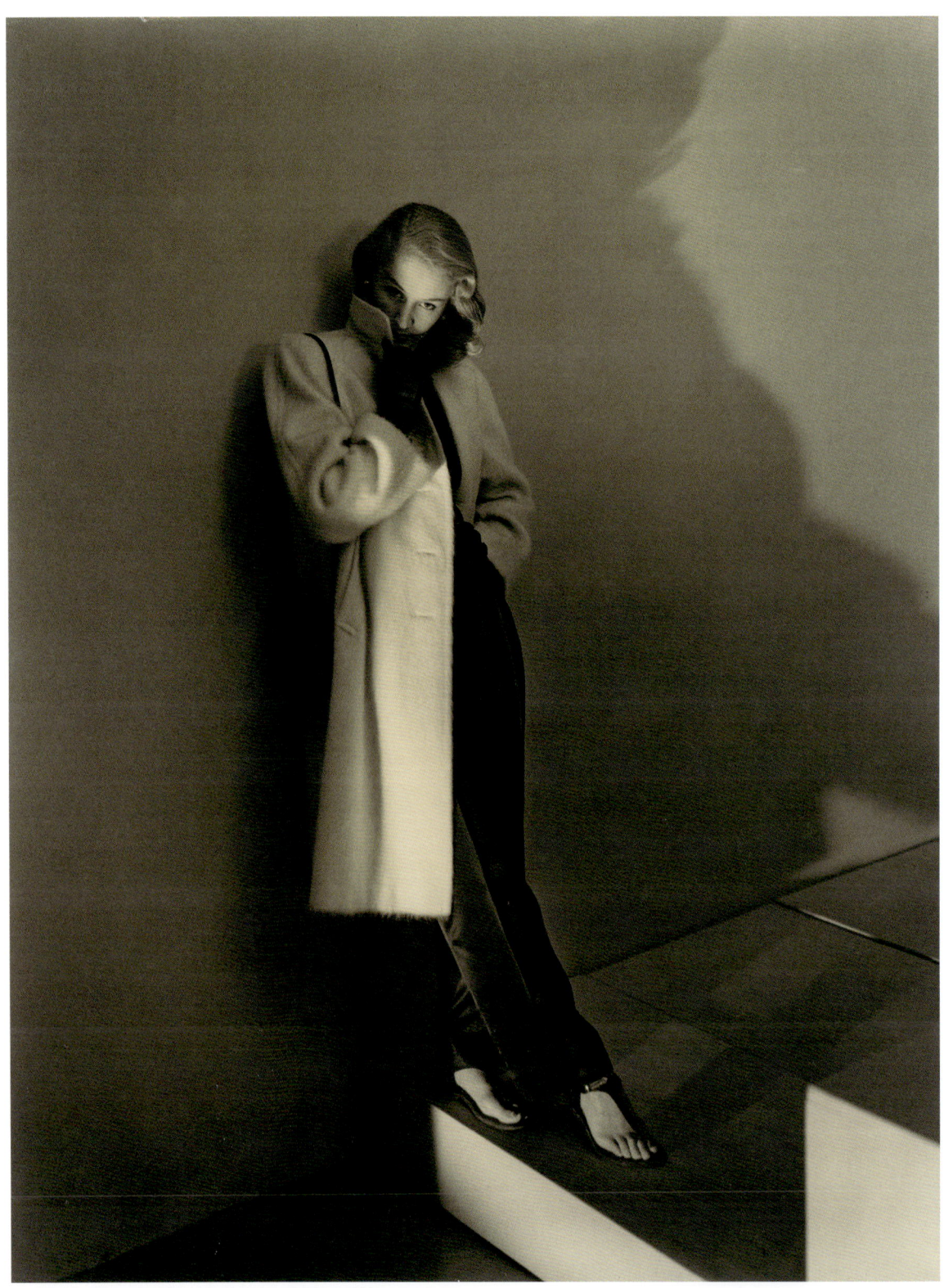

Photographe non identifié
Manteau et toque Revillon en castor rasé
Variante pour *Vogue* France, septembre 1938
24 × 18 cm

Coat and hat by Revillon in shaved beaver
Variant for *Vogue* France, September 1938

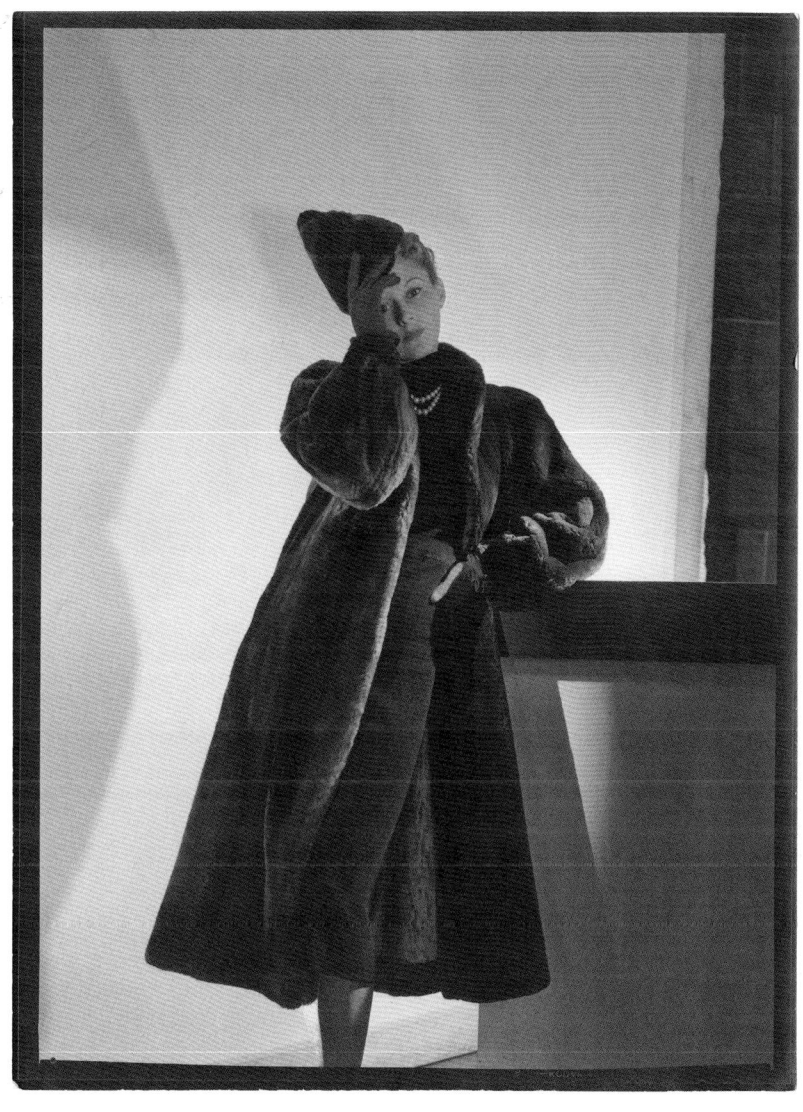

74   **George Hoyningen-Huene**
Fourreau doré avec sa tunique blanche
à reflets dorés et boléro
Publicité pour le magasin Bergdorf Goodman Co.
Harper's Bazaar, novembre 1941
Prêt de l'Archive Tom Penn
29,5 × 24,5 cm

Gold sheath dress with white tunic
with gold highlights and bolero
Advertisement for Bergdorf Goodman Co.
Harper's Bazaar, November 1941
Loan from the Tom Penn Archive

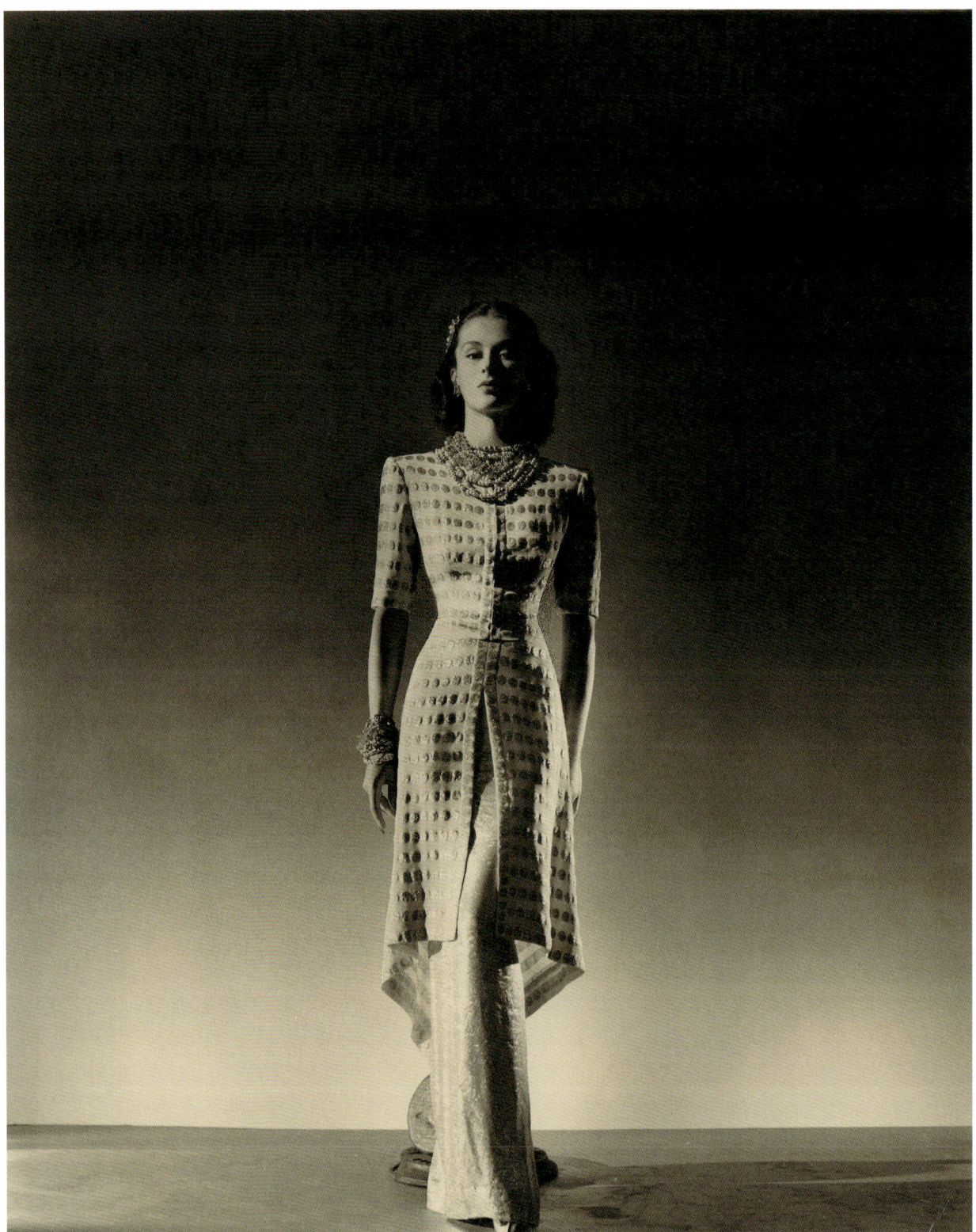

George Hoyningen-Huene
Robe zébrée Alix (Madame Grès)
en crêpe imprimé, bijoux Boucheron
Harper's Bazaar, avril 1938
28,4 × 21,4 cm

A zebra dress by Alix (Madame Grès)
in printed crepe, jewellery by Boucheron
Harper's Bazaar, April 1938

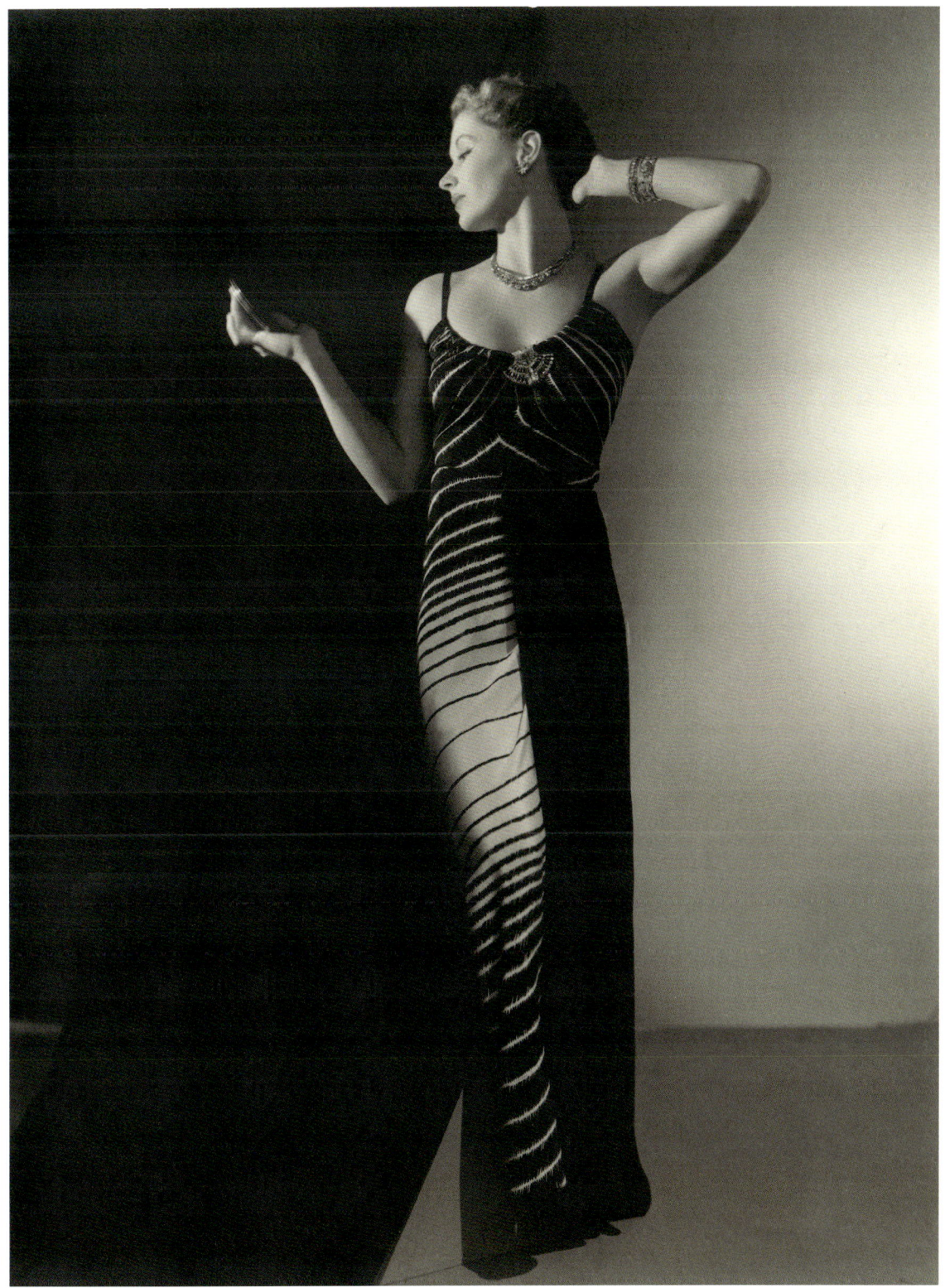

Photographe non identifié
Sans titre, 1937-1939
25,3 × 14,5 cm

Untitled, 1937–1939

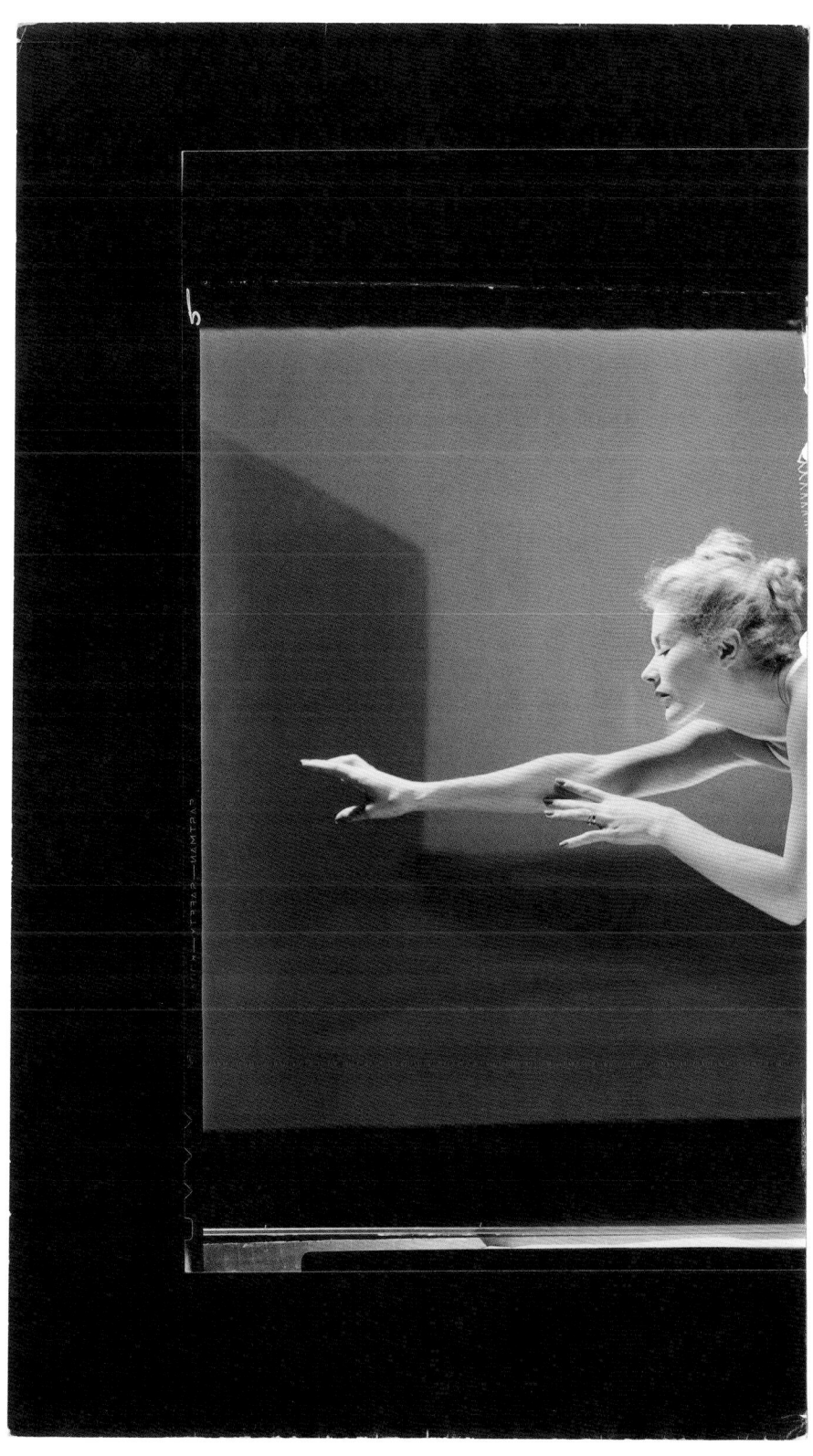

Fernand Fonssagrives
Sans titre, 1936-1939
35,4 × 27,7 cm

Untitled, 1936–1939

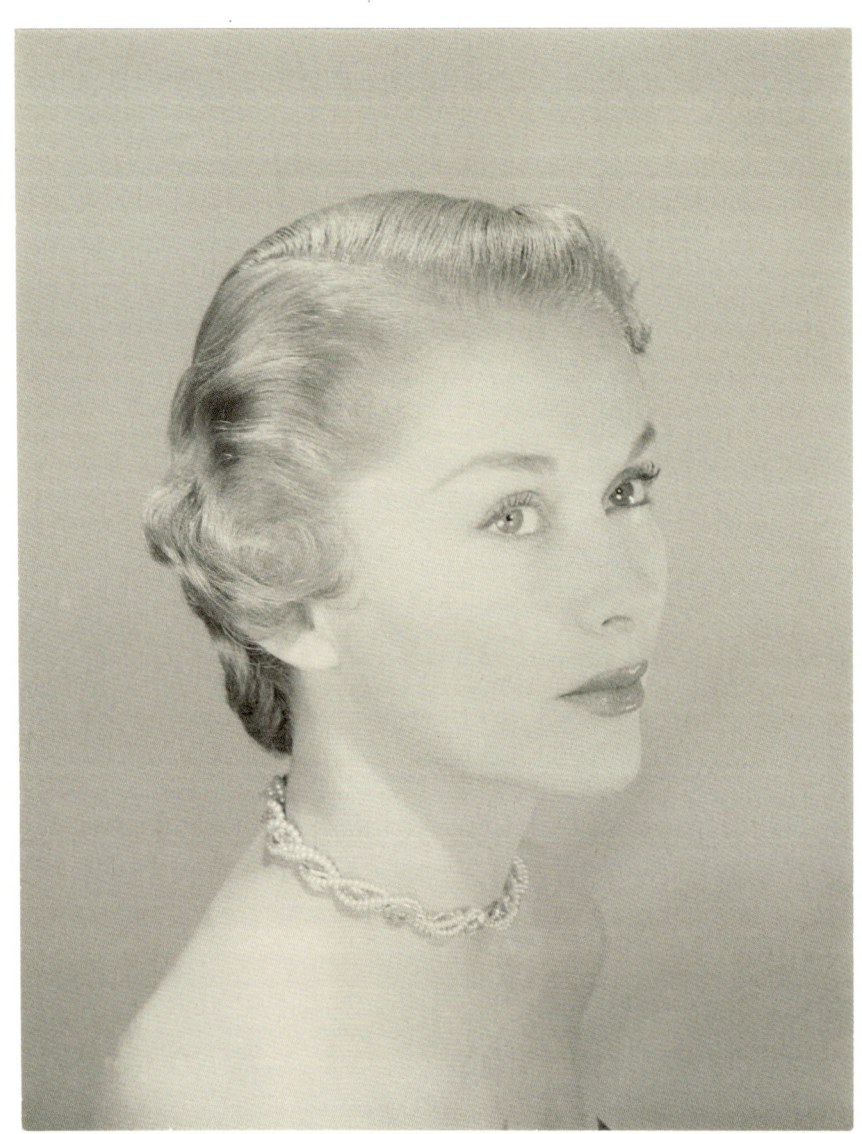

Fernand Fonssagrives
Sans titre, 1936-1939
35,5 × 27,7 cm

Untitled, 1936–1939

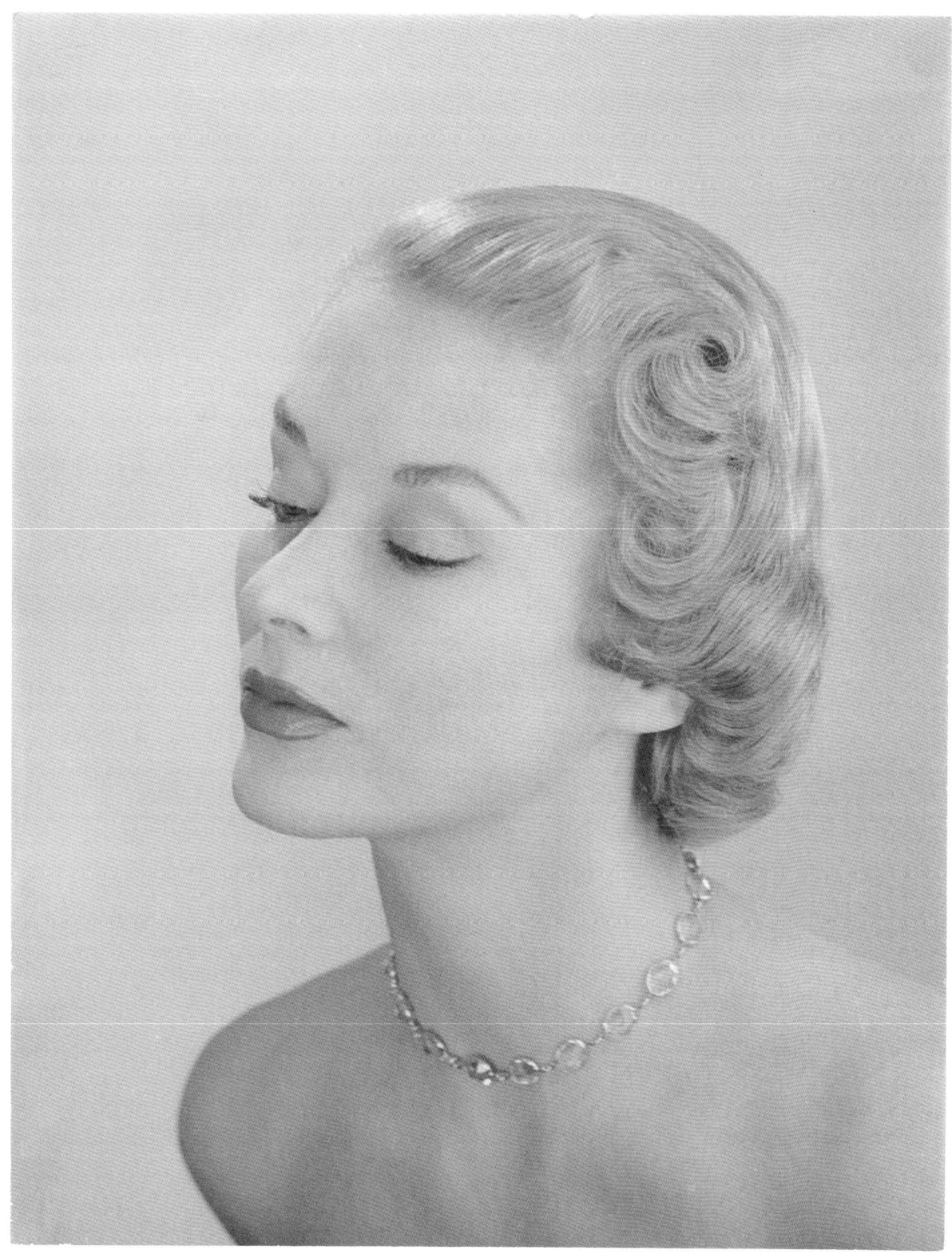

Attribué à Horst P. Horst (attributed to)
Sans titre, 1936-1939
34,1 × 26,2 cm

Untitled, 1936–1939

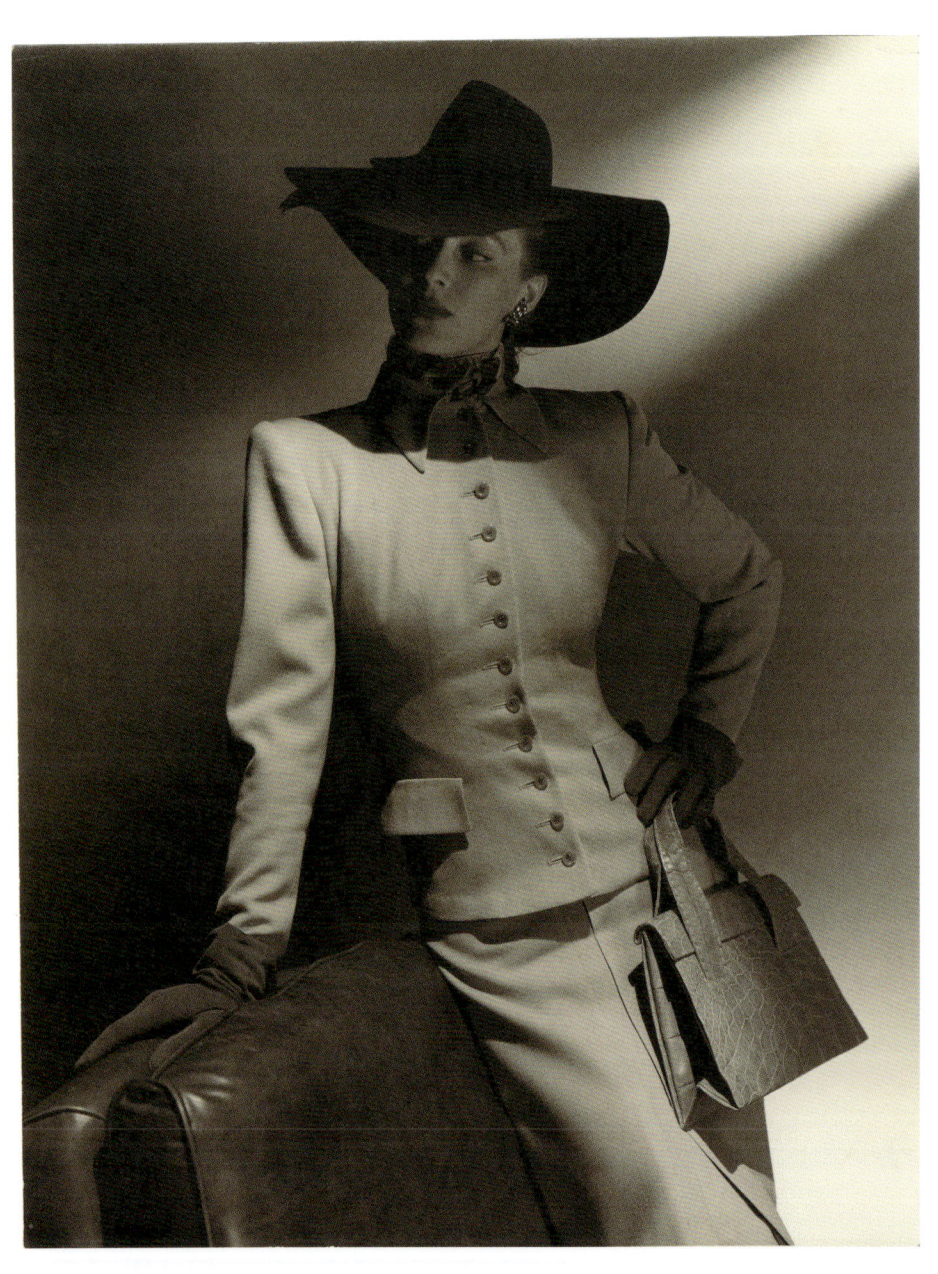

Erwin Blumenfeld
Chapeau de plage, *Harper's Bazaar*, janvier 1942   Beach hat, *Harper's Bazaar*, January 1942
33,2 × 25,2 cm

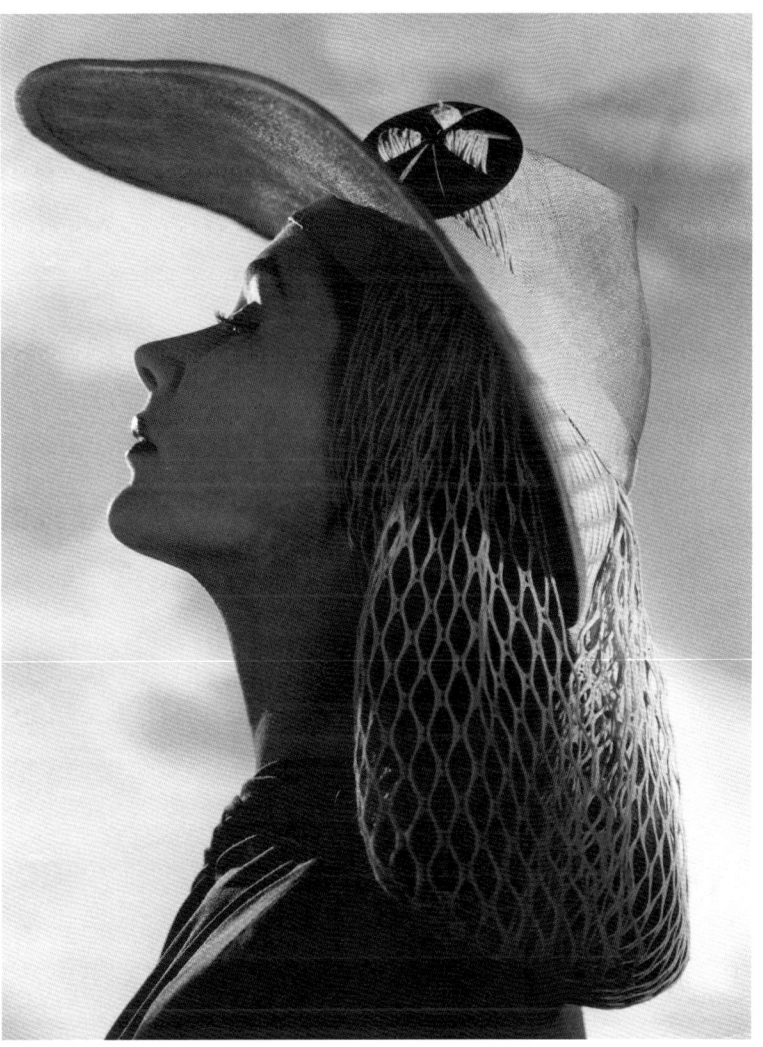

Fernand Fonssagrives
Le Modèle, New York, 1942
Prêt de l'Archive Tom Penn
34,6 × 26,8 cm

Le Modèle, New York, 1942
Loan from the Tom Penn Archive

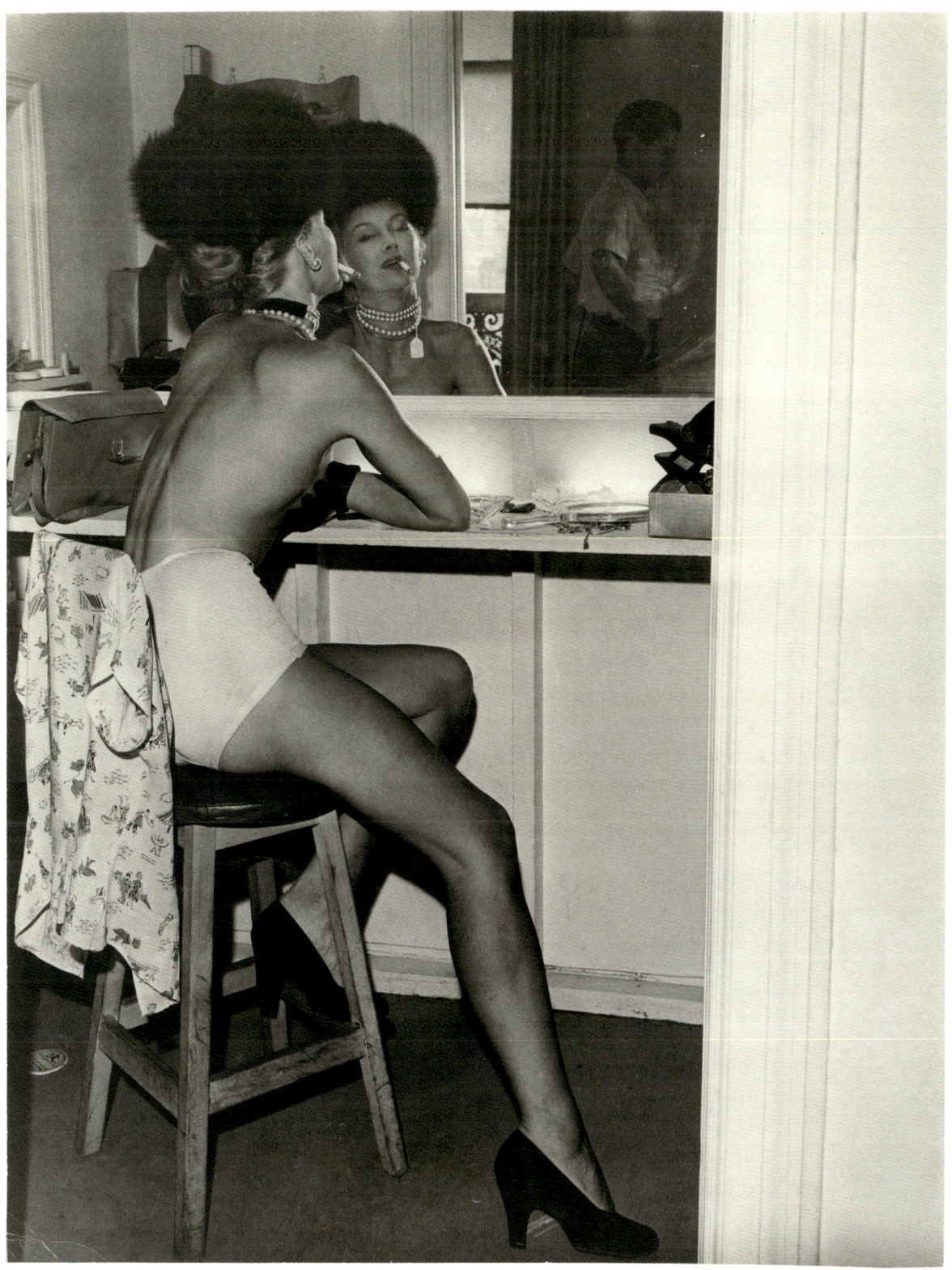

Fernand Fonssagrives
Pour le magazine *Town & Country*
New York, vers 1947
Prêt de l'Archive Tom Penn
35,2 × 28 cm

For *Town & Country* magazine
New York, ca. 1947
Loan from the Tom Penn Archive

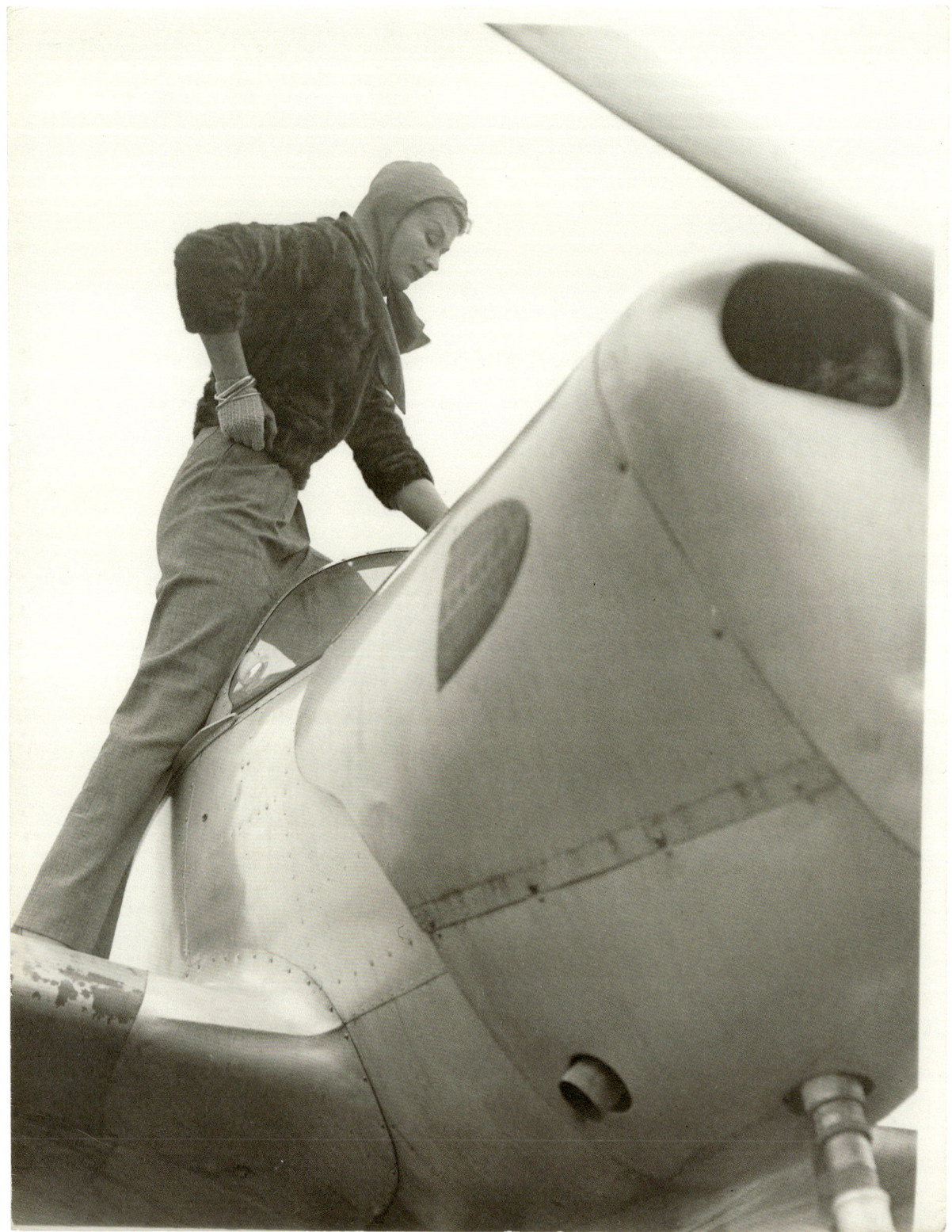

85 **Fernand Fonssagrives**
Pour le magazine *Town & Country*
New York, vers 1947
Prêt de l'Archive Tom Penn
35,3 × 27,8 cm

For *Town & Country* magazine
New York, ca. 1947
Loan from the Tom Penn Archive

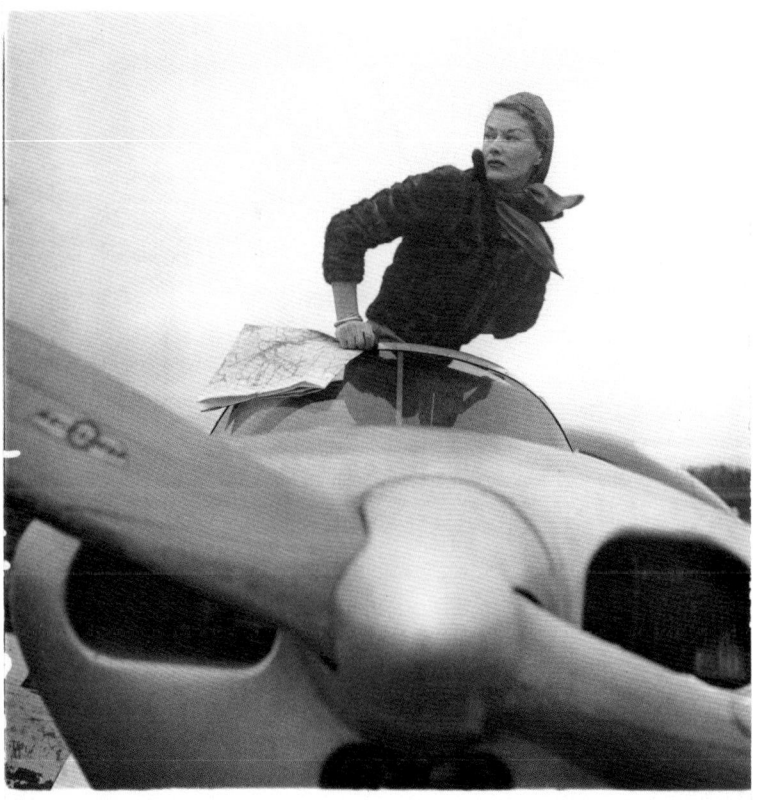

Fernand Fonssagrives
Robe par Lisa Fonssagrives, 1945
34,5 × 26,9 cm

Dress designed by Lisa Fonssagrives, 1945

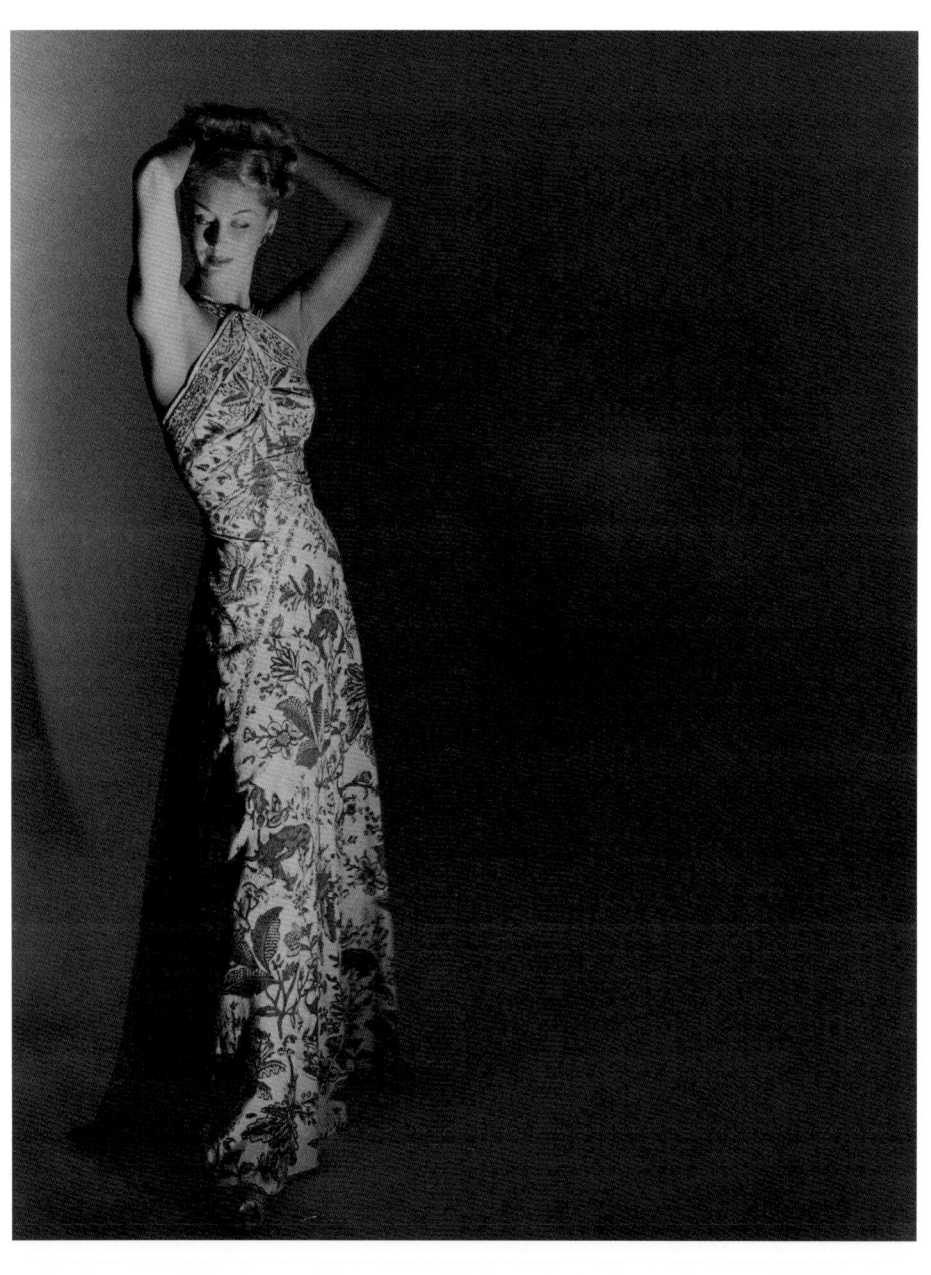

Fernand Fonssagrives
Robe par Lisa Fonssagrives
Publicité pour les collants McCallum
and Propper, *Vogue* US, 1er juillet 1945
35,3 × 27,8 cm

Dress by Lisa Fonssagrives
Advertisement for McCallum and
Propper stockings, *Vogue* US, 1 July 1945

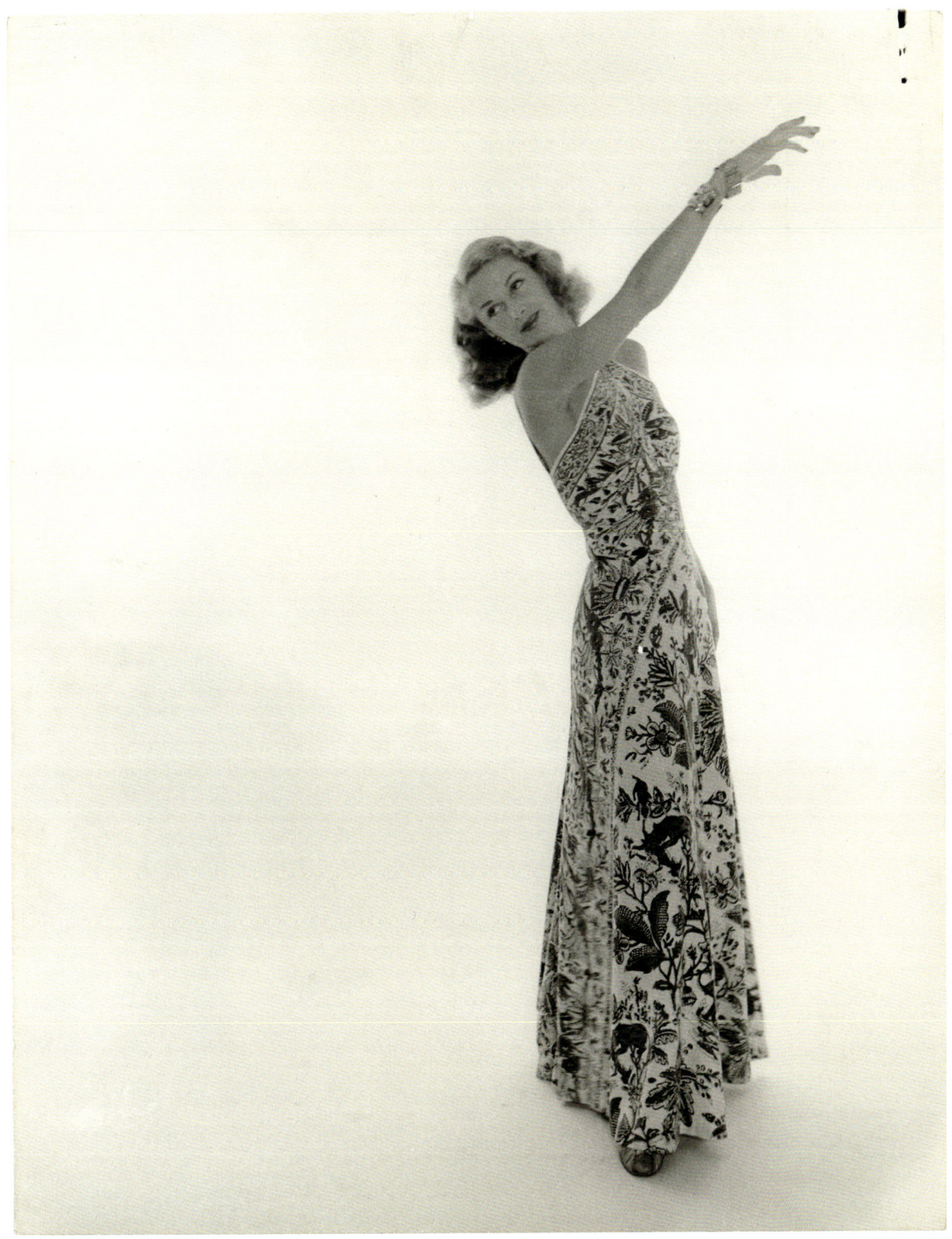

88 **Fernand Fonssagrives**
Sans titre, années 1940
35,2 × 27,7 cm
Sans titre, années 1940
34 × 23,8 cm

Untitled, 1940s
Untitled, 1940s

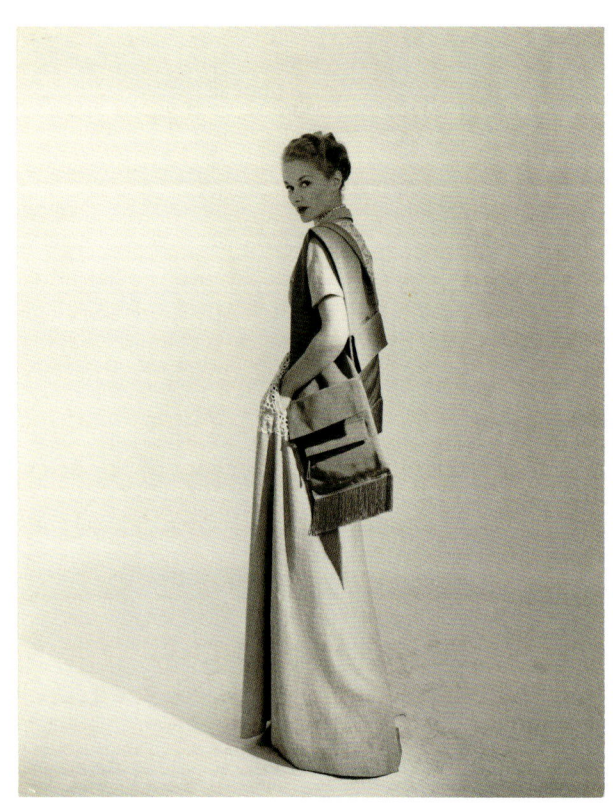

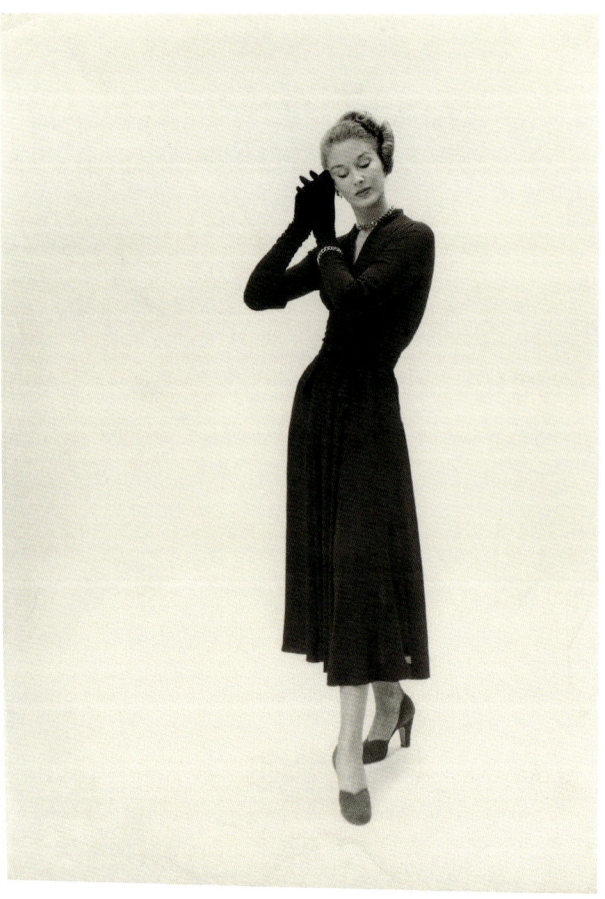

Fernand Fonssagrives
Publicité, magazine *Town & Country*
Années 1940
35,3 × 27,8 cm

Advertisement, *Town & Country* magazine
1940s

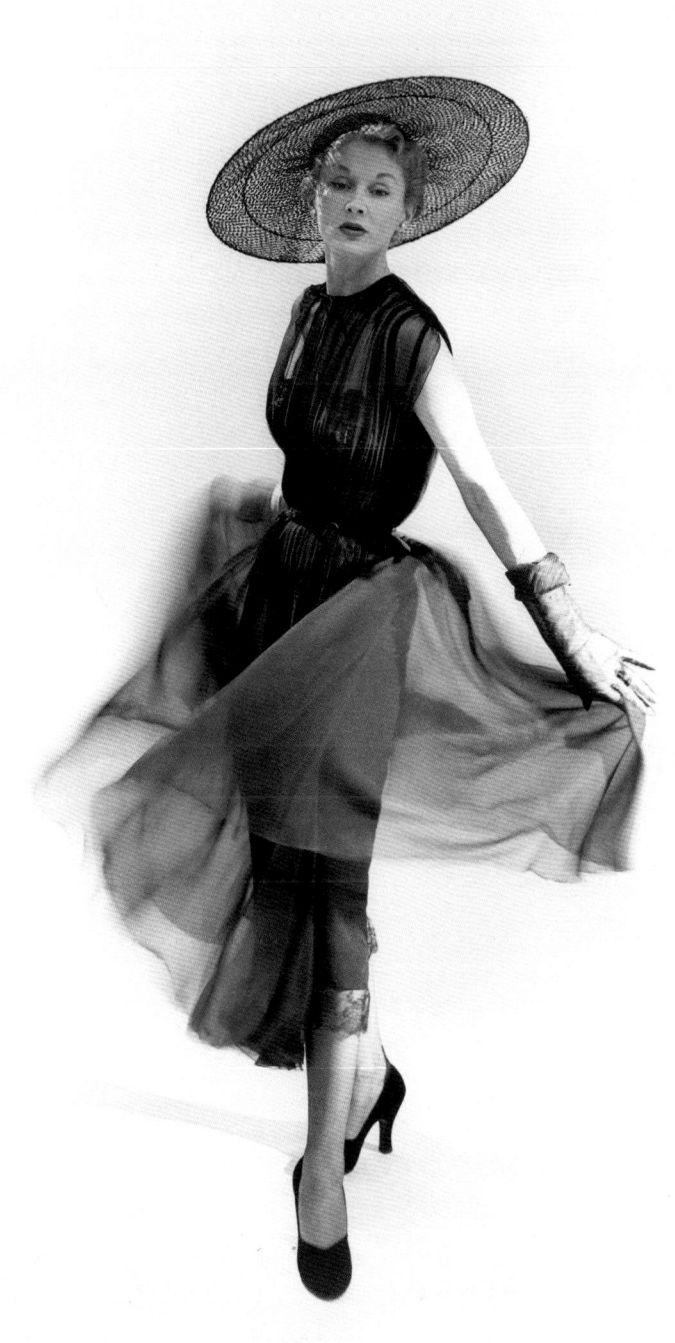

Fernand Fonssagrives
Sans titre, années 1940
35,3 × 27,8 cm

Untitled, 1940s

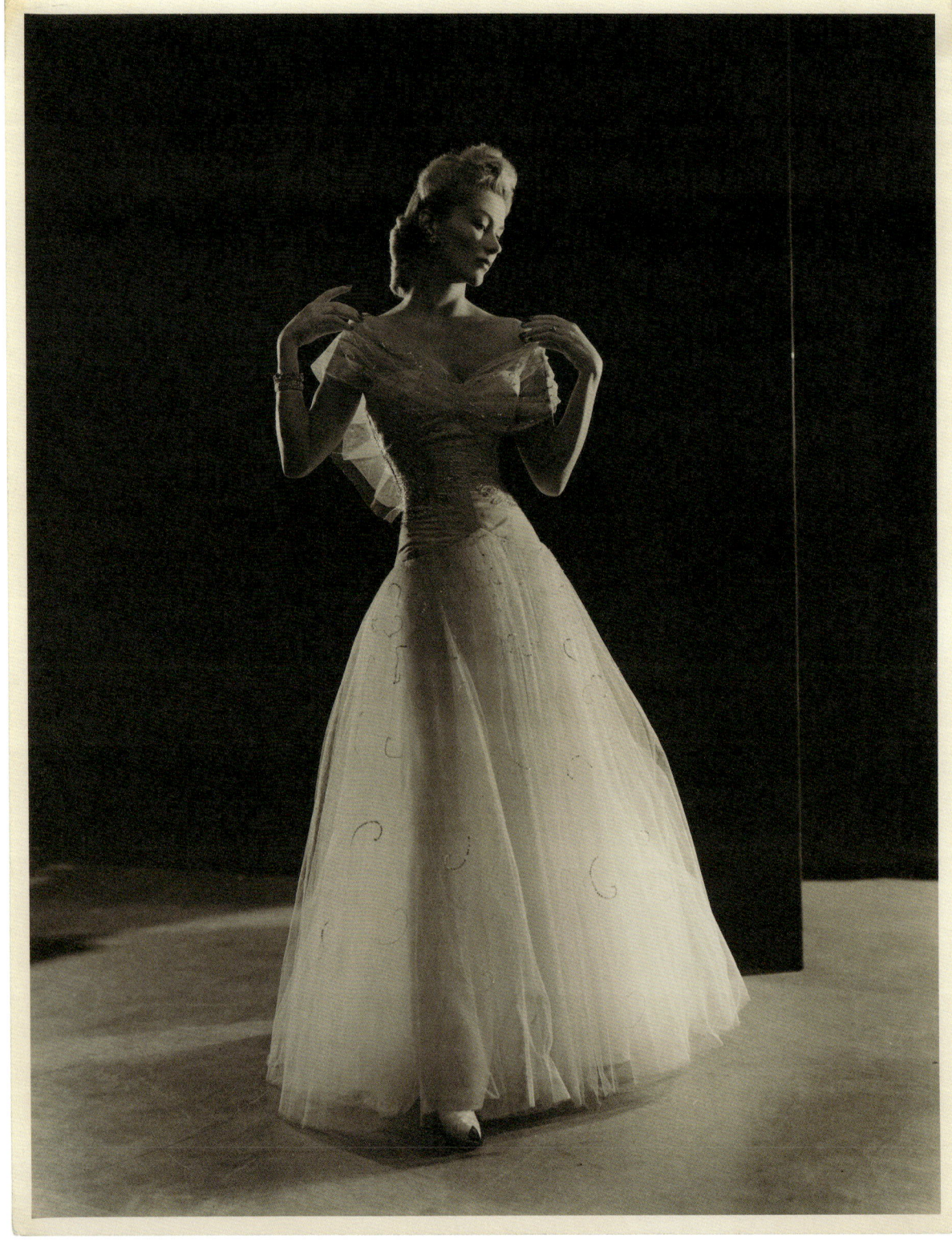

91   **Fernand Fonssagrives**
Robe à crinoline Ceil Chapman en organdi
Ladies Home Journal, juin 1946
25,8 × 19,2 cm

Organdy crinoline dress by Ceil Chapman
Ladies' Home Journal, June 1946

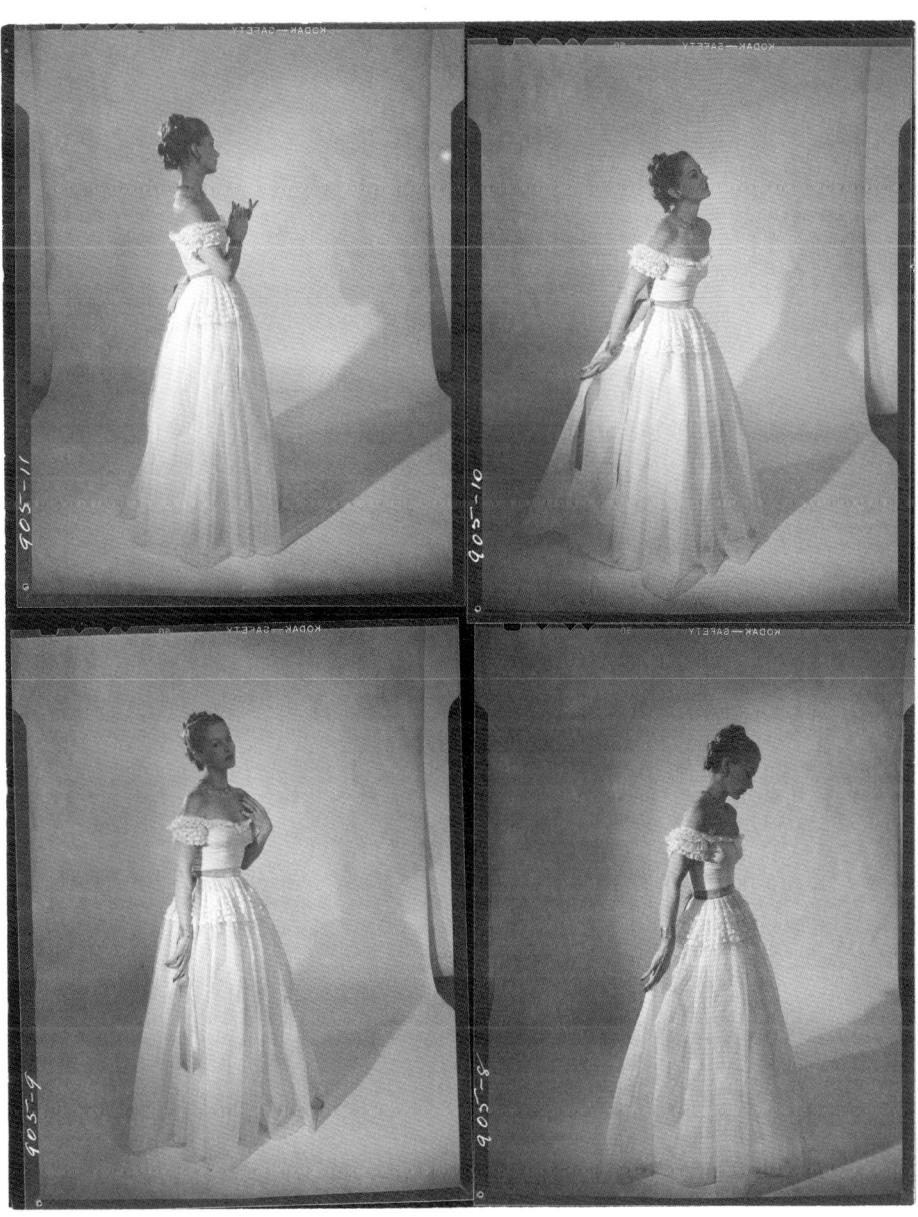

Fernand Fonssagrives
Sans titre, 1935-1939
35,5 × 27,7 cm

Untitled, 1935–1939

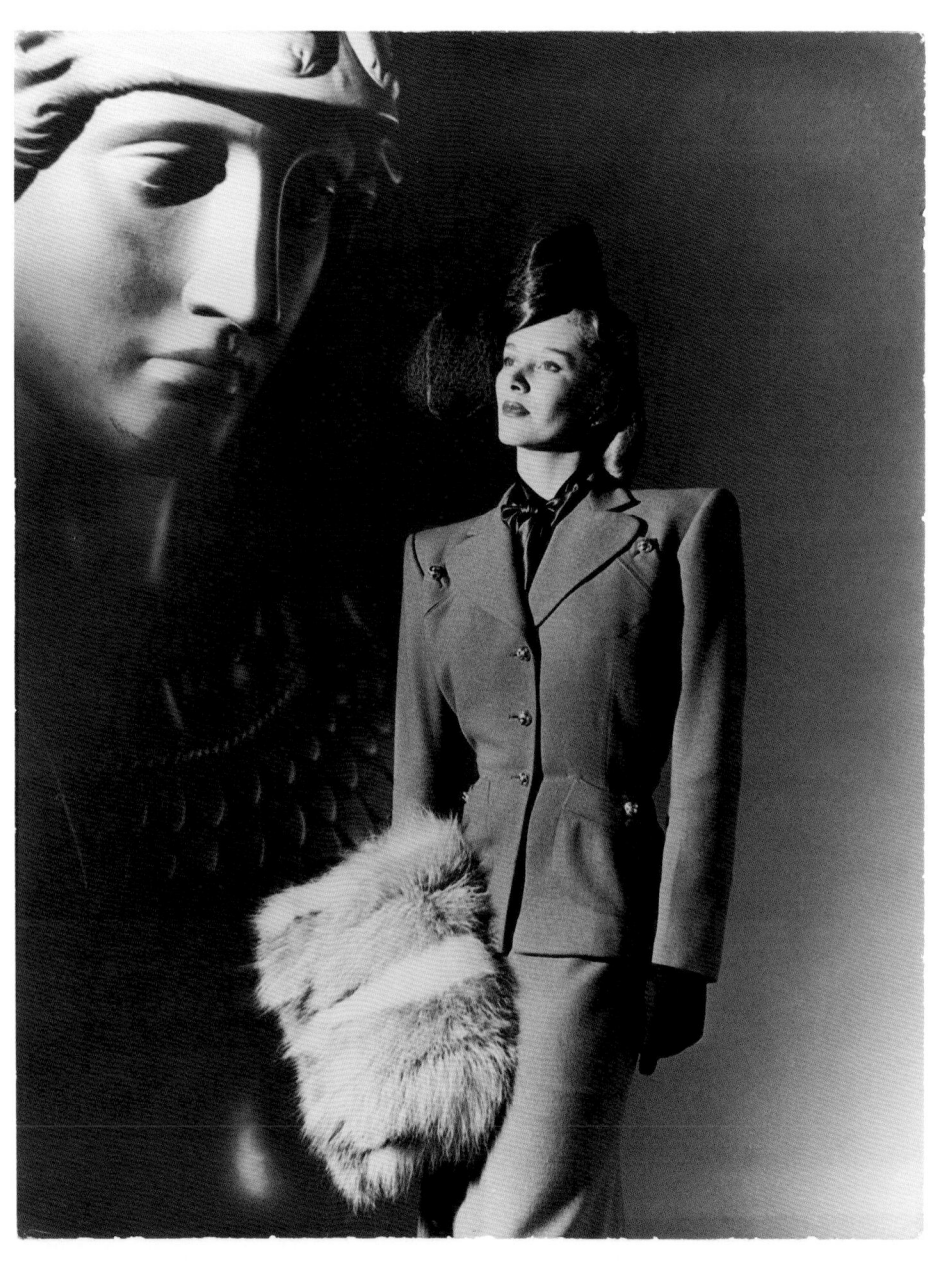

Fernand Fonssagrives
Sans titre, années 1940
33 × 25,8 cm

Untitled, 1940s

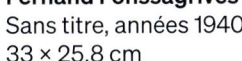

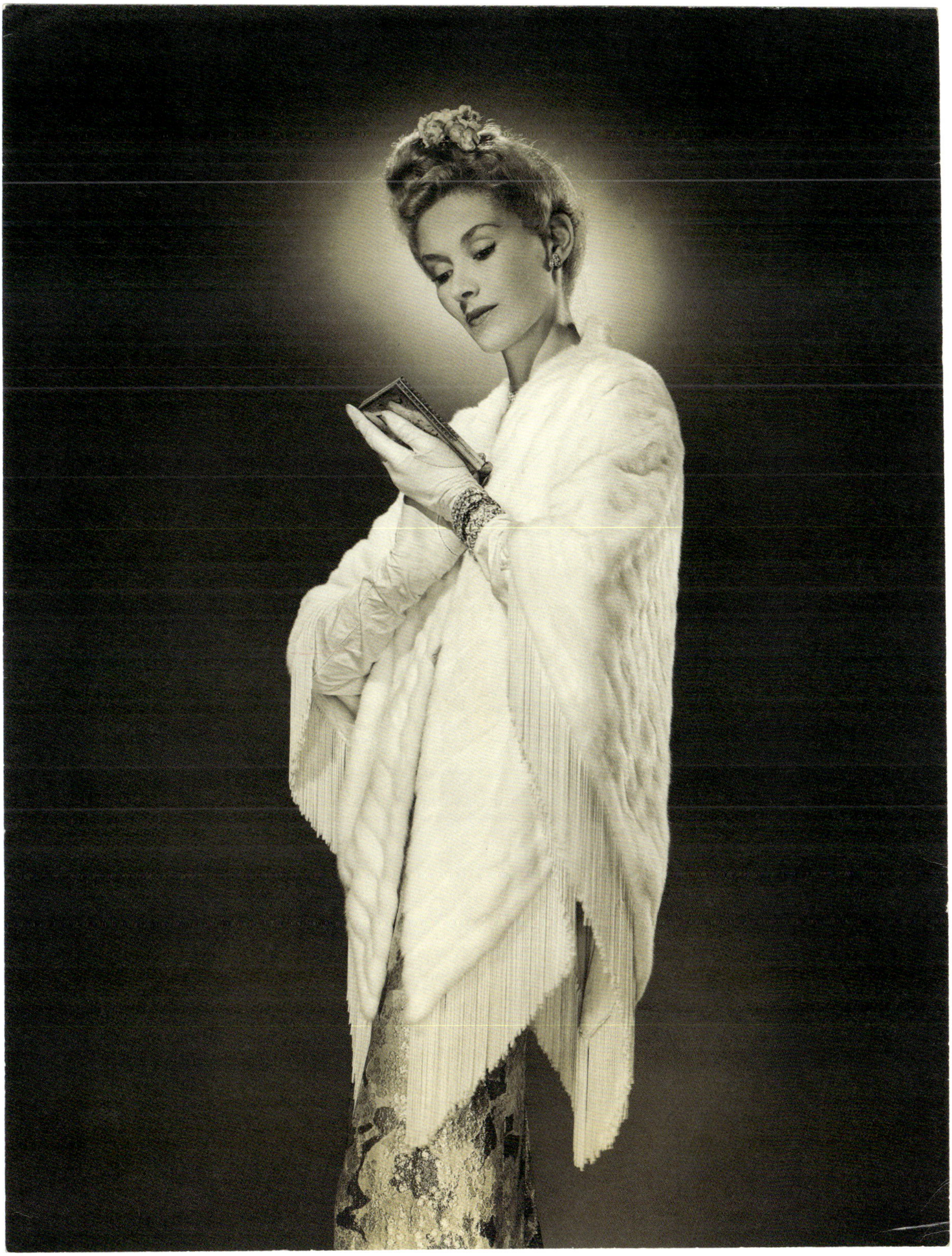

Fernand Fonssagrives
Sans titre, années 1940
35,2 × 27,7 cm

Untitled, 1940s

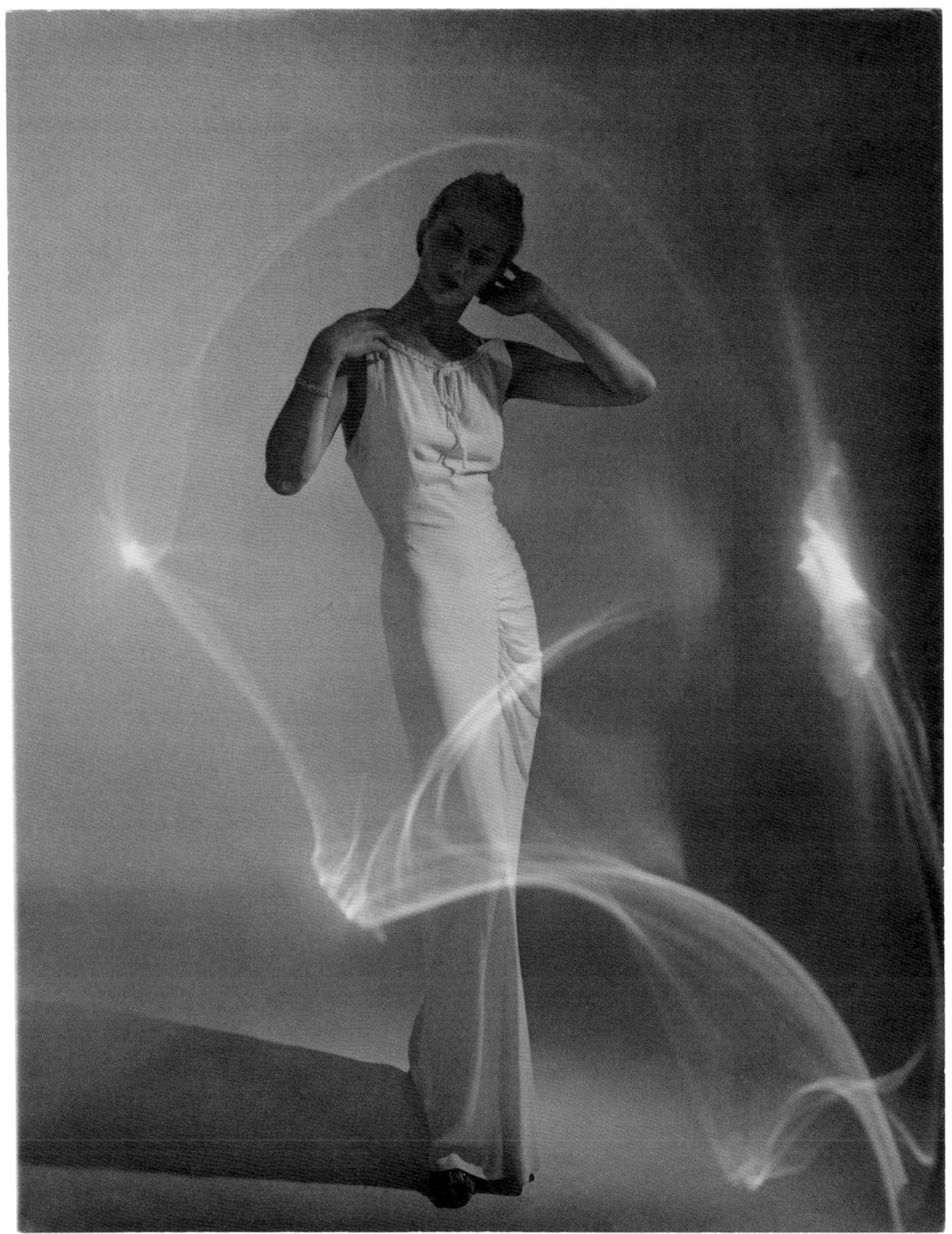

Fernand Fonssagrives
Sans titre, années 1940
Prêt de l'Archive Tom Penn
35,2 × 27,6 cm

Untitled, 1940s
Loan from the Tom Penn Archive

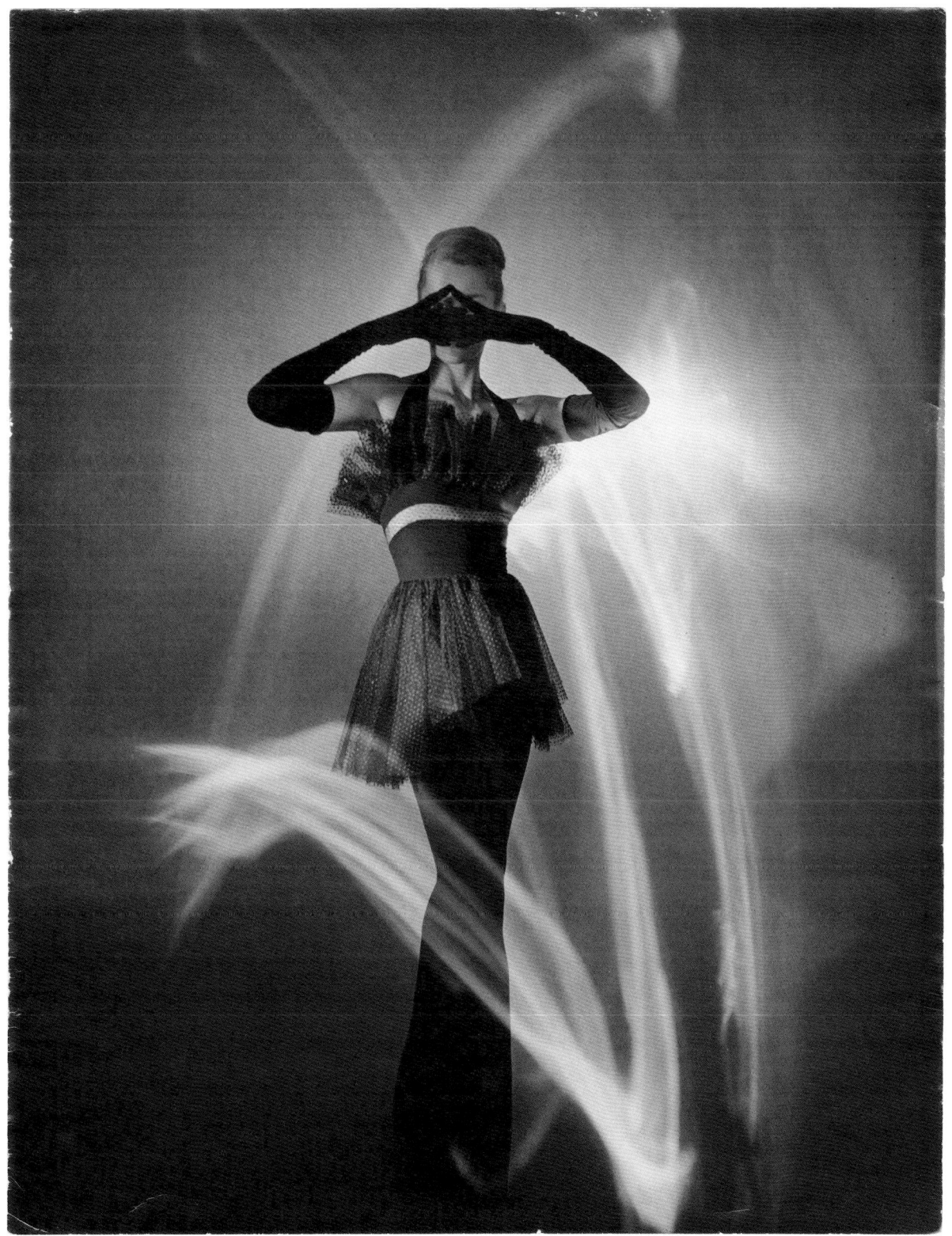

Fernand Fonssagrives
Cape châle Arnheimer en vison, robe Ceil
Chapman, bijoux Seaman Schepps
Harper's Bazaar, janvier 1949
27,8 × 35,3 cm

Mink shawl cape by Arnheimer, dress by Ceil
Chapman, jewellery by Seaman Schepps
Harper's Bazaar, January 1949

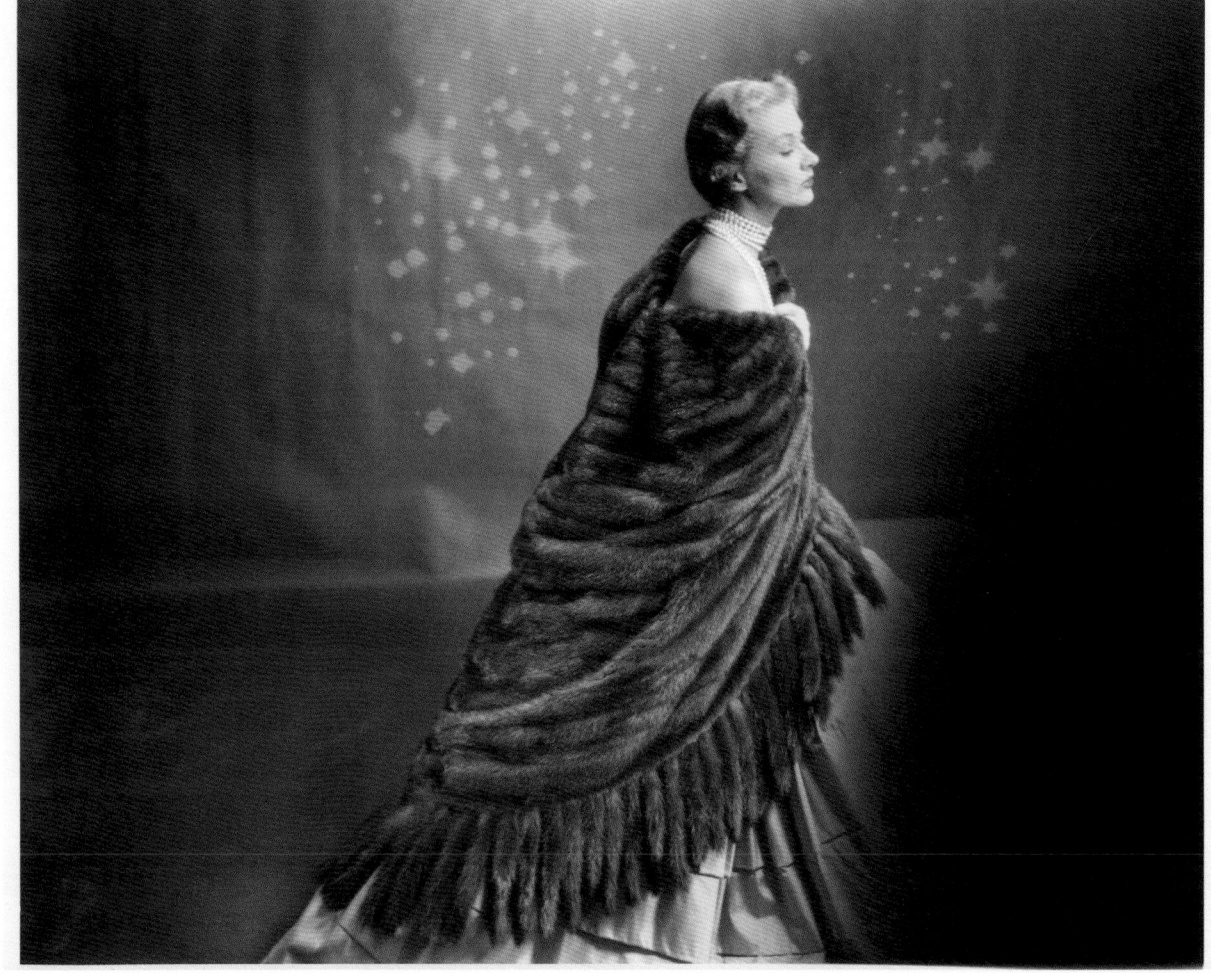

97 **Fernand Fonssagrives**
Cape châle Arnheimer en vison, robe Ceil
Chapman, bijoux Seaman Schepps
Variante pour *Harper's Bazaar*, janvier 1949
35,2 × 27,7 cm

Mink shawl cape by Arnheimer, dress by Ceil
Chapman, jewellery by Seaman Schepps
Variant for *Harper's Bazaar*, January 1949

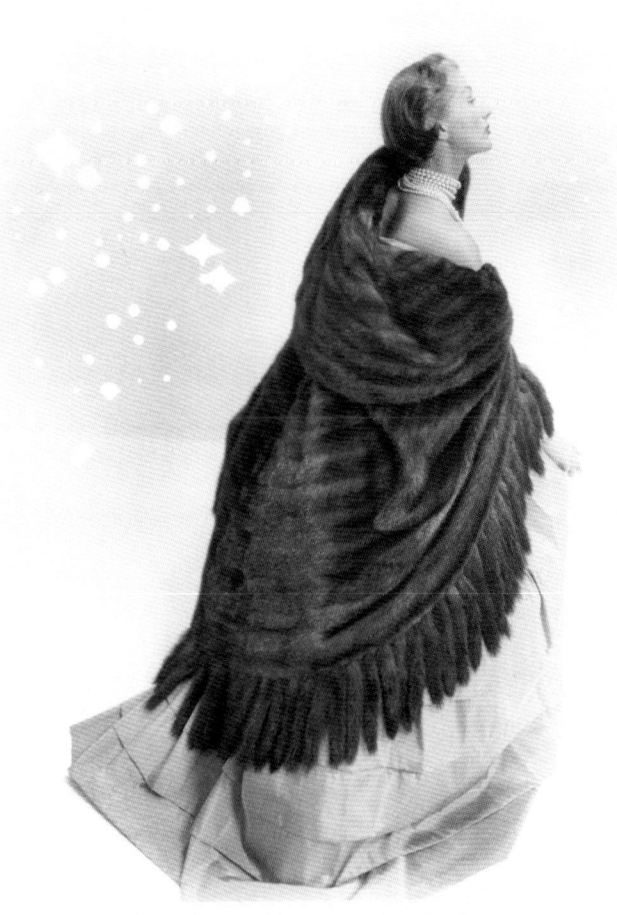

Fernand Fonssagrives
Sans titre, 1936-1939
33,4 × 23,8 cm

Untitled, 1936–1939

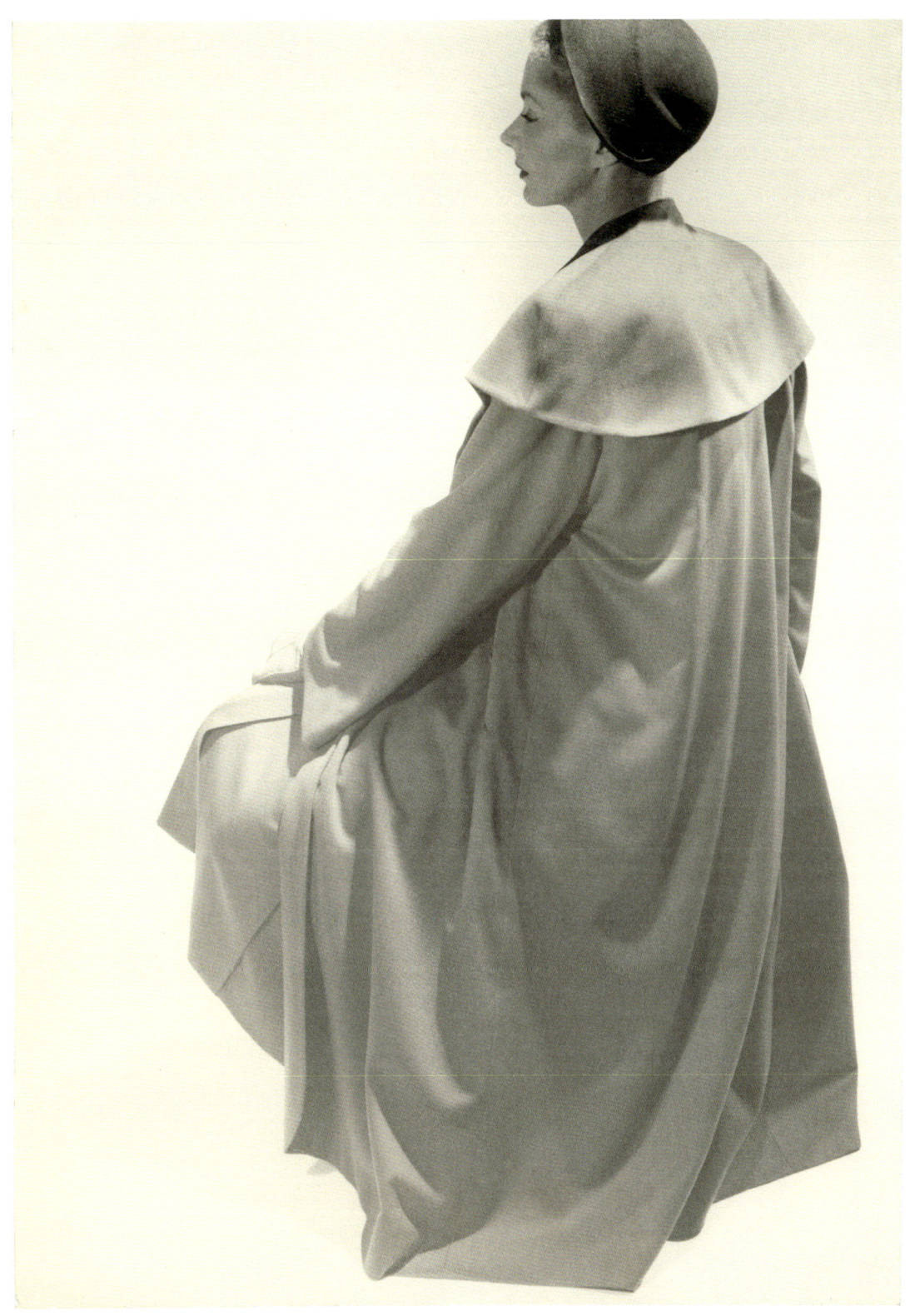

Untitled, 1947–1949

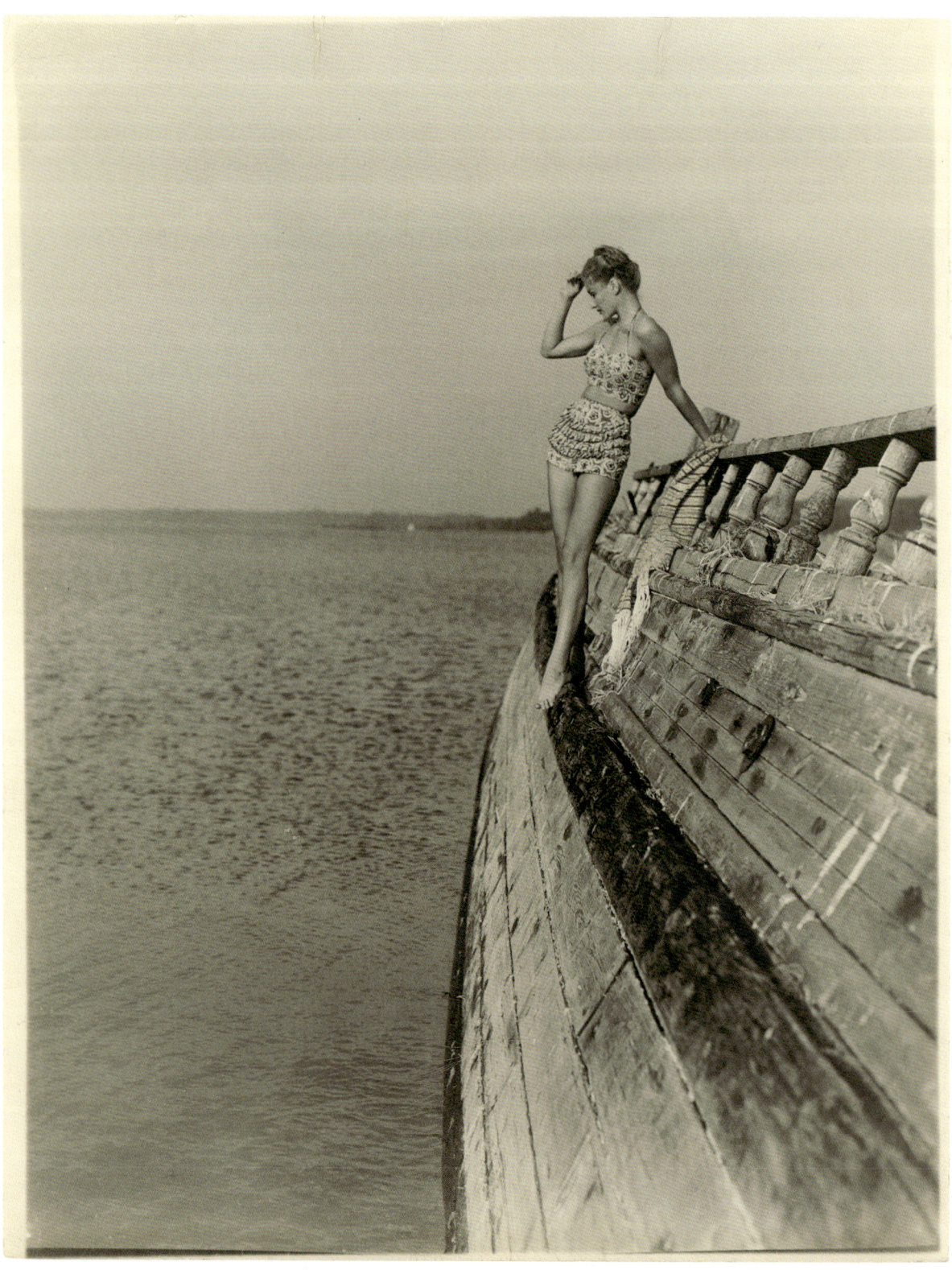

Fernand Fonssagrives
Publicité, 1949
35,3 × 27,7 cm

Advertisement, 1949

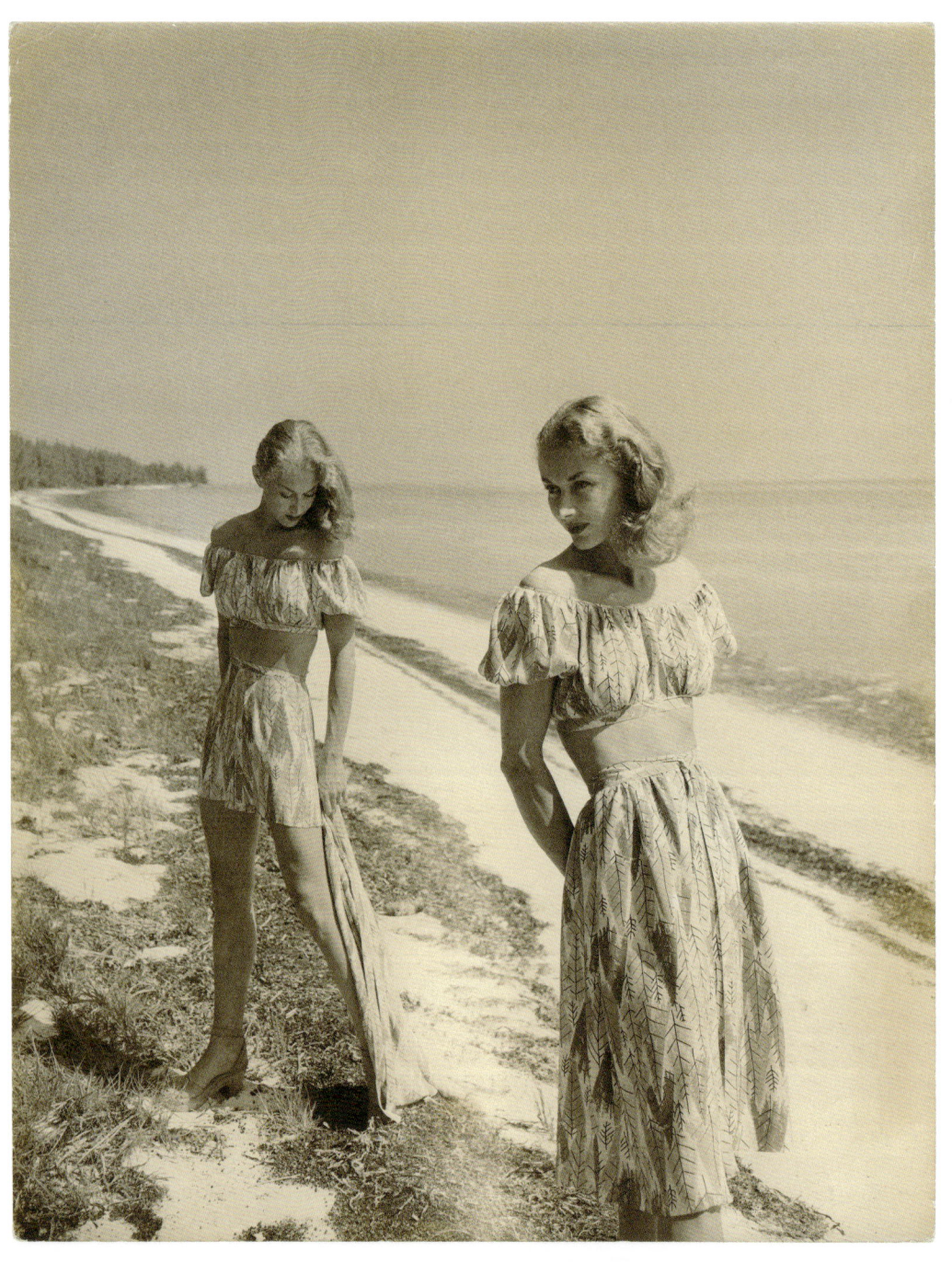

Fernand Fonssagrives
Publicité pour Sun-Surf, 1949
35,2 × 28 cm

Advertisement for Sun-Surf, 1949

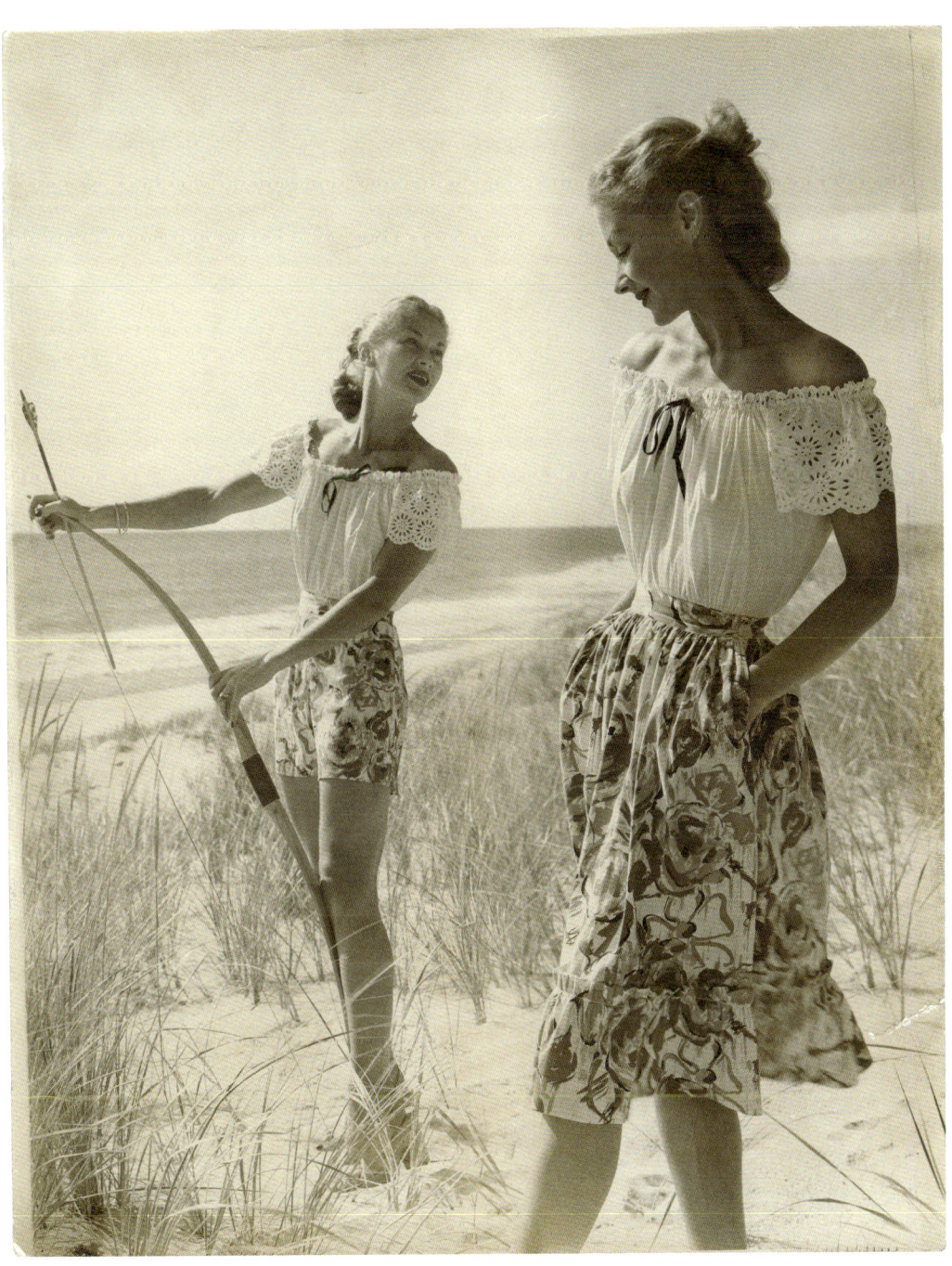

104 **Attribué à Fernand Fonssagrives (attributed to)**
Sans titre, 1935-1939
Prêt de l'Archive Tom Penn
30 × 24 cm

Untitled, 1935–1939
Loan from the Tom Penn Archive

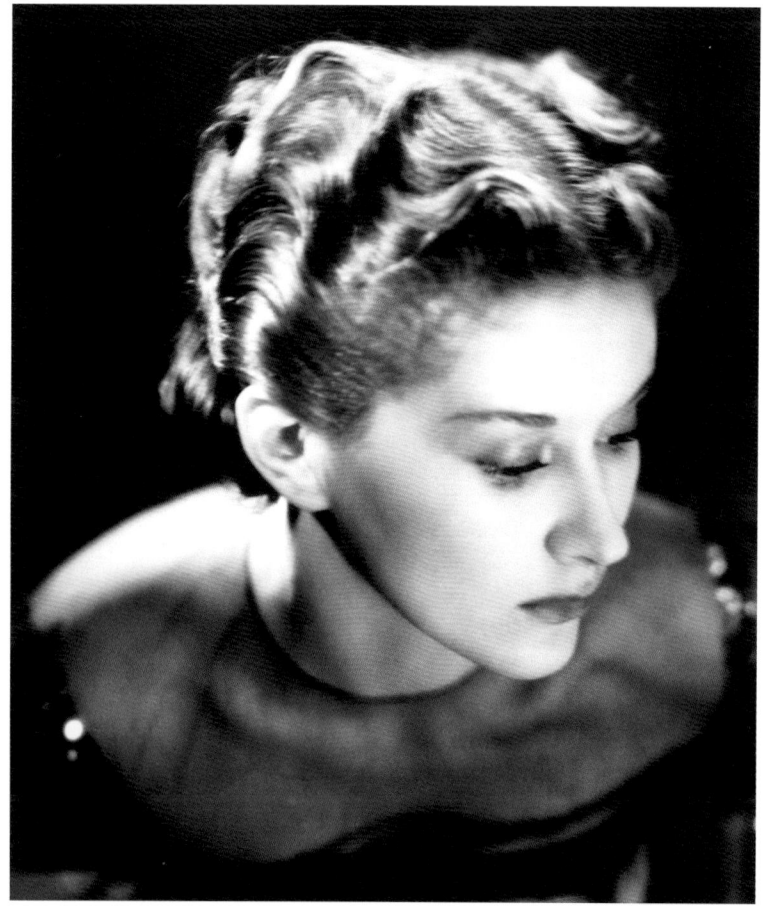

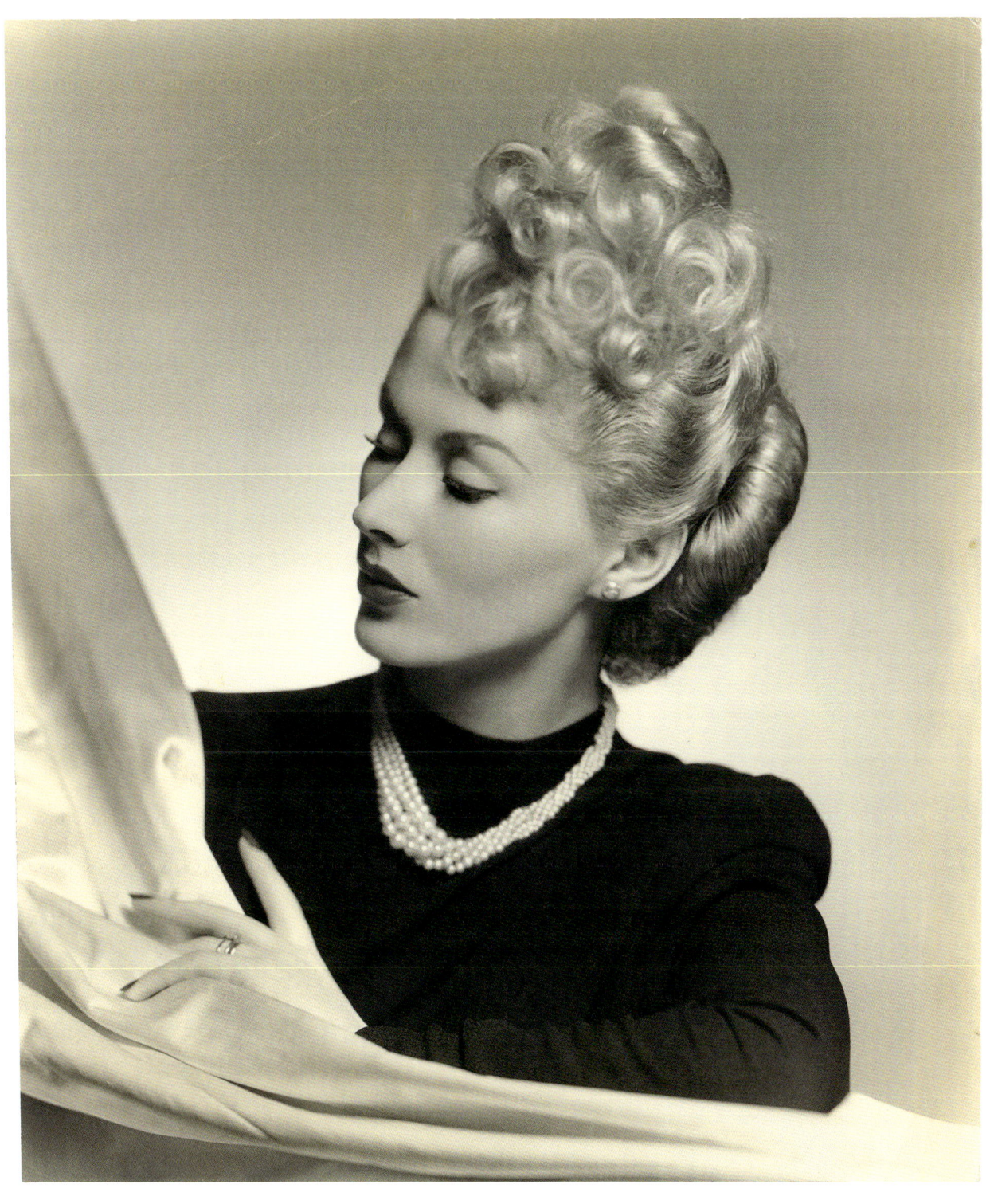

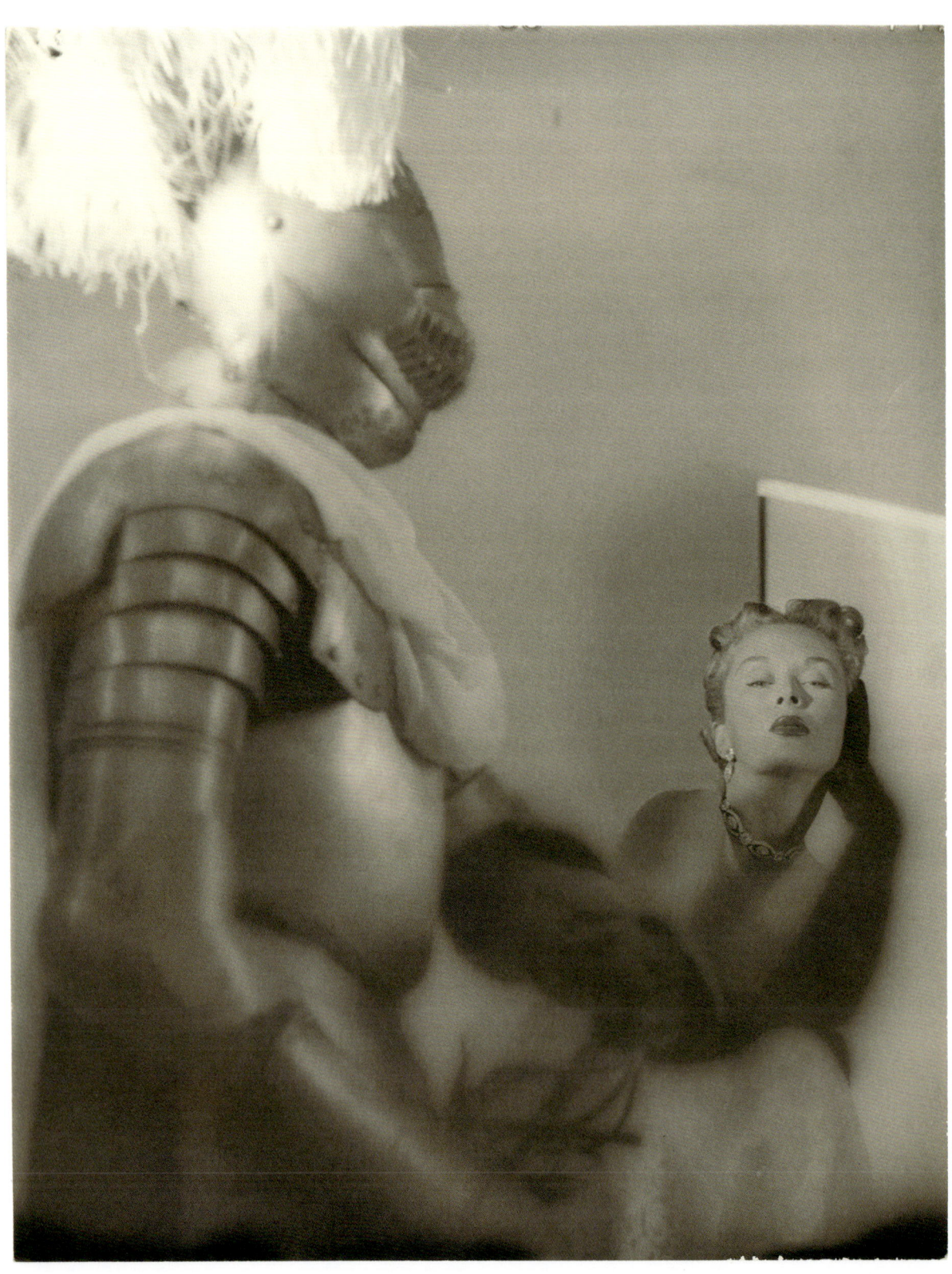

Fernand Fonssagrives
Sans titre, années 1940
35,2 × 27,8 cm

Untitled, 1940s

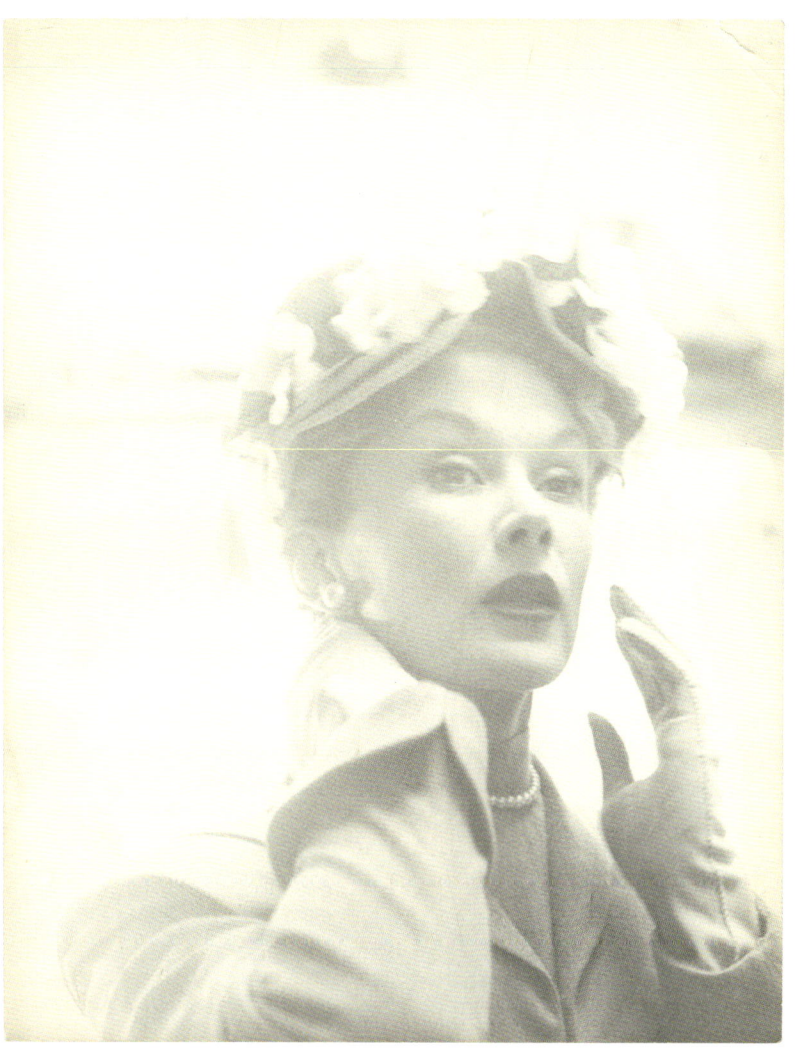

Fernand Fonssagrives
Sans titre, années 1940
35,4 × 27,8 cm

Untitled, 1940s

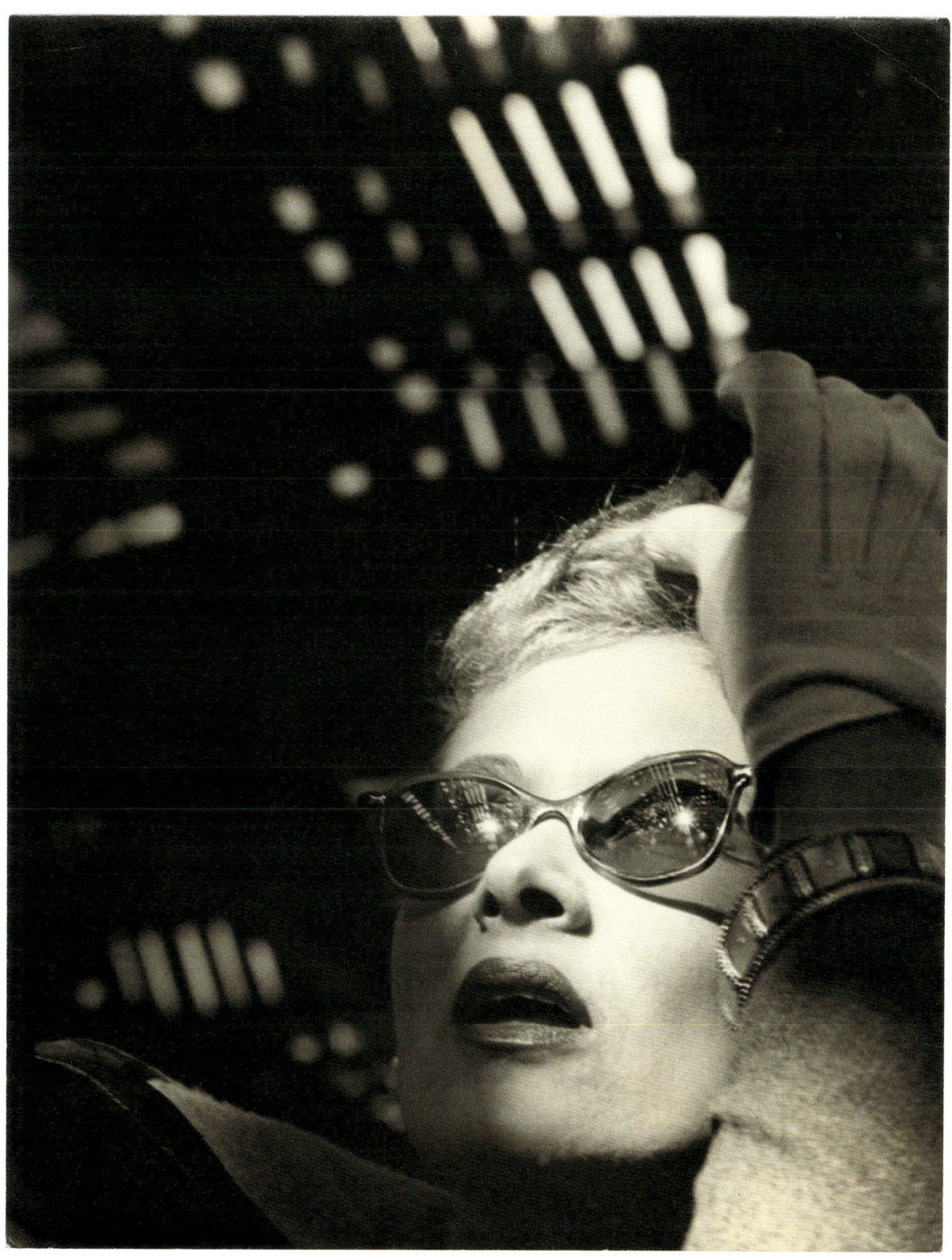

Fernand Fonssagrives
Sans titre, années 1940
Prêt de l'Archive Tom Penn
20 × 25 cm

Untitled, 1940s
Loan from the Tom Penn Archive

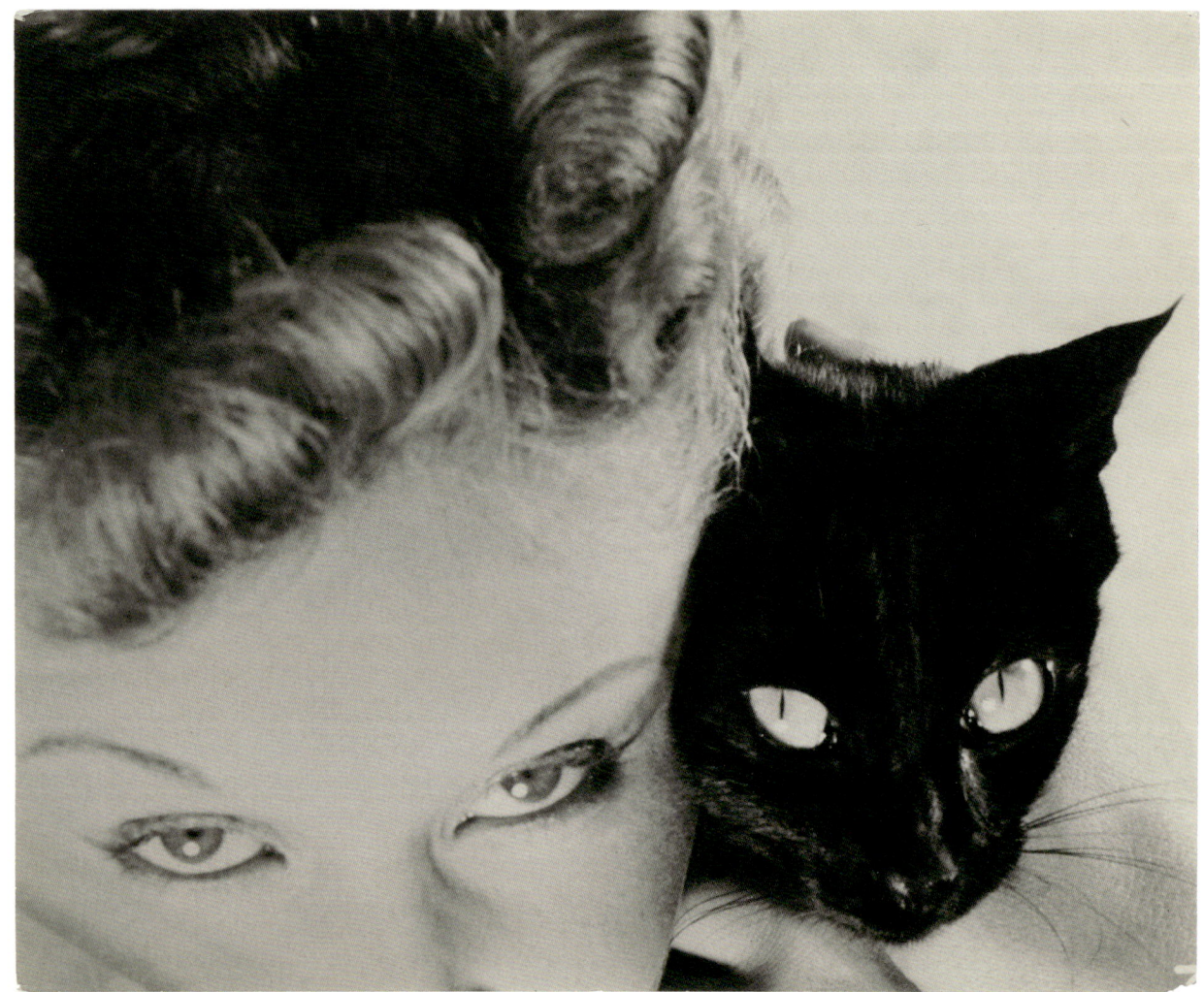

Harold Halma
Sans titre, années 1940
28 × 35,5 cm

Untitled, 1940s

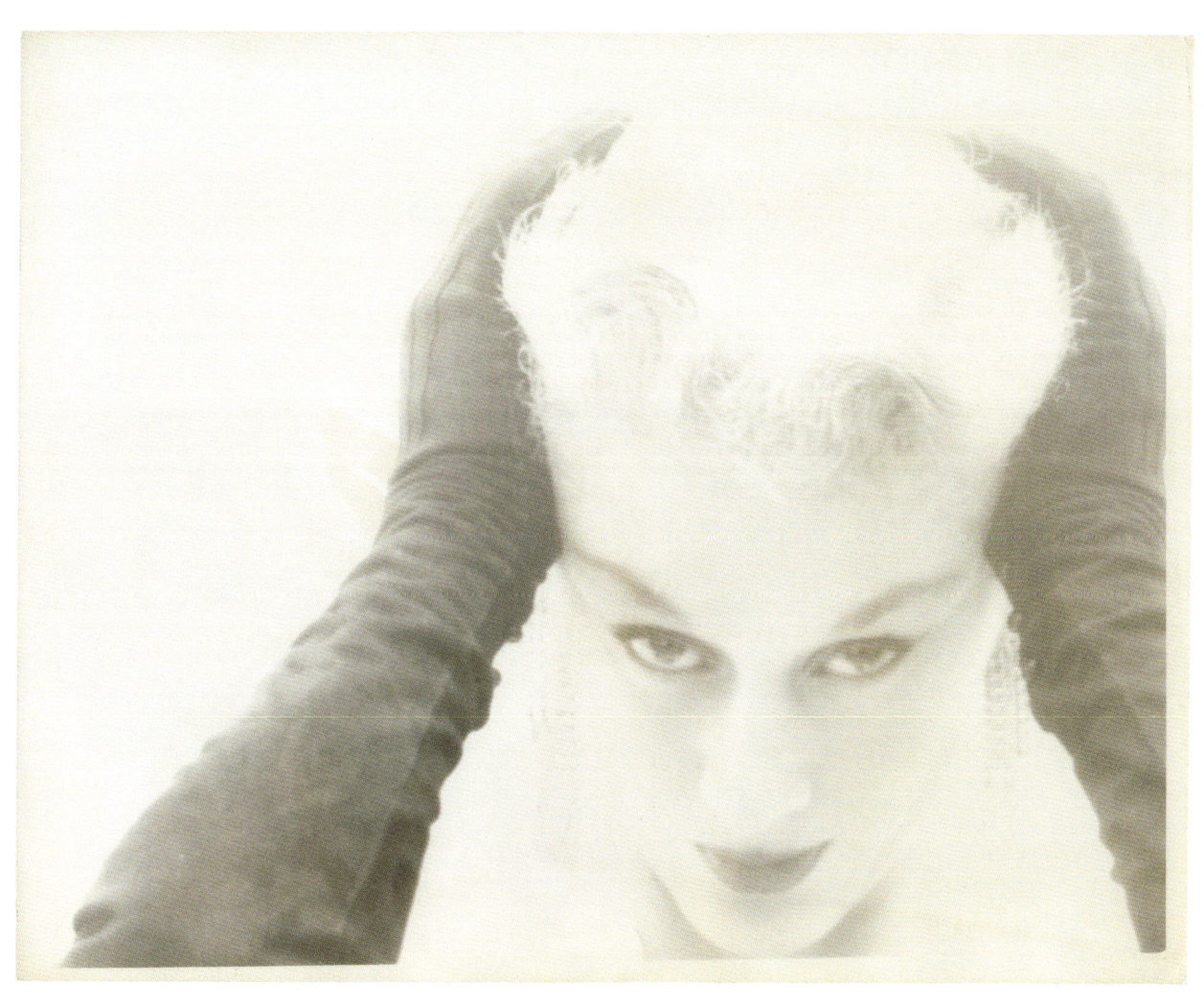

Attribué à Fernand Fonssagrives (attributed to)
Sans titre, années 1940
Prêt de l'Archive Tom Penn
33,5 × 28 cm

Untitled, 1940s
Loan from the Tom Penn Archive

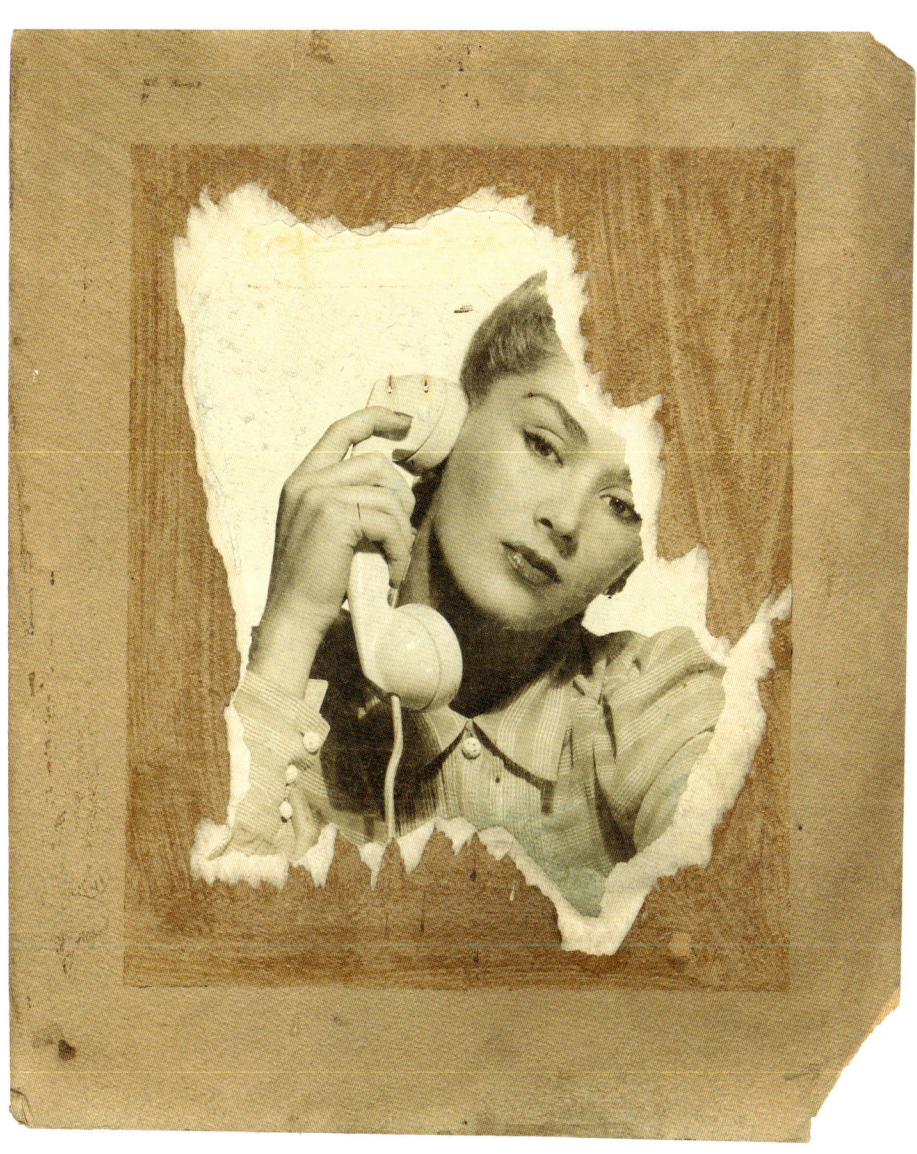

Fernand Fonssagrives
Paris, cour d'honneur des Invalides, 1936-1939
35,2 × 27,9 cm

Paris, main courtyard, les Invalides, 1936–1939

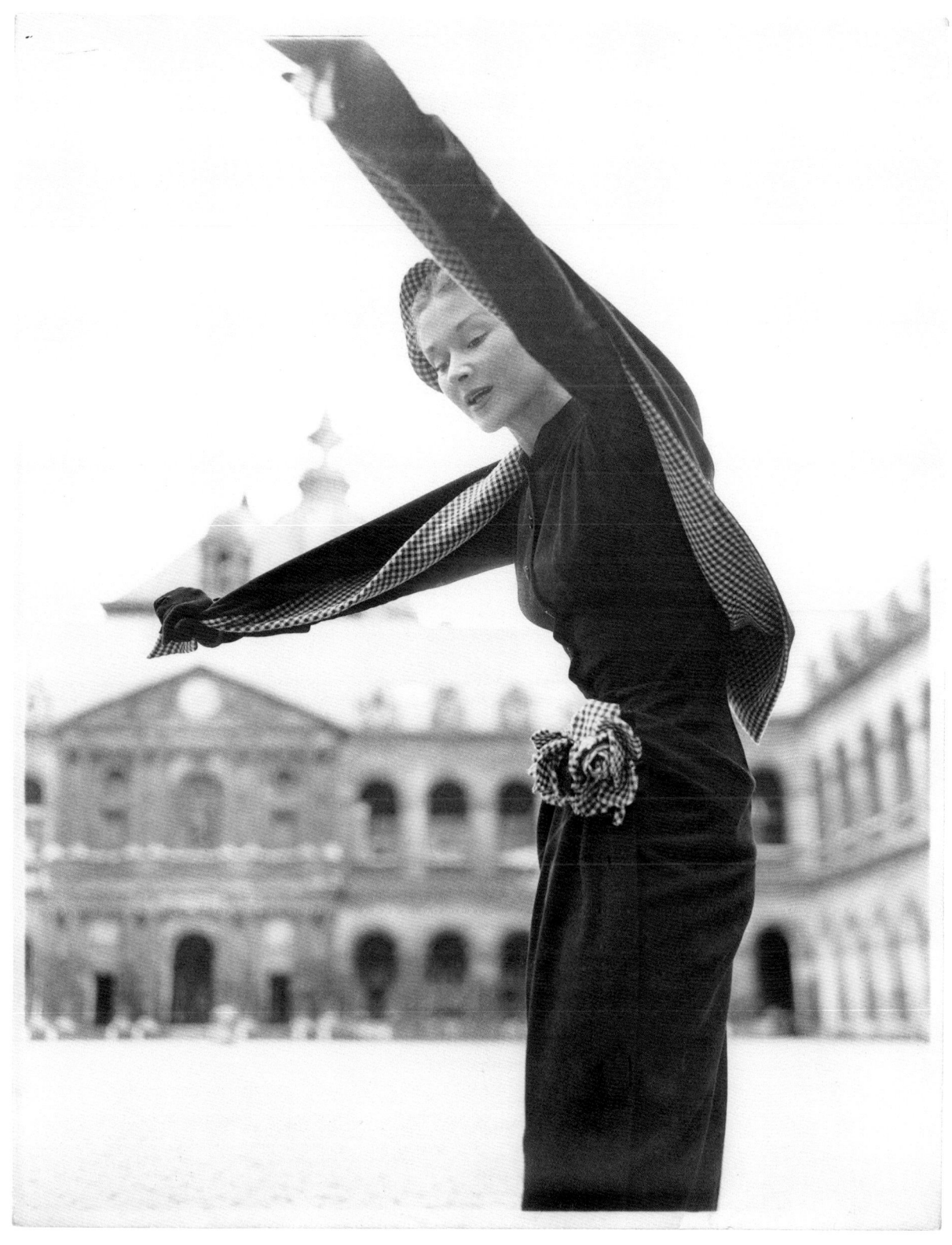

Fernand Fonssagrives
Robe et écharpe de soirée Jacques Fath,
rue de Varenne, Paris, 1949
25,4 × 20,2 cm

Evening dress and scarf by Jacques Fath, rue
de Varenne, Paris, 1949

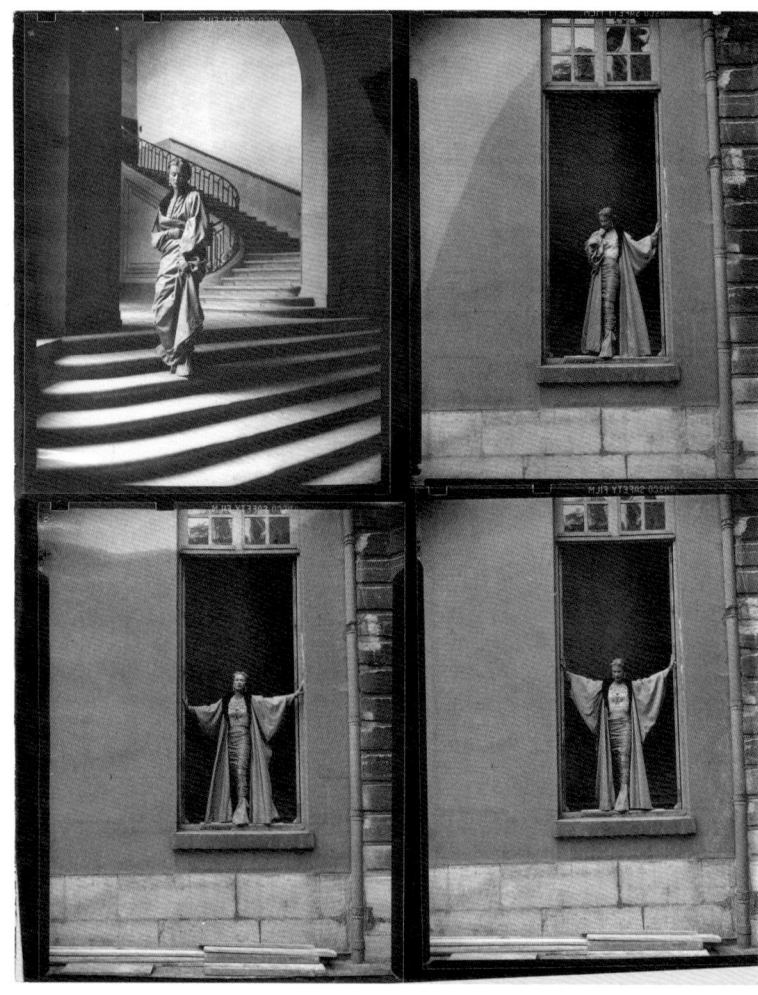

117 **Fernand Fonssagrives**
Robe et écharpe de soirée Jacques Fath,
rue de Varenne, Paris, 1949
Prêt de l'Archive Tom Penn
34,5 × 27,4 cm

Evening dress and scarf by Jacques Fath,
rue de Varenne, Paris, 1949
Loan from the Tom Penn Archive

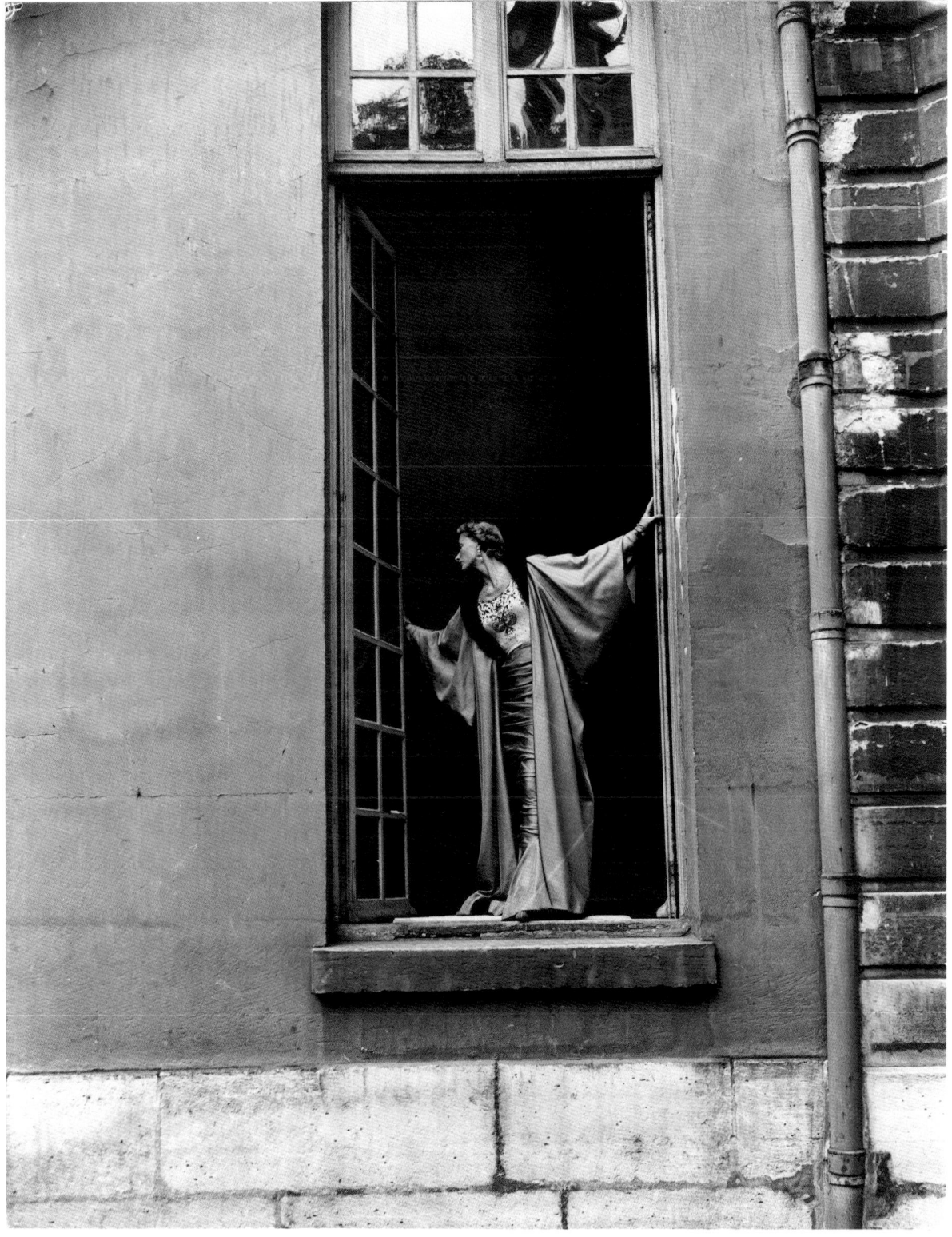

John Rawlings
Troy Stix pour Herbert Sondheim
Variante pour *Vogue* US, 15 novembre 1944
25,3 × 20,3 cm

Troy Stix for Herbert Sondheim
Variant for *Vogue* US, 15 November 1944

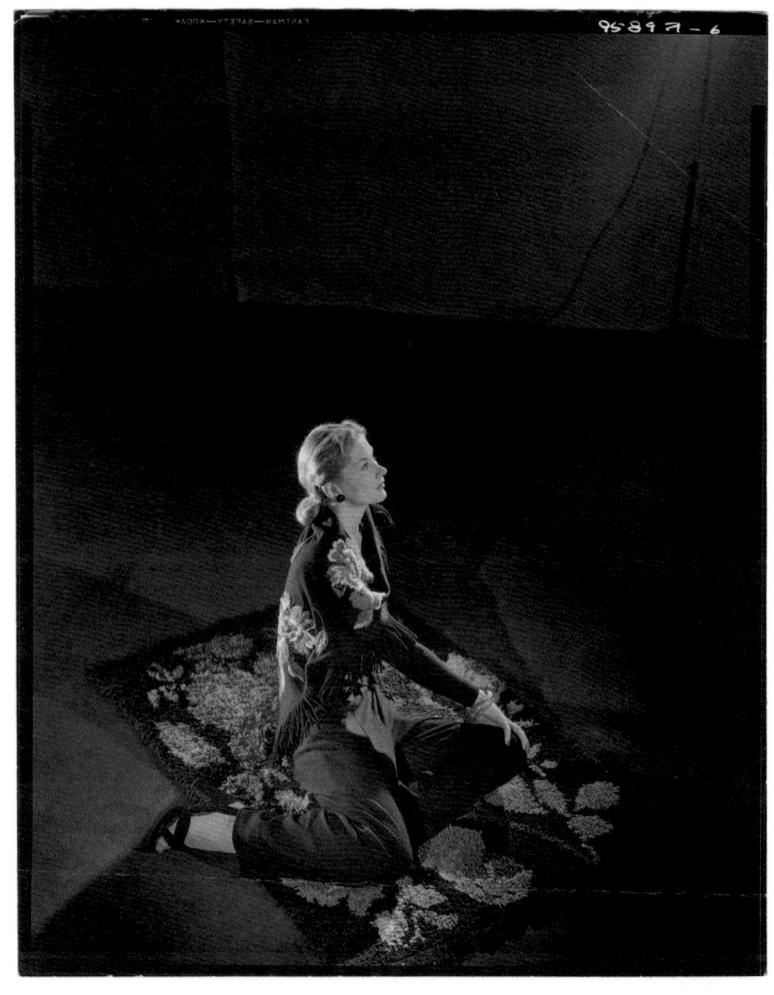

John Rawlings
Publicité, New York, vers 1944
35,4 × 27,8 cm

Advertisement, New York, ca. 1944

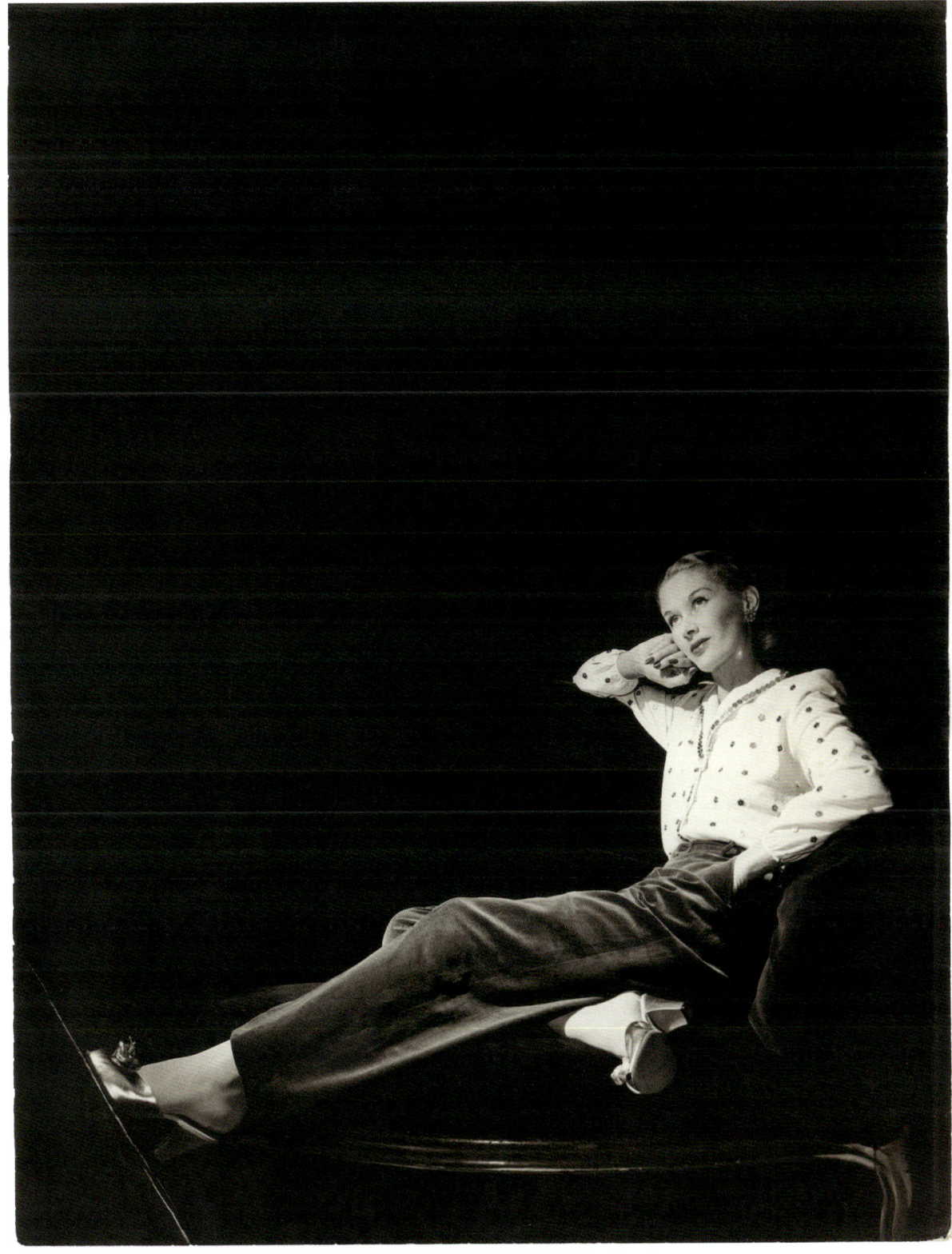

Toni Frissell
Sans titre, 1945-1950
Prêt de l'Archive Tom Penn
27,5 × 25,6 cm

Untitled, 1945–1950
Loan from the Tom Penn Archive

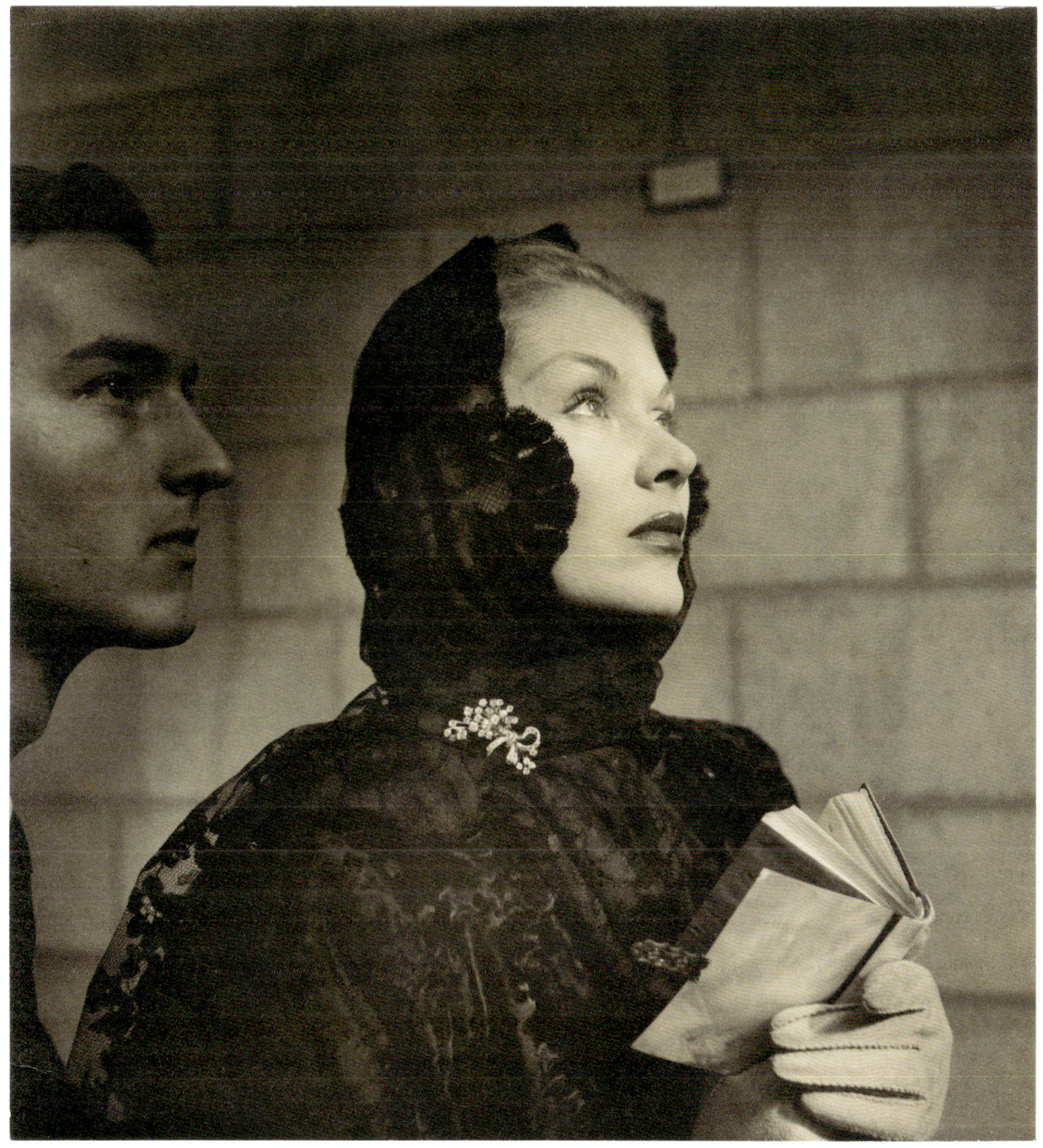

Louise Dahl-Wolfe
Sans titre, vers 1945
27,7 × 20,4 cm

Untitled, ca. 1945

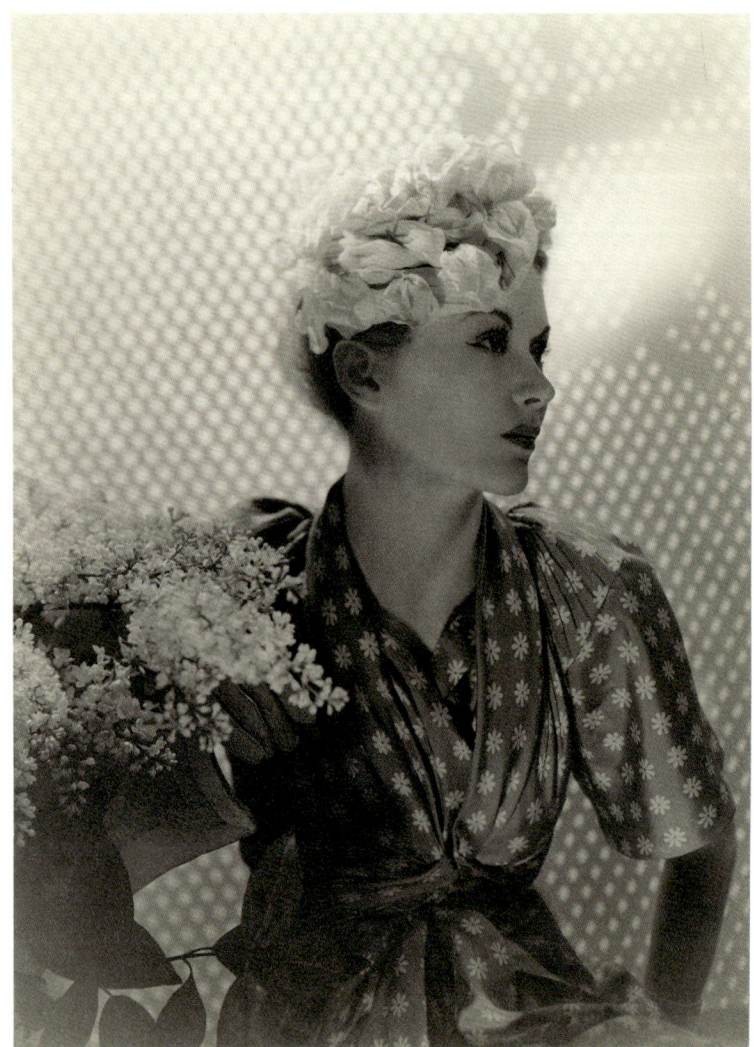

Attribué à Louise Dahl-Wolfe (attributed to)
Sans titre, années 1940
34 × 26,5 cm

Untitled, 1940s

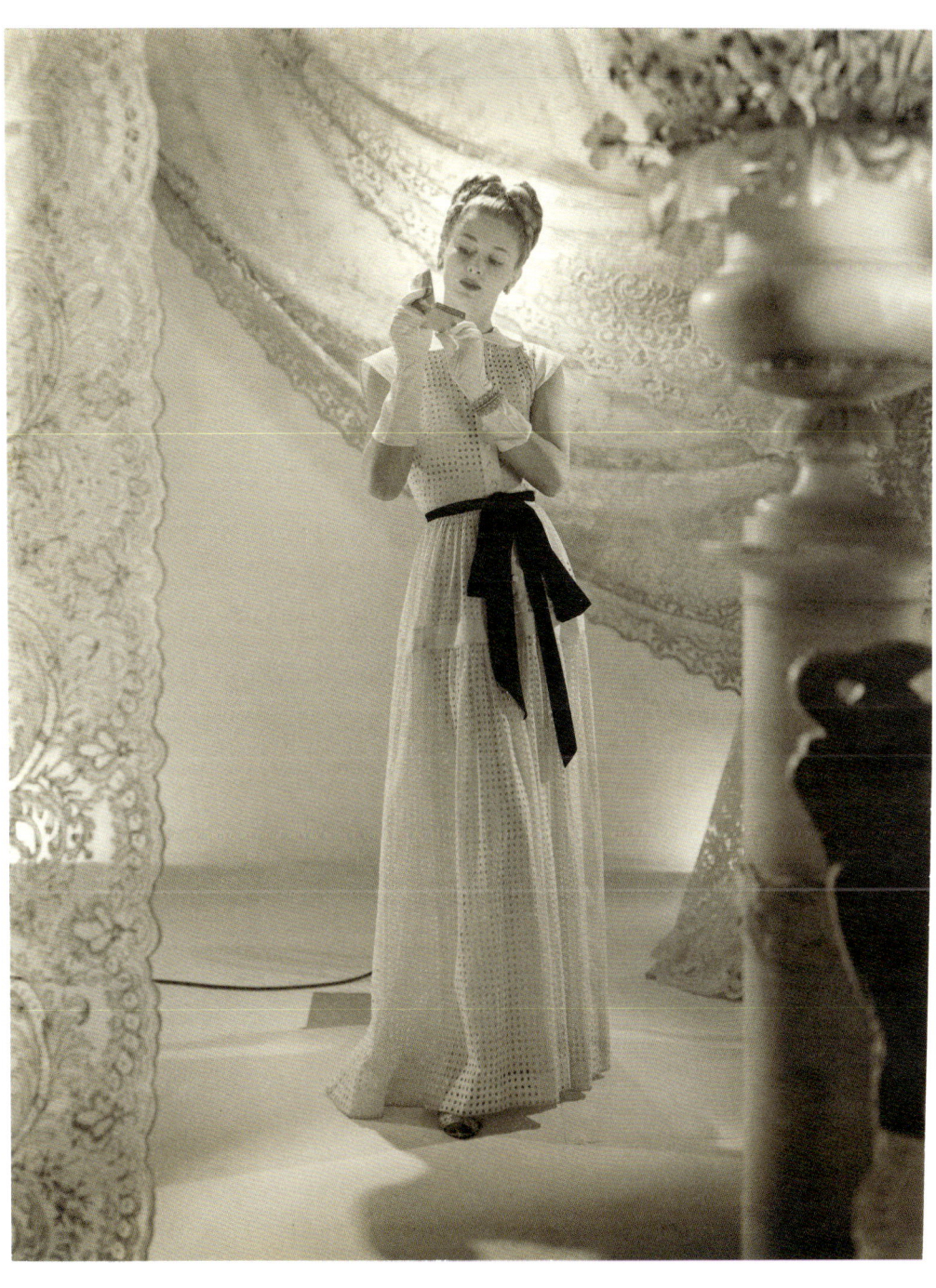

Louise Dahl-Wolfe
Large tresse Henri Bendel en tulle vert
ornée de roses
Variante pour *Harper's Bazaar*, avril 1945
17,6 × 14 cm

Large braid in green tulle adorned
with roses by Henri Bendel
Variant for *Harper's Bazaar*, April 1945

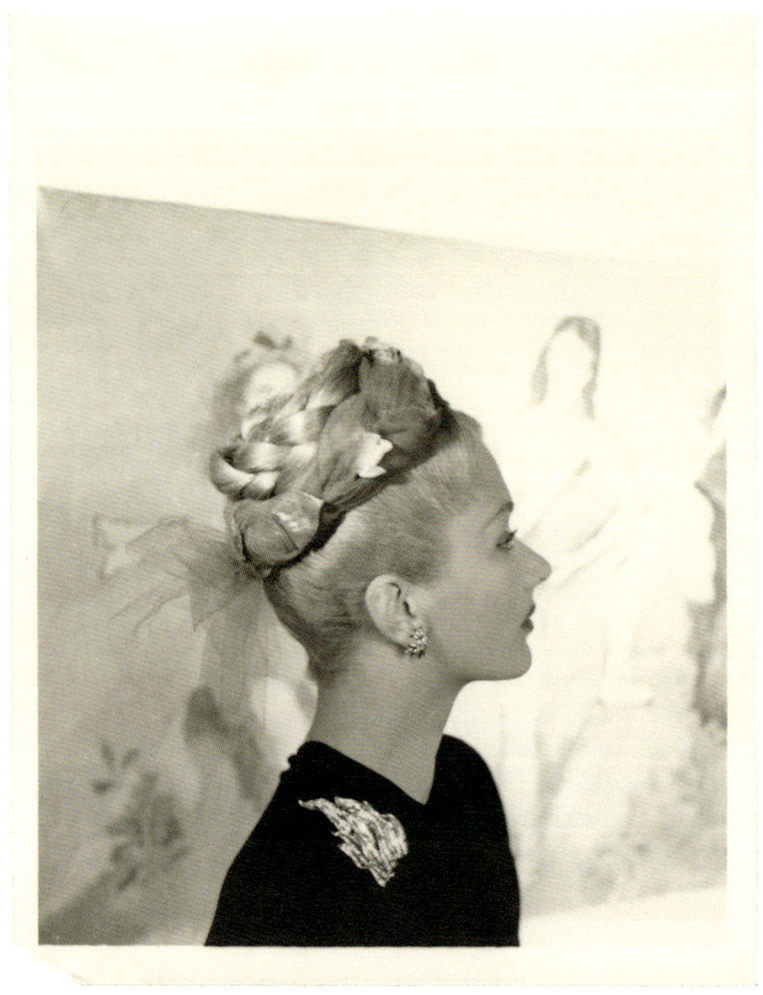

125 **Louise Dahl-Wolfe**
Coiffures par Paschkes, diamants
et perles Tiffany & Co.
Harper's Bazaar, décembre 1944
35,2 × 27,9 cm

Hair styling by Paschkes, diamonds
and pearls by Tiffany & Co.
Harper's Bazaar, December 1944

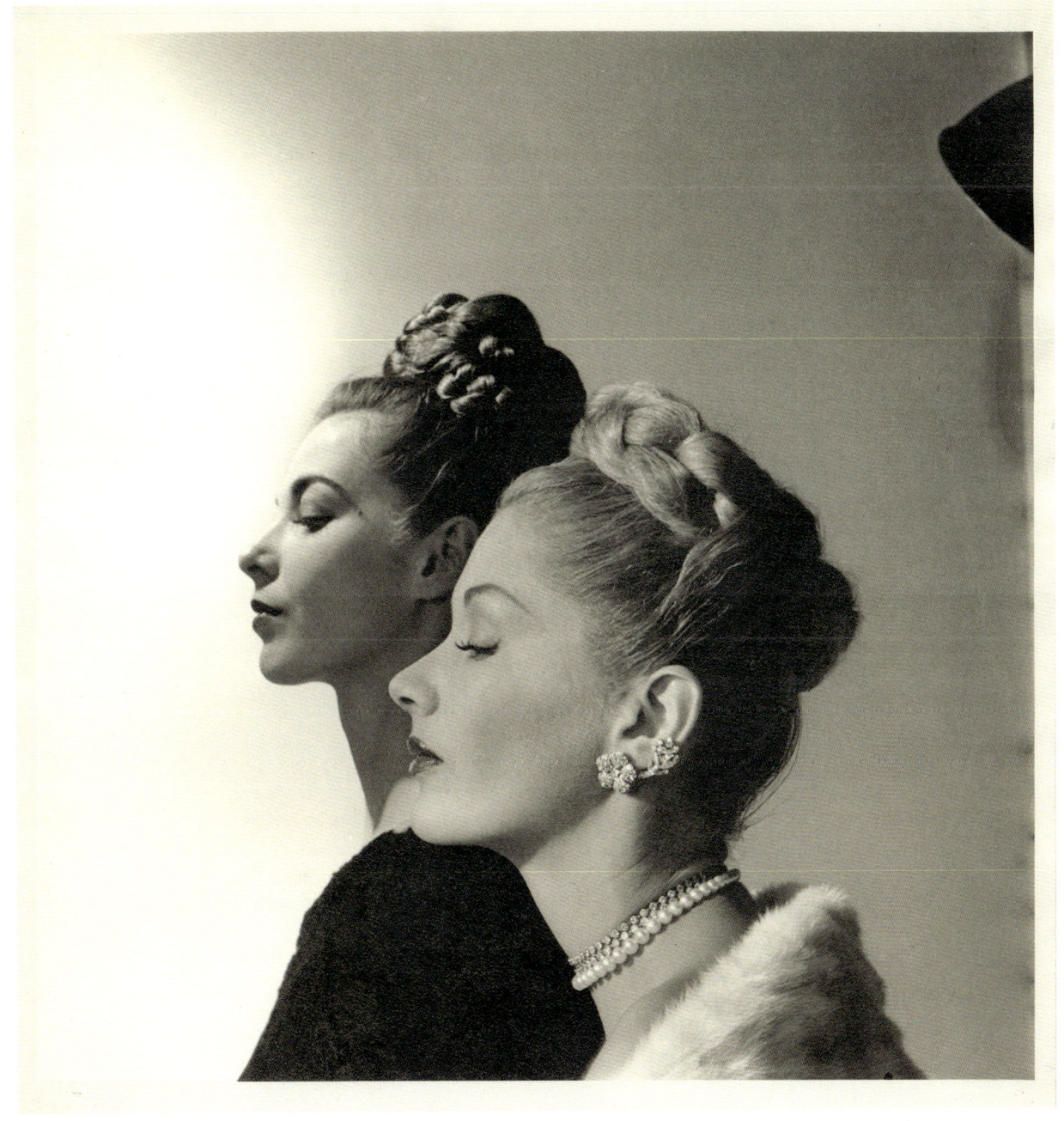

126 **Louise Dahl-Wolfe**
Robe Fira Benenson à volant de filet noir, bijoux
Van Cleef & Arpels
Variante pour *Harper's Bazaar*, novembre 1945
17,8 × 13,9 cm – 17,6 × 14 cm

Black net flounce dress by Fira Benenson,
jewellery by Van Cleef & Arpels
Variant for *Harper's Bazaar*, November 1945

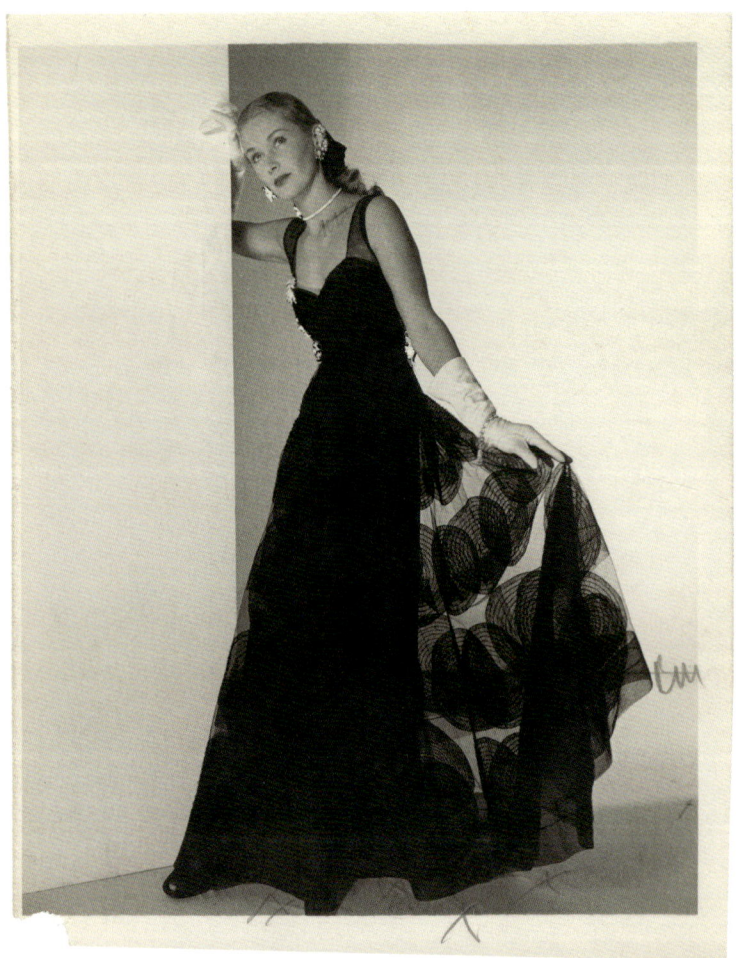

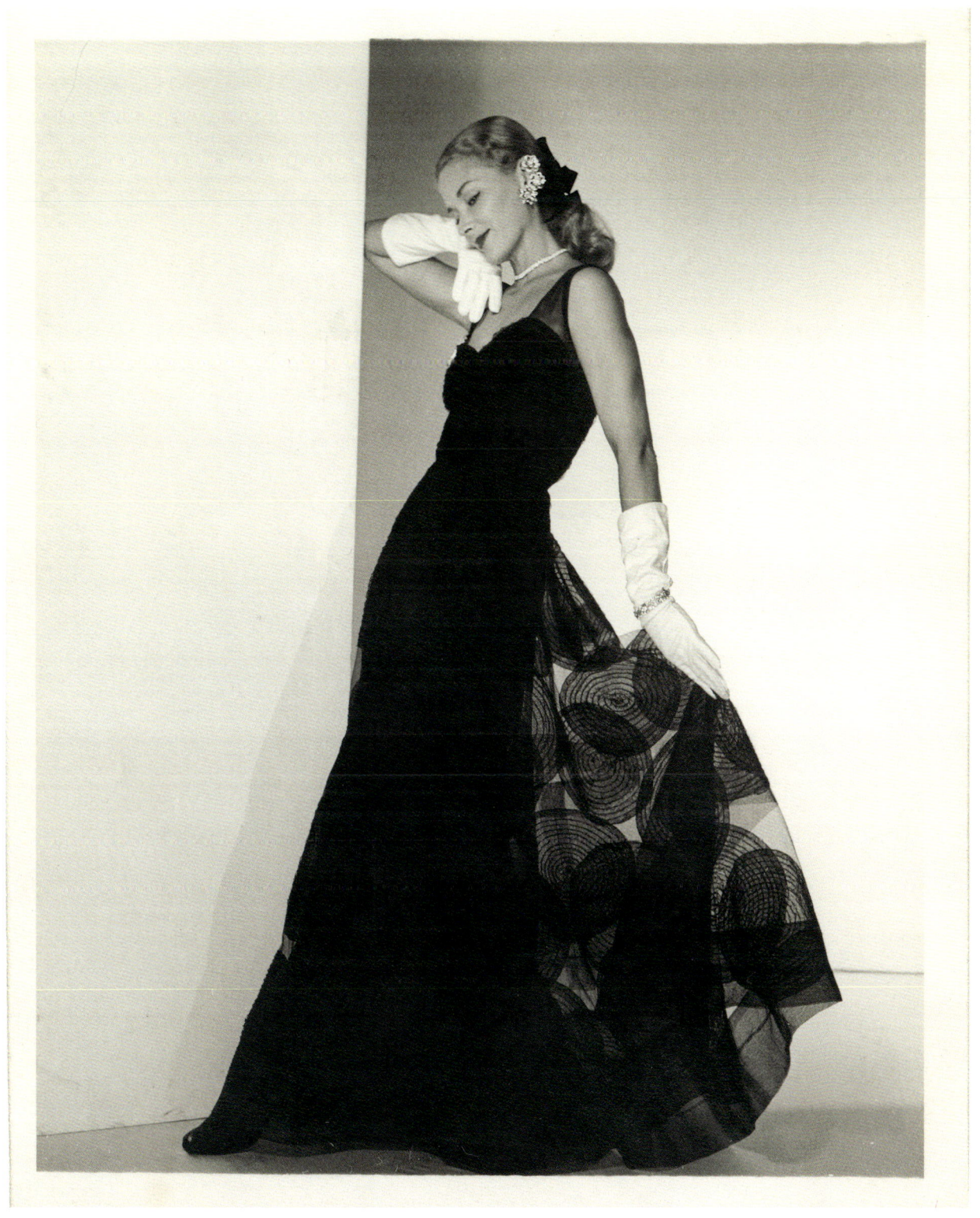

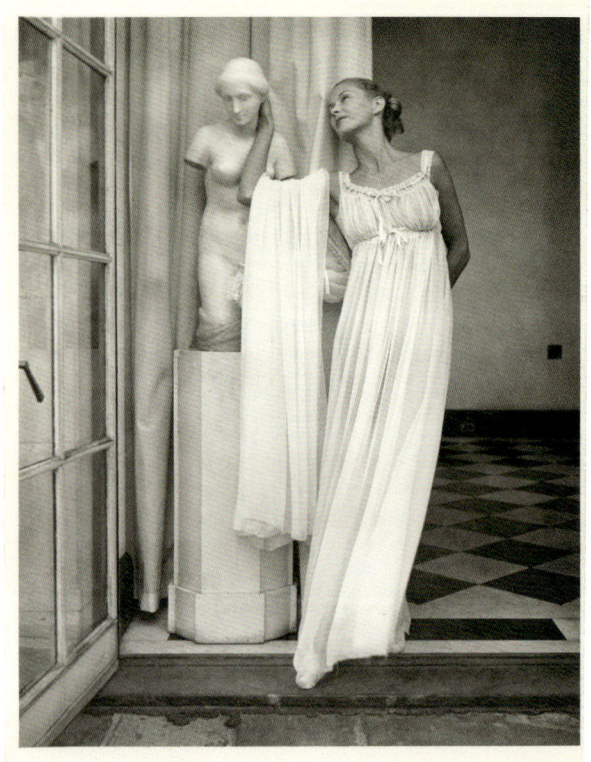
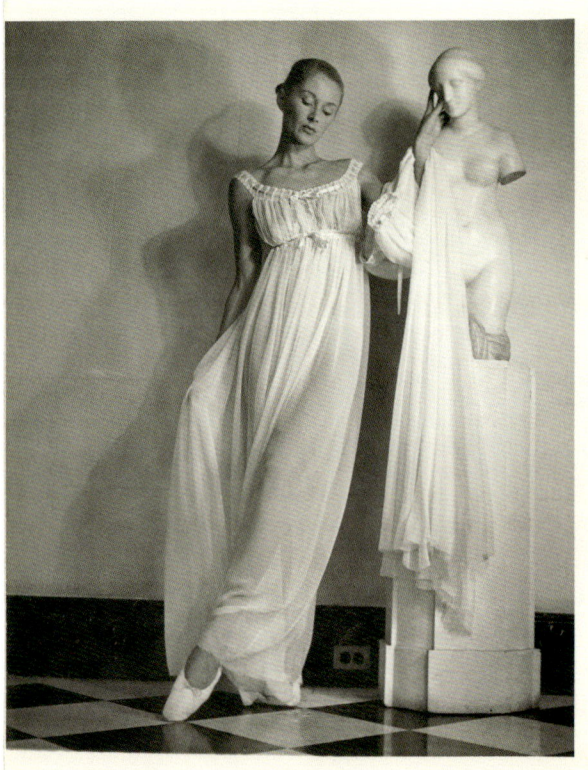

Louise Dahl-Wolfe
Robe Empire Elisabeth Arden en pure
mousseline de soie, dans l'appartement
d'Helena Rubinstein à New York
Variantes pour *Harper's Bazaar*, octobre 1945
17,8 × 13,8 cm – 17,7 × 13,7 cm – 17,7 × 14 cm –
17,8 × 13,8 cm

Empire dress in pure silk chiffon
by Elisabeth Arden, shot in Helena
Rubinstein's New York apartment
Variants for *Harper's Bazaar*, October 1945

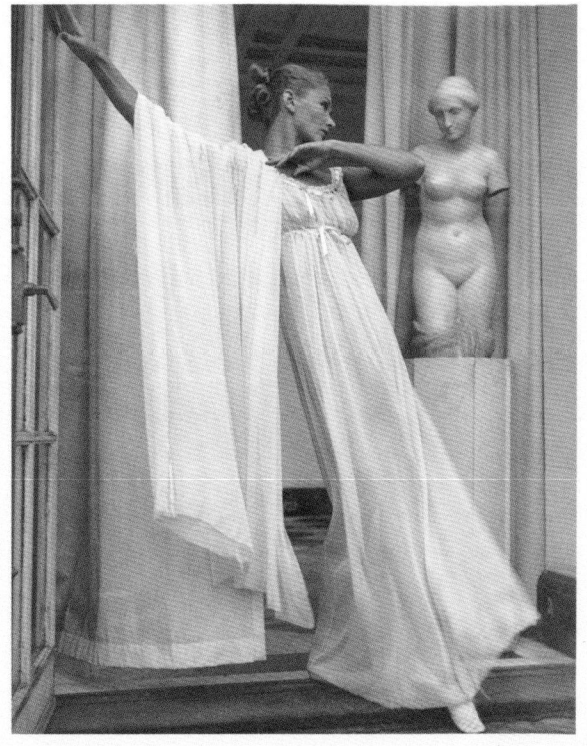

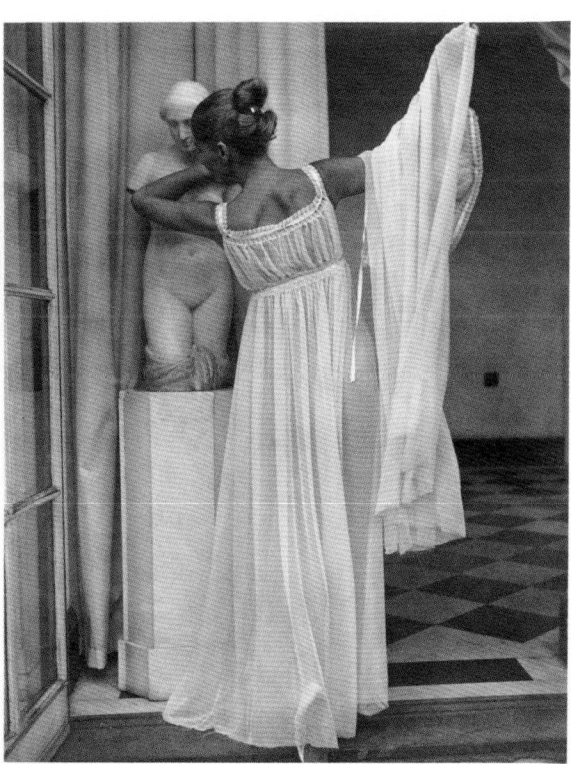

Louise Dahl-Wolfe
Chapeau pain de sucre «King Tut»
Hattie Carnegie, bijoux Verdura, 1945
20,4 × 25,2 cm

'King Tut' sugarloaf hat by Hattie Carnegie,
jewellery by Verdura, 1945

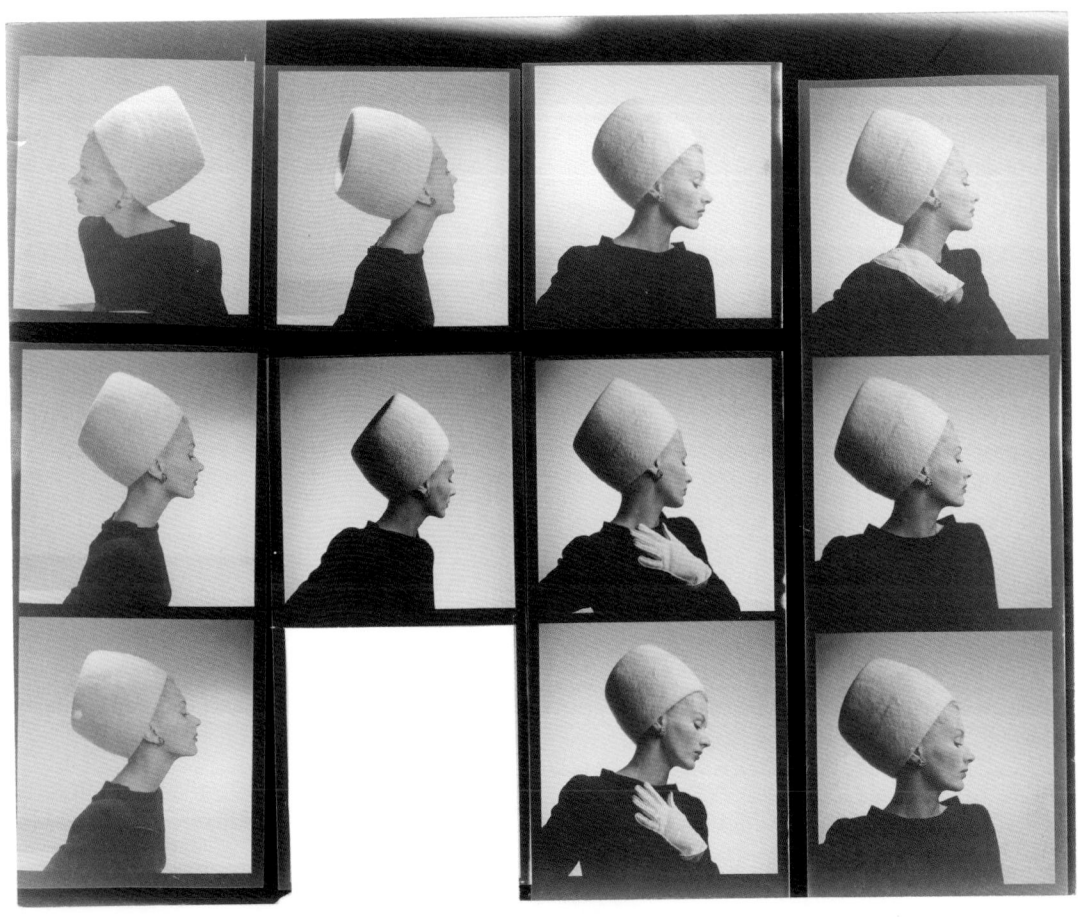

131 **Louise Dahl-Wolfe**
Chapeau pain de sucre «King Tut»
Hattie Carnegie, bijoux Verdura
Harper's Bazaar, septembre 1945
Prêt de l'Archive Tom Penn
35,4 × 28 cm

'King Tut' sugarloaf hat by Hattie Carnegie,
jewellery by Verdura
Harper's Bazaar, September 1945
Loan from the Tom Penn Archive

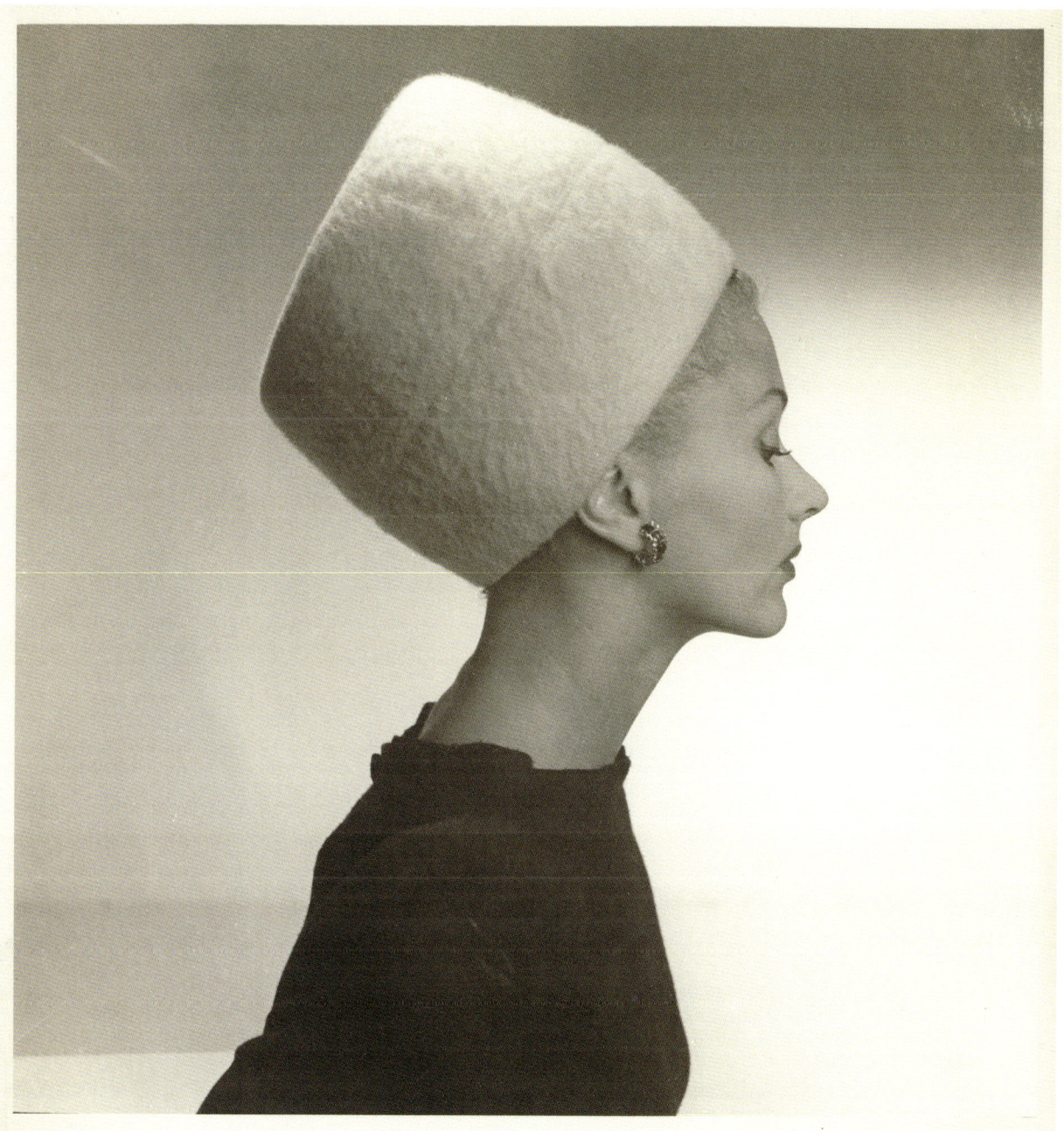

133

Louise Dahl-Wolfe
Cape Gunther à dos plongeant,
empiècement rond et bas jusqu'aux
hanches, chapeau Schiaparelli
Harper's Bazaar, décembre 1945
35,2 × 27,7 cm

Plunging back, hip-length cape, suspended
from a round yoke, by Gunther, Schiaparelli hat
Harper's Bazaar, December 1945

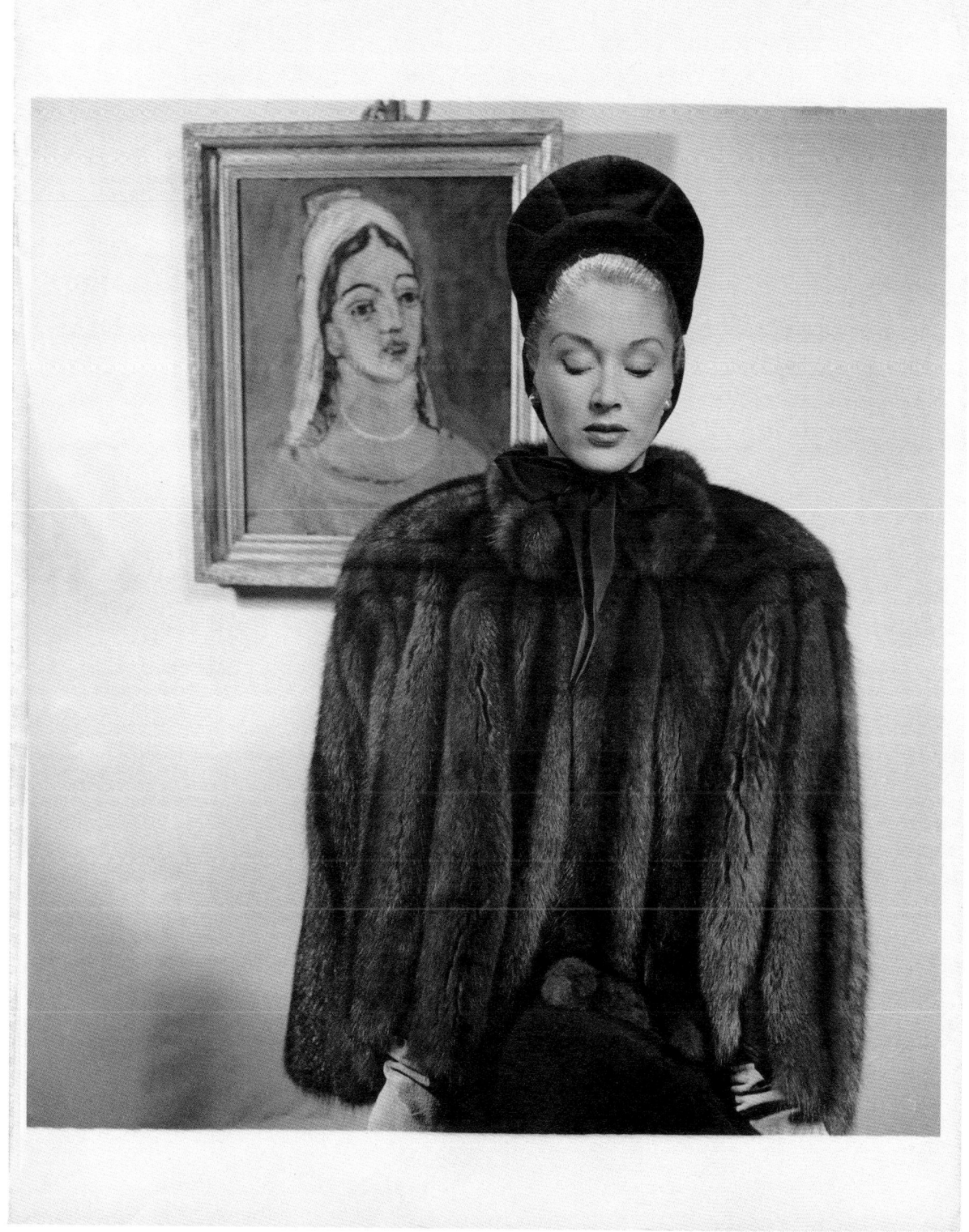

134 **Louise Dahl-Wolfe**
Robe de ville Traina-Norell en jersey
de laine à rayures crayon, bijoux Verdura
Harper's Bazaar, février 1945
Kodachrome transparent
25,4 × 20,3 cm

Town dress by Traina-Norell in pencil-striped
jersey wool, jewellery by Verdura
Harper's Bazaar, February 1945
Kodachrome transparency

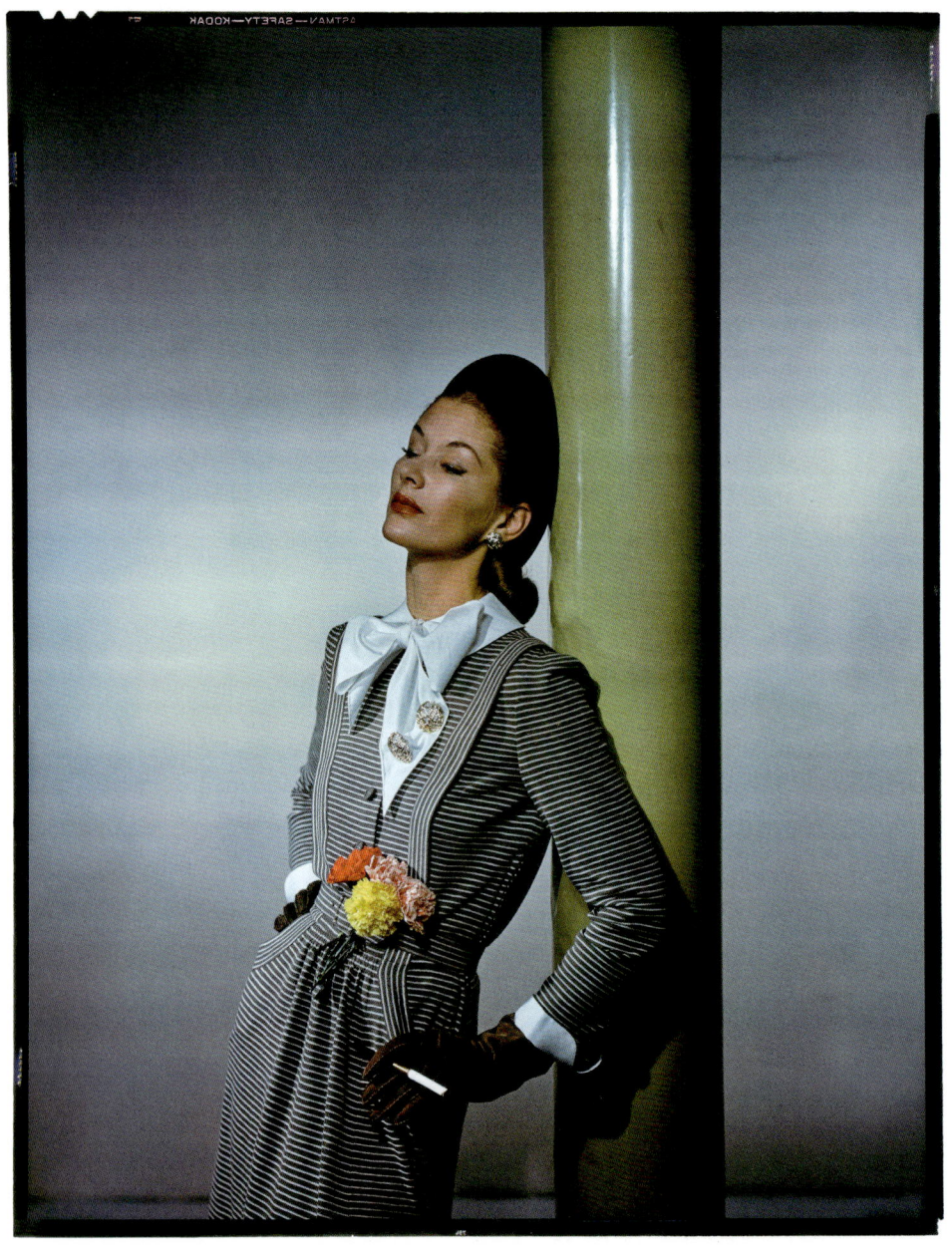

Louise Dahl-Wolfe
Costume Traina-Norell en jersey
de laine rayé, bijoux Verdura
Variante publiée en couverture,
Harper's Bazaar, mars 1945
Kodachrome transparent
25,4 × 20,3 cm

Striped suit by Traina-Norell
in jersey wool, jewellery by Verdura
Variant for cover, *Harper's Bazaar*,
March 1945
Kodachrome transparency

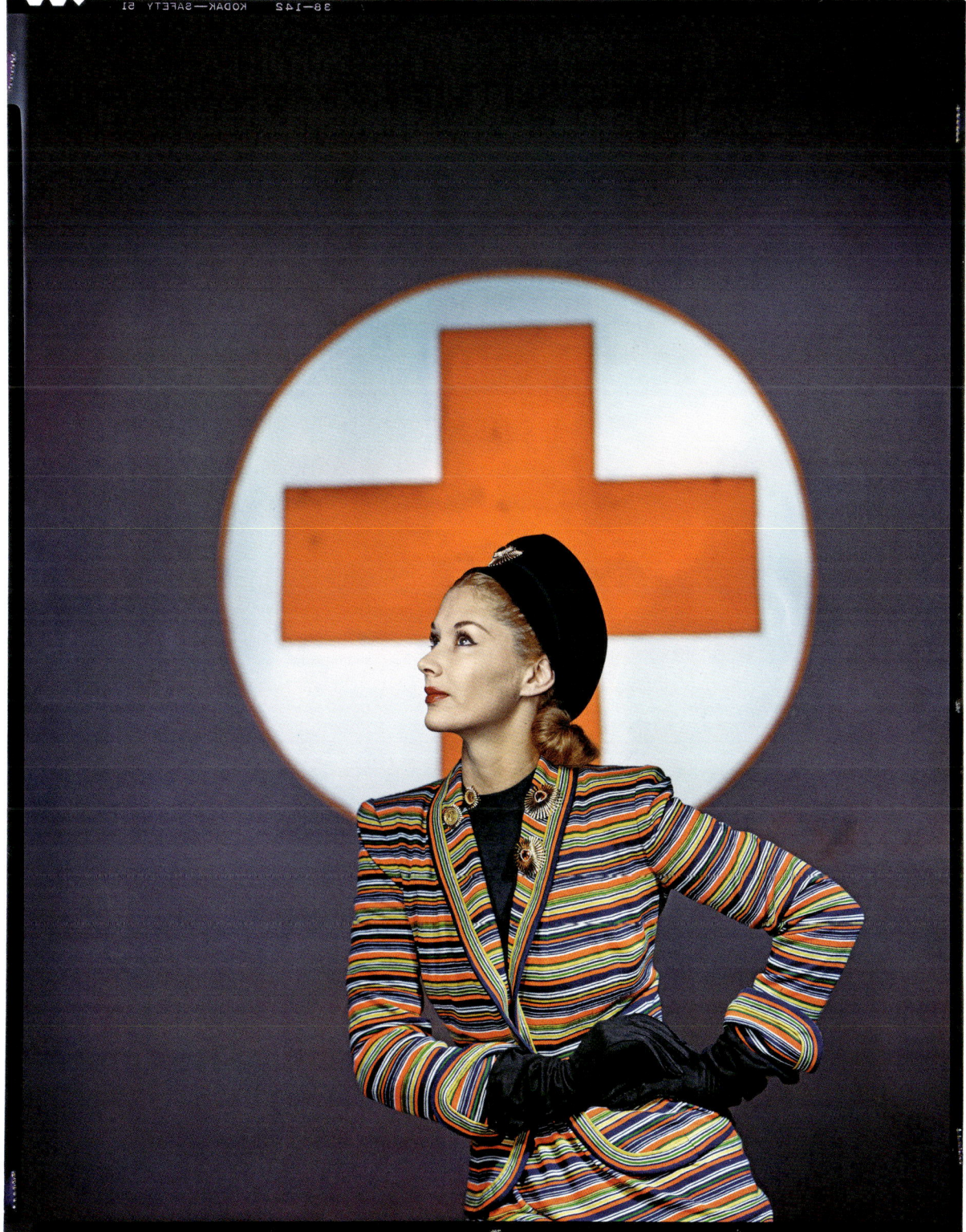

Louise Dahl-Wolfe
Sans titre, vers 1943
Kodachrome transparent
25,4 × 20,3 cm

Untitled, ca. 1943
Kodachrome transparency

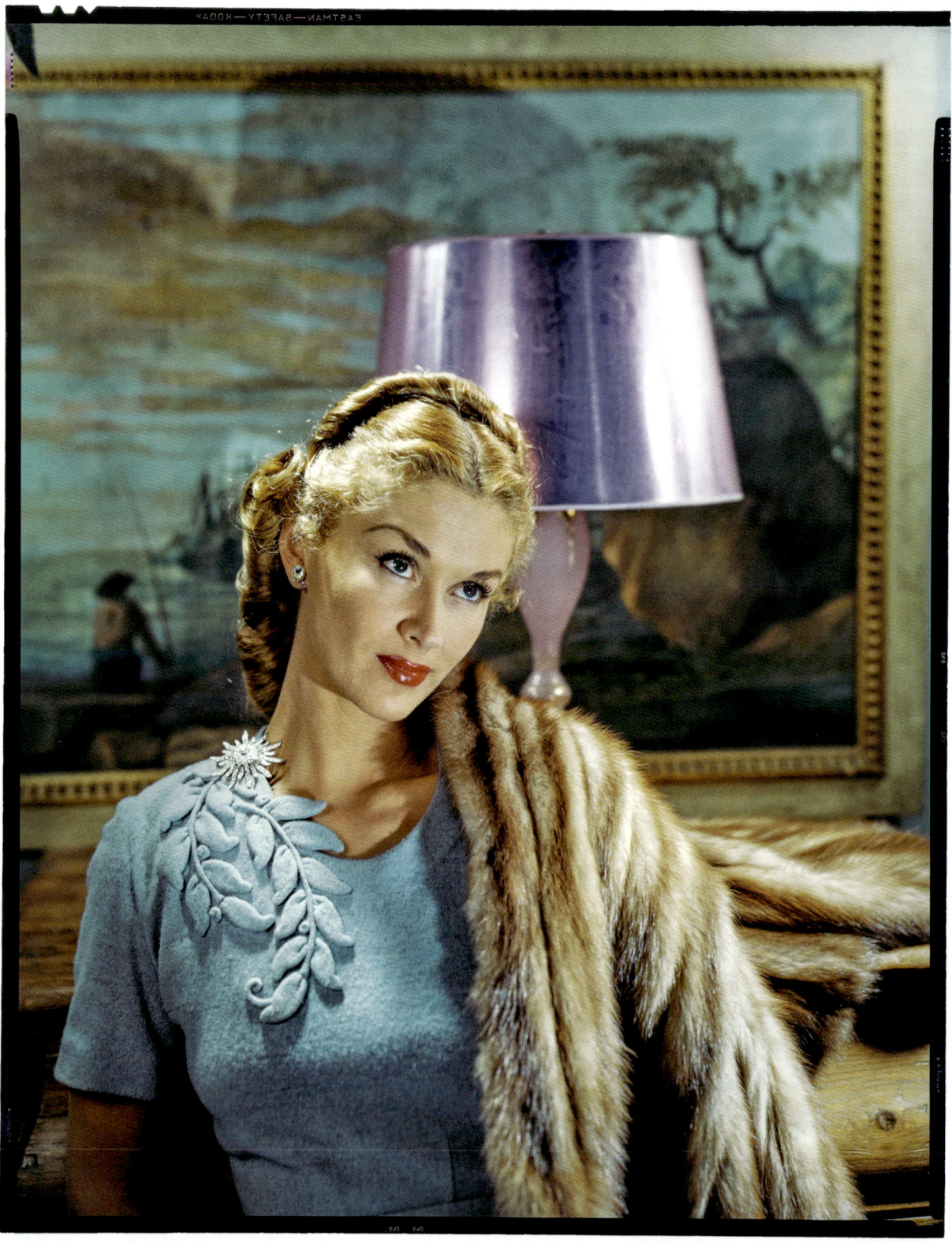

Louise Dahl-Wolfe
Sans titre, 1943
Kodachrome transparent
25,4 × 20,3 cm

Untitled, 1943
Kodachrome transparency

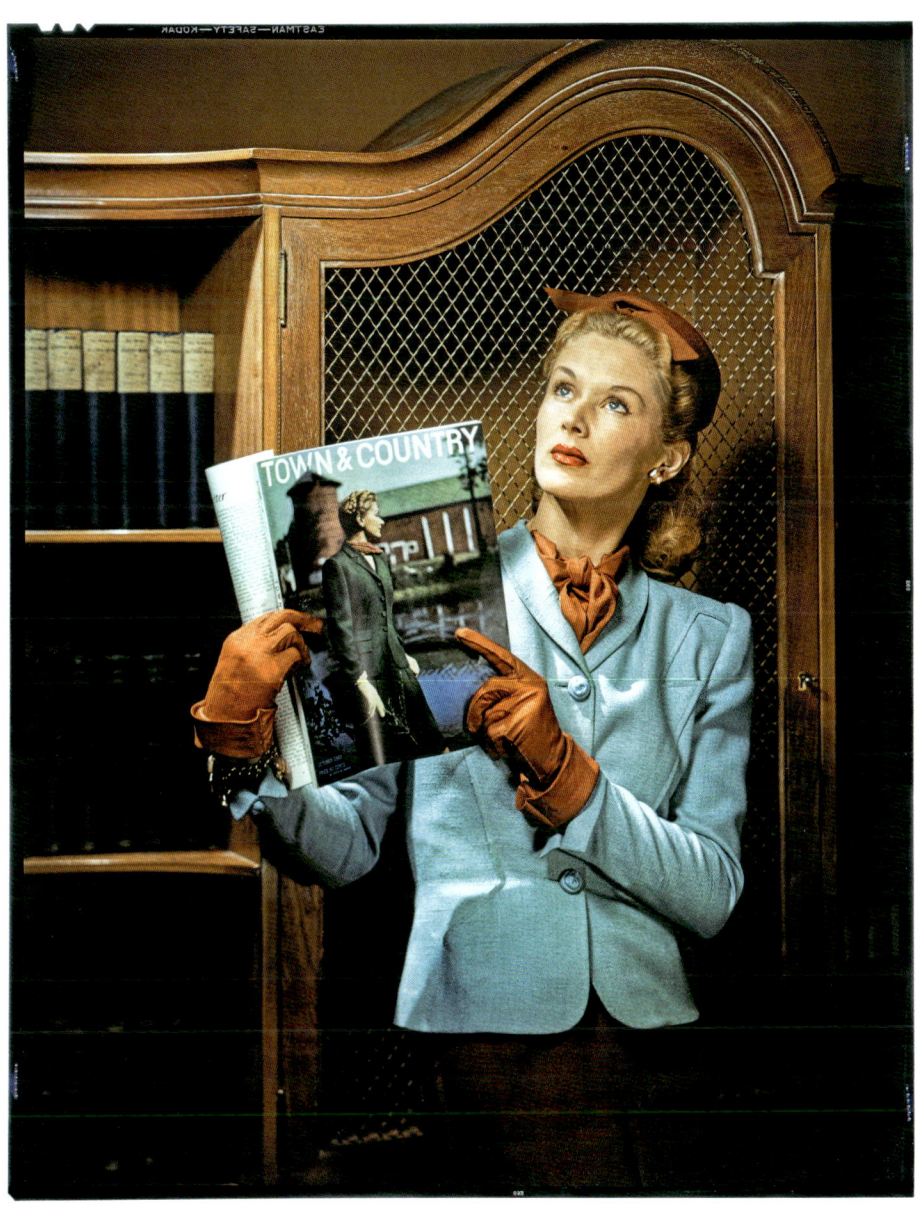

138 **Louise Dahl-Wolfe**
Robe Nettie Rosenstein en dentelle
Publicité pour les magasins Harzfeld's
Variante pour *Harper's Bazaar*, septembre 1946
Tirage à développement chromogène
41 × 30,5 cm

Lace dress by Nettie Rosenstein
Advertisement for Harzfeld's stores
Variant for *Harper's Bazaar*, September 1946
C-type print

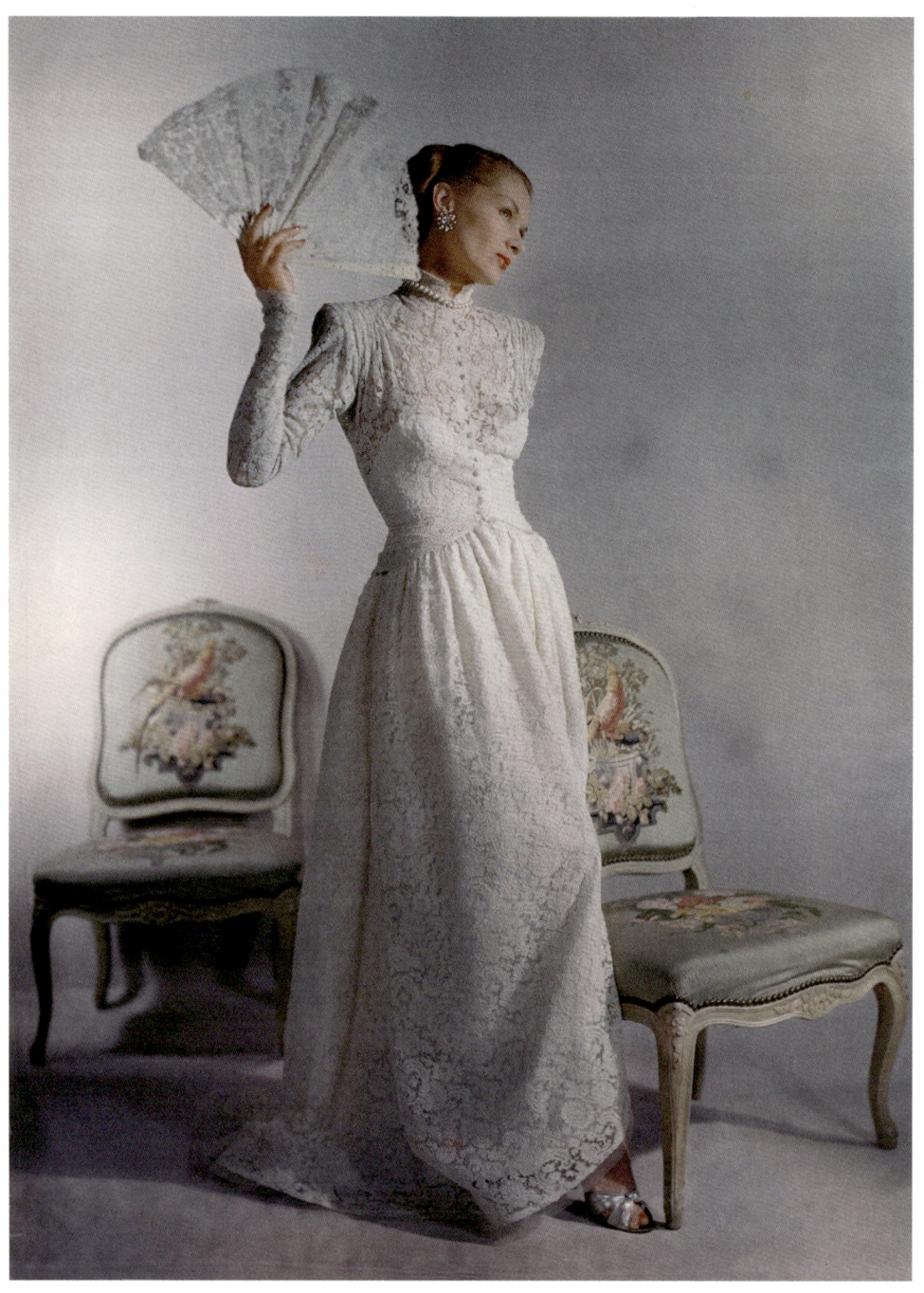

Genevieve Naylor

Robe drapée Carolyn Modes en crêpe de
rayonne, gants John Frederics, manchon en
chinchilla Jaeckel, bijoux Van Cleef & Arpels
Variante pour *Harper's Bazaar*, novembre 1946
Kodachrome transparent
25,4 × 20,3 cm

Draped rayon crepe dress by Carolyn Modes,
gloves by John Frederics, chinchilla muff by
Jaeckel, jewellery by Van Cleef & Arpels
Variant for *Harper's Bazaar*, November 1946
Kodachrome transparency

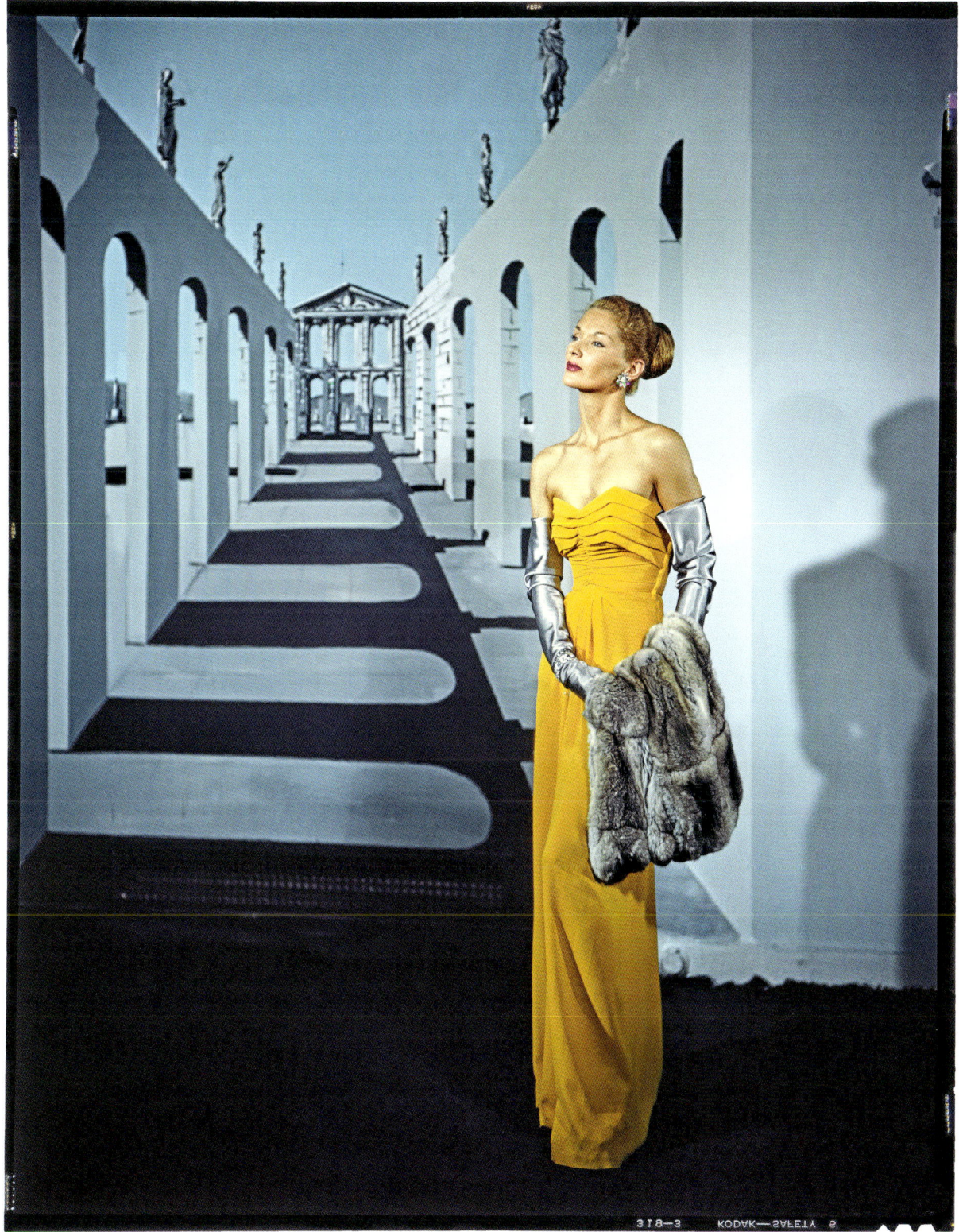

Photographe non identifié
«Coiffure pétale» par John Frederics,
New York, 1950
Prêt de l'Archive Tom Penn
34 × 26,5 cm

"Petal Coif" by John Frederics, New York, 1950
Loan from the Tom Penn Archive

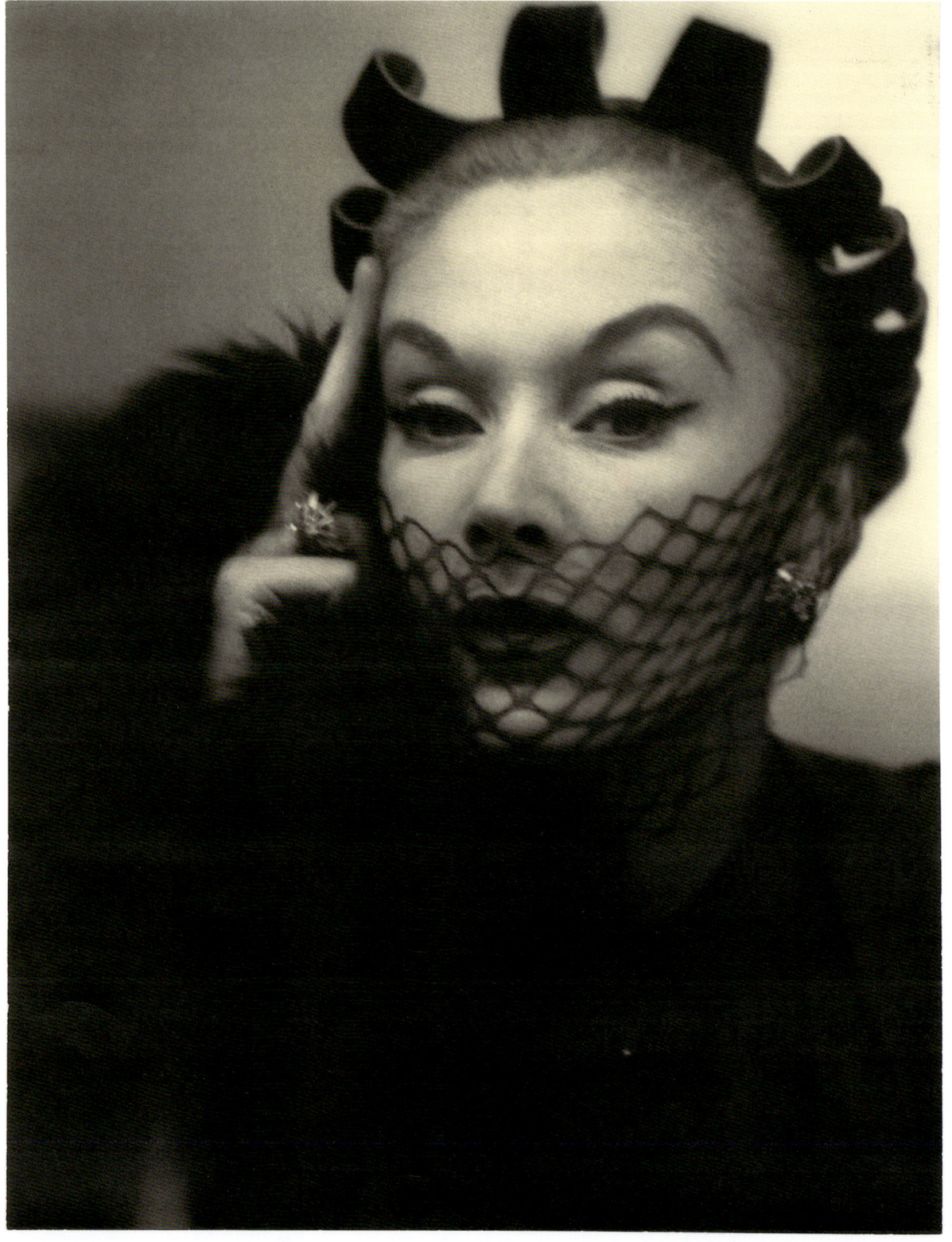

141   **Gene Fenn**
Robe de cocktail Pattullo Original,
chapeau John Frederics
Publicité pour les magasins Harzfeld's
Variante pour *Harper's Bazaar*, septembre 1947
35,4 × 27,8 cm

Cocktail dress by Pattullo Original,
hat by John Frederics
Advertisement for Harzfeld's stores
Variant for *Harper's Bazaar*, September 1947

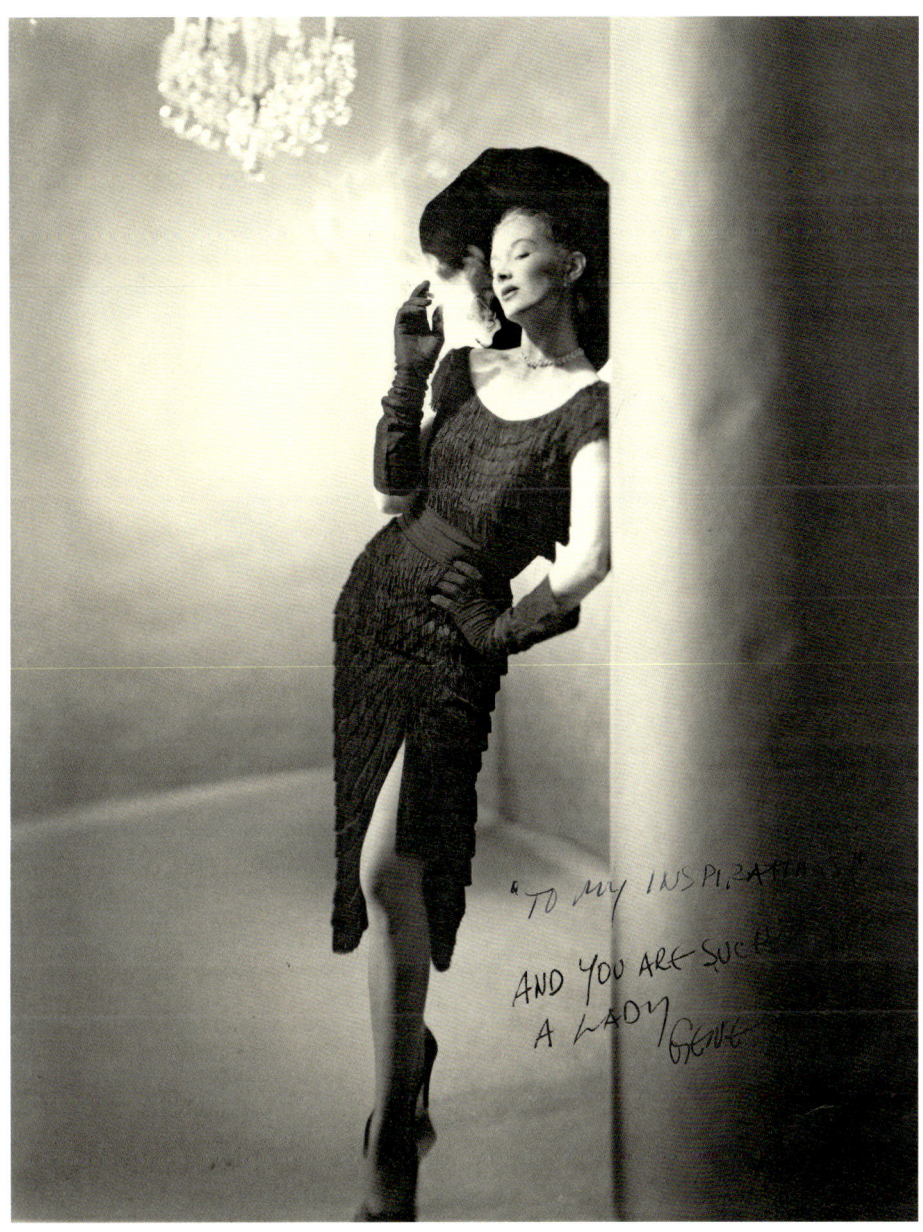

142   **Richard Avedon**
Robe Marcelle Chaumont
en mousseline de soie lamée or, 1948
Prêt de l'Archive Tom Penn
35,5 × 28 cm

Gold chiffon lamé dress by Marcelle
Chaumont, 1948
Loan from the Tom Penn Archive

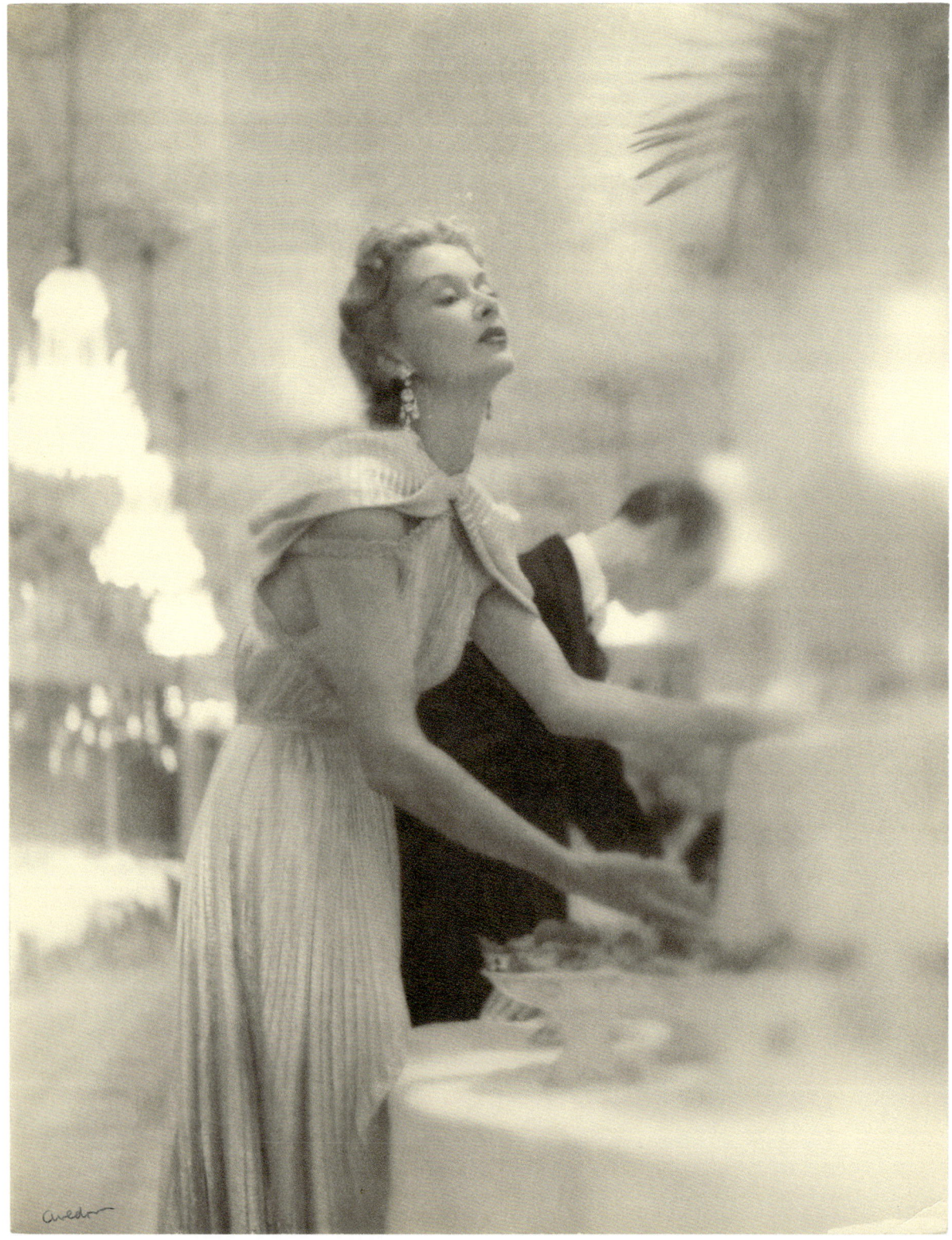

143 **Richard Avedon**
Robe Marcelle Chaumont
en mousseline de soie lamée or
Harper's Bazaar, octobre 1948
Prêt de l'Archive Tom Penn
35,5 × 28 cm

Gold chiffon lamé dress by Marcelle Chaumont
Harper's Bazaar, October 1948
Loan from the Tom Penn Archive

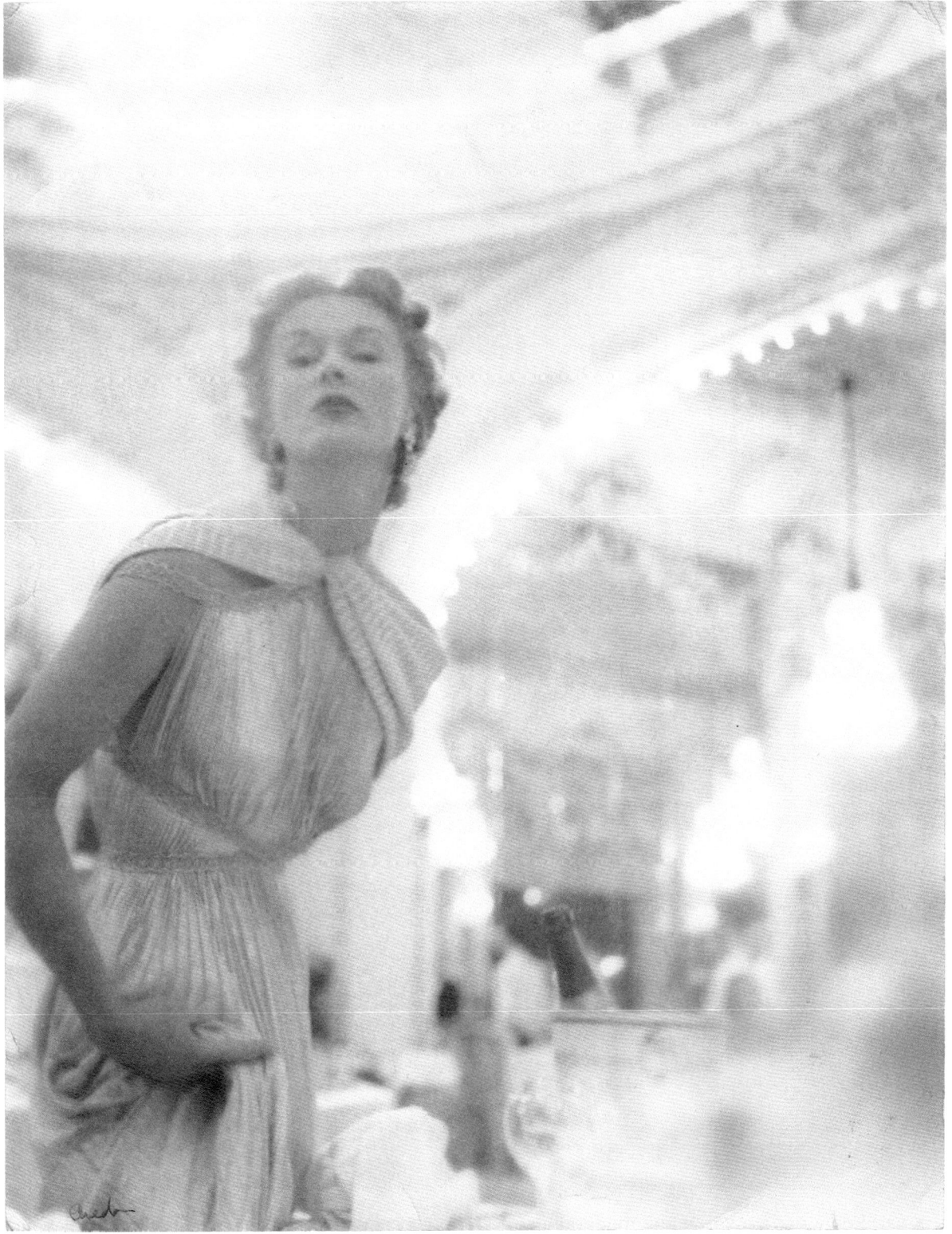

Horst P. Horst
Costume en drap de laine, veste doublée
de rat musqué teinté, corsage en satin par
Charles James, chapeau à plumes M. John
Vogue US, 15 février 1950
Prêt de l'Archive Tom Penn
35,5 × 27 cm

Wool suit, jacket lined with dyed muskrat,
satin bodice by Charles James,
feathered hat by Mr John
Vogue US, 15 February 1950
Loan from the Tom Penn Archive

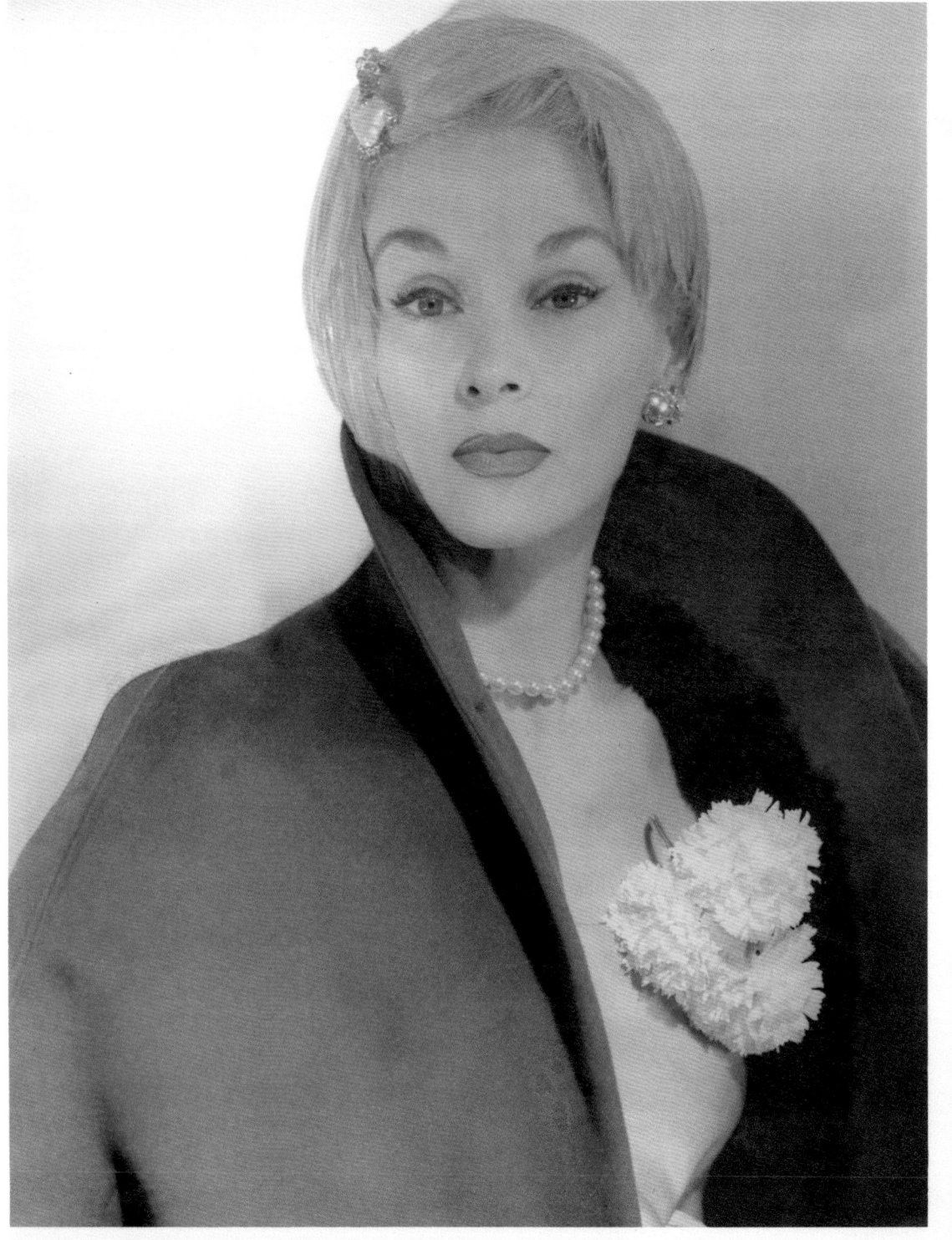

145

Horst P. Horst
Robe Conti en laine à carreaux noirs
et blancs avec piqué blanc
Vogue US, 1er mars 1949
26 × 14 cm

Black-and-white checked wool
dress with white piqué by Conti
Vogue US, 1 March 1949

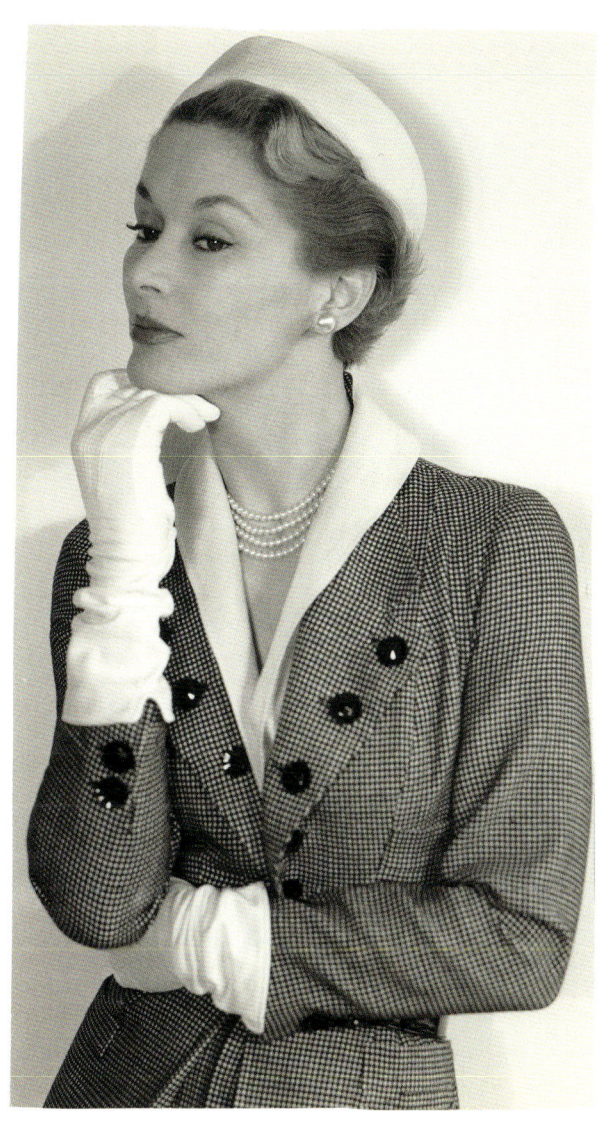

Irving Penn
Robe de soirée Rudolf Jay Thorp
en dentelle noire
Vogue US, 15 mai 1948
Prêt de l'Archive Tom Penn
25 × 20,3 cm

Black lace evening dress by
Rudolf Jay Thorp
Vogue US, 15 May 1948
Loan from the Tom Penn Archive

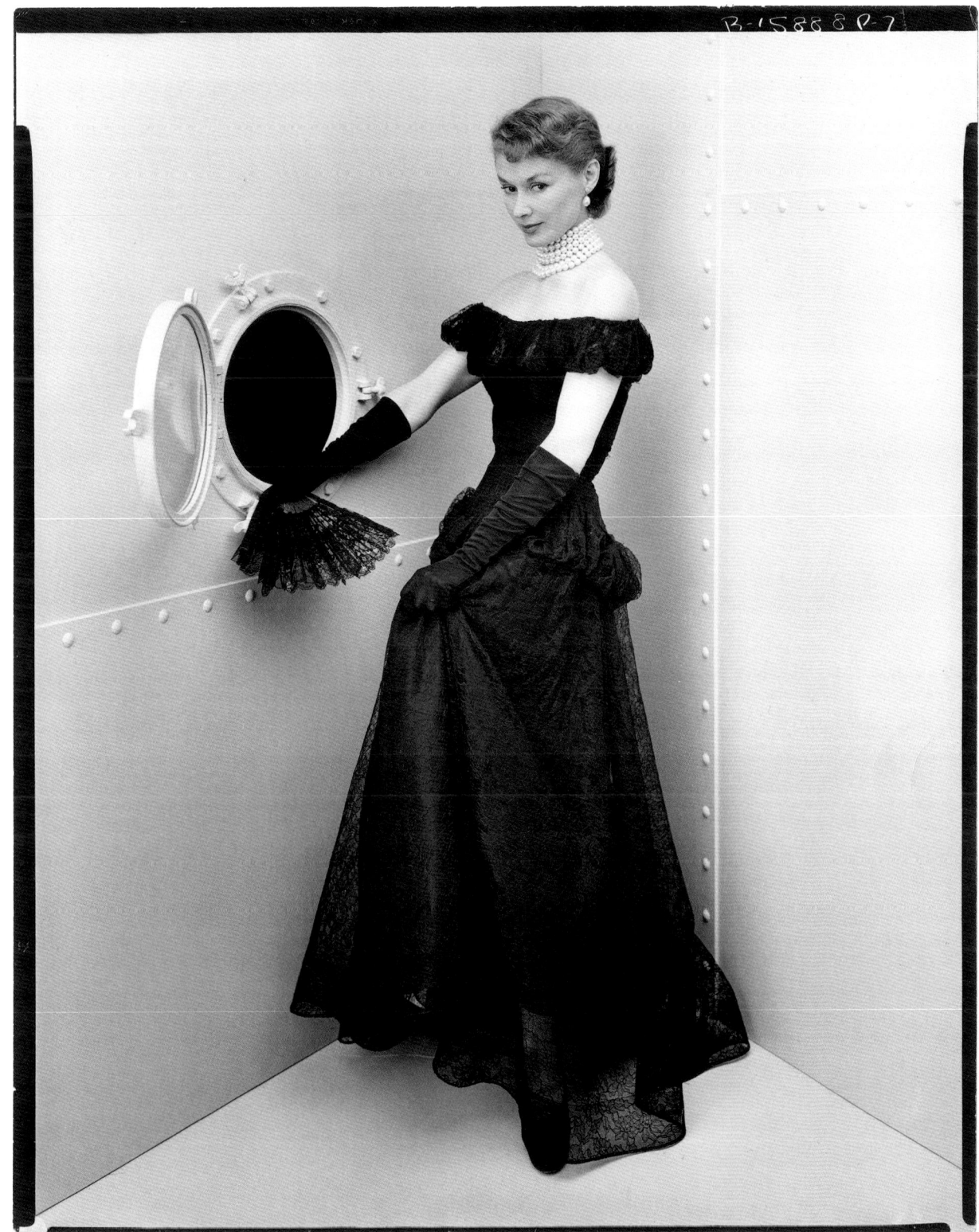

148 **Irving Penn**
Robe par Antonio del Castillo pour Lanvin
Variante publiée en couverture
de *Vogue* US, 1ᵉʳ novembre 1949
Kodachrome transparent
Prêt de l'Archive Tom Penn
25,4 × 20,3 cm

Dress by Antonio del Castillo for Lanvin
Variant for the cover of *Vogue* US,
1 November 1949
Kodachrome transparency
Loan from the Tom Penn Archive

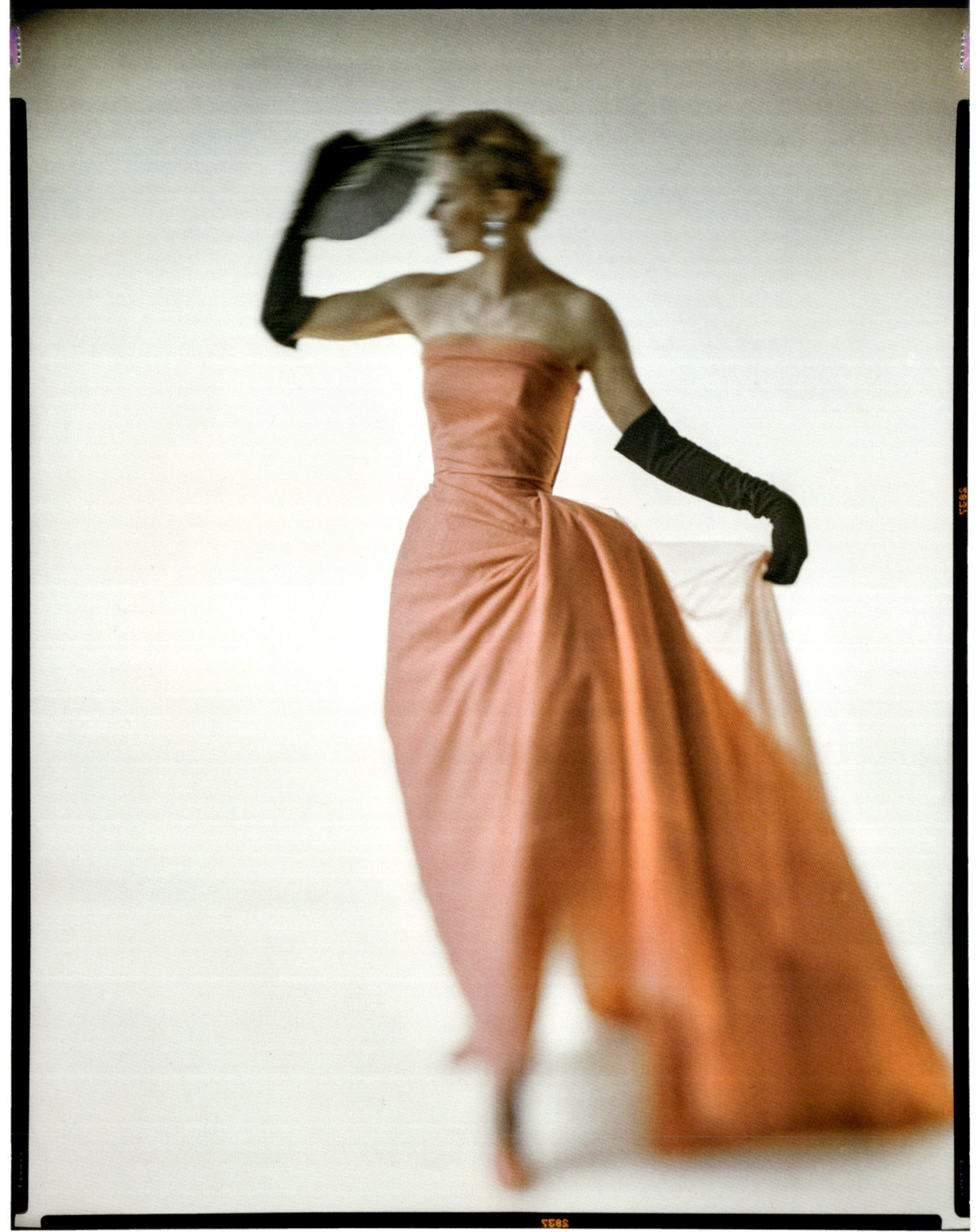

Irving Penn

Robe par Antonio del Castillo pour Lanvin
Variante couleur publiée en couverture
de *Vogue* US, 1ᵉʳ novembre 1949
Prêt de l'Archive Tom Penn
25 × 20,2 cm

Dress by Antonio del Castillo for Lanvin
Colour variant for the cover of *Vogue* US,
1 November 1949
Loan from the Tom Penn Archive

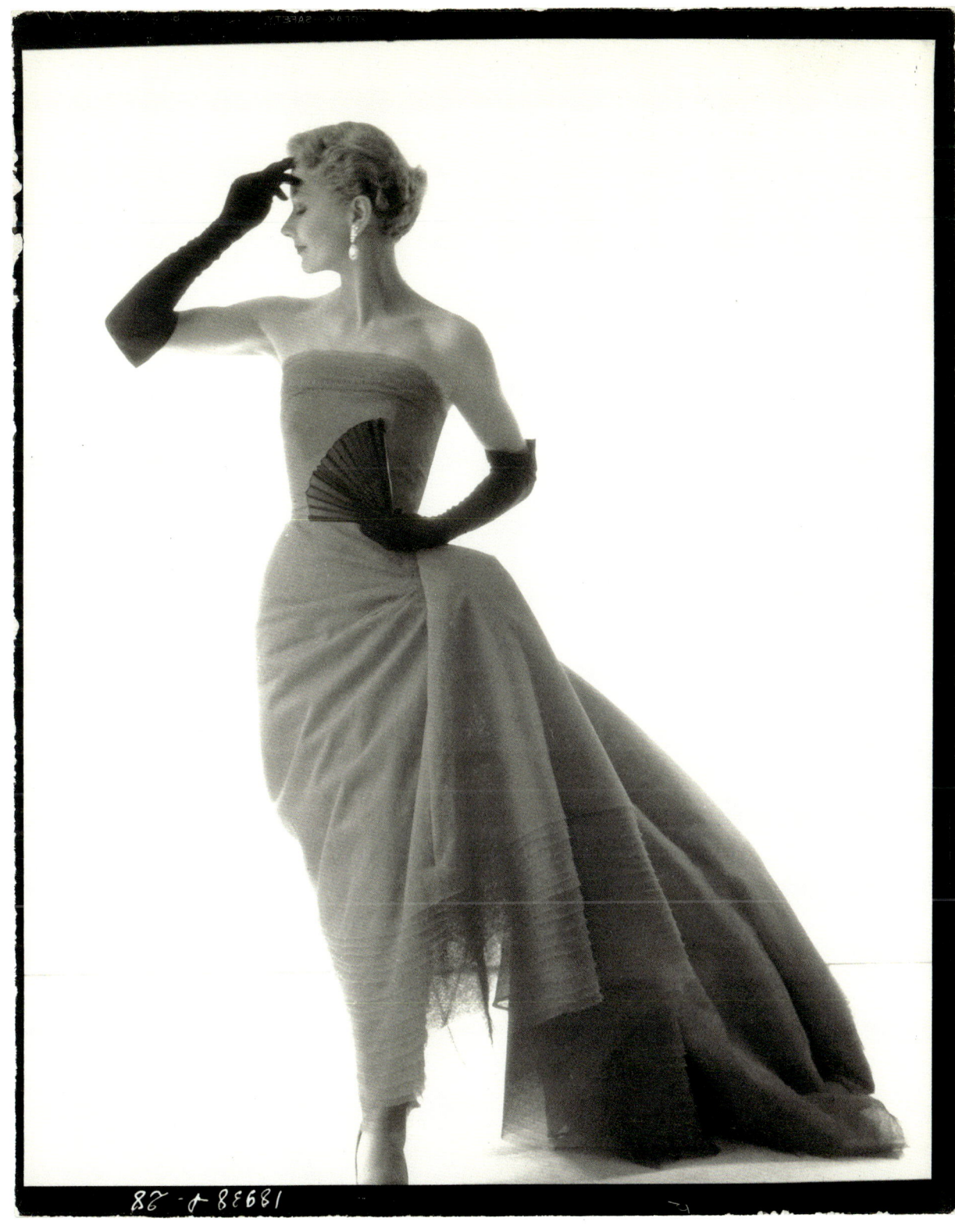

151   **Irving Penn**
La coiffure «Hamlet»
Vogue US, 1er mars 1949
Prêt de l'Archive Tom Penn
27 × 25 cm

The "Hamlet" coiffure
Vogue US, 1 March 1949
Loan from the Tom Penn Archive

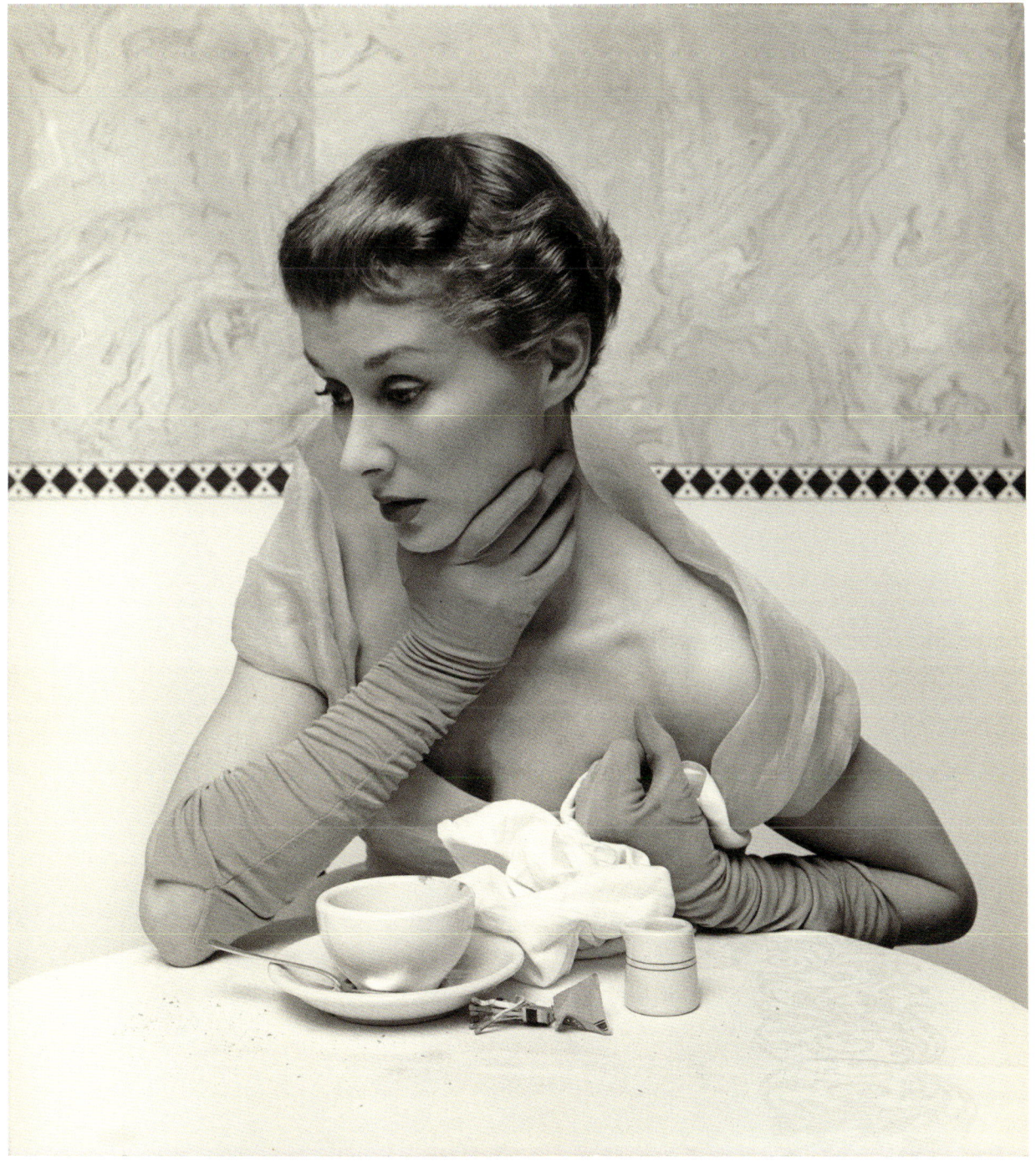

152   **Irving Penn**
Paletot-sac Balenciaga en mouflon
de Gerondeau vert, Paris
Variante en couleur dans *Vogue* US,
1er septembre 1950 ; et *Vogue* France,
octobre 1950
25,2 × 20,2 cm

Short overcoat in green Gerondeau
sheepskin by Balenciaga, Paris
Colour variant in *Vogue* US, 1 September 1950
and *Vogue* France, October 1950

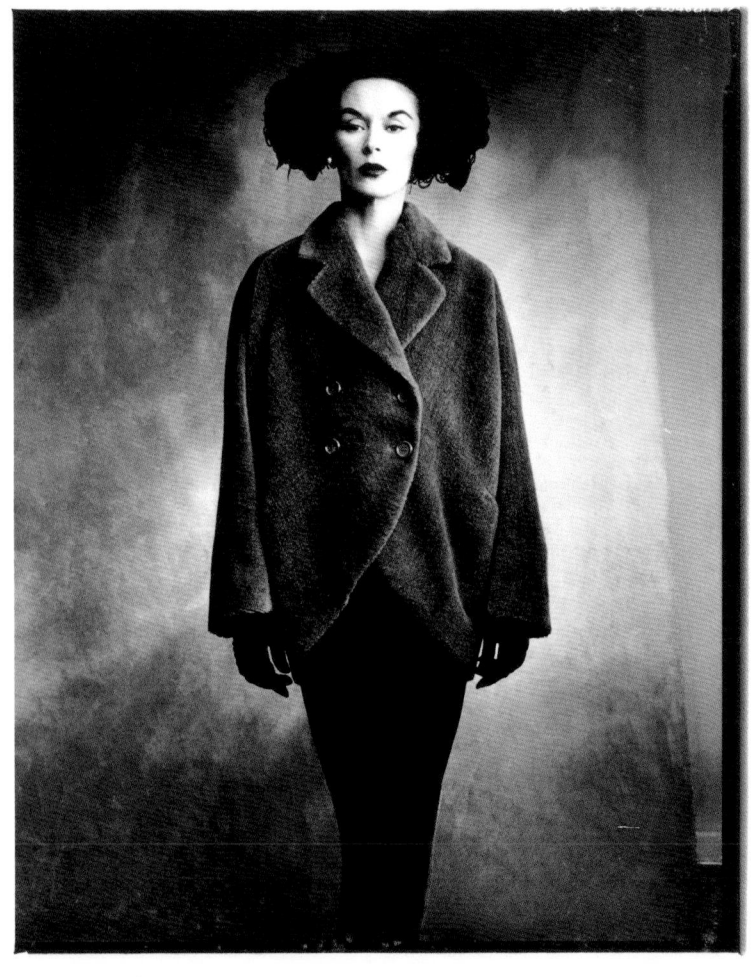

153 **Irving Penn**

*Femme aux roses (Lisa Fonssagrives-Penn
en robe Lafaurie)*, Paris, 1950
Vogue US, 15 septembre 1950
Contretype gélatino-argentique
25,6 × 19,2 cm

*Woman with Roses (Lisa Fonssagrives-Penn
in Lafaurie dress)*, Paris, 1950
Vogue US, 15 September 1950
Gelatin silver copy print

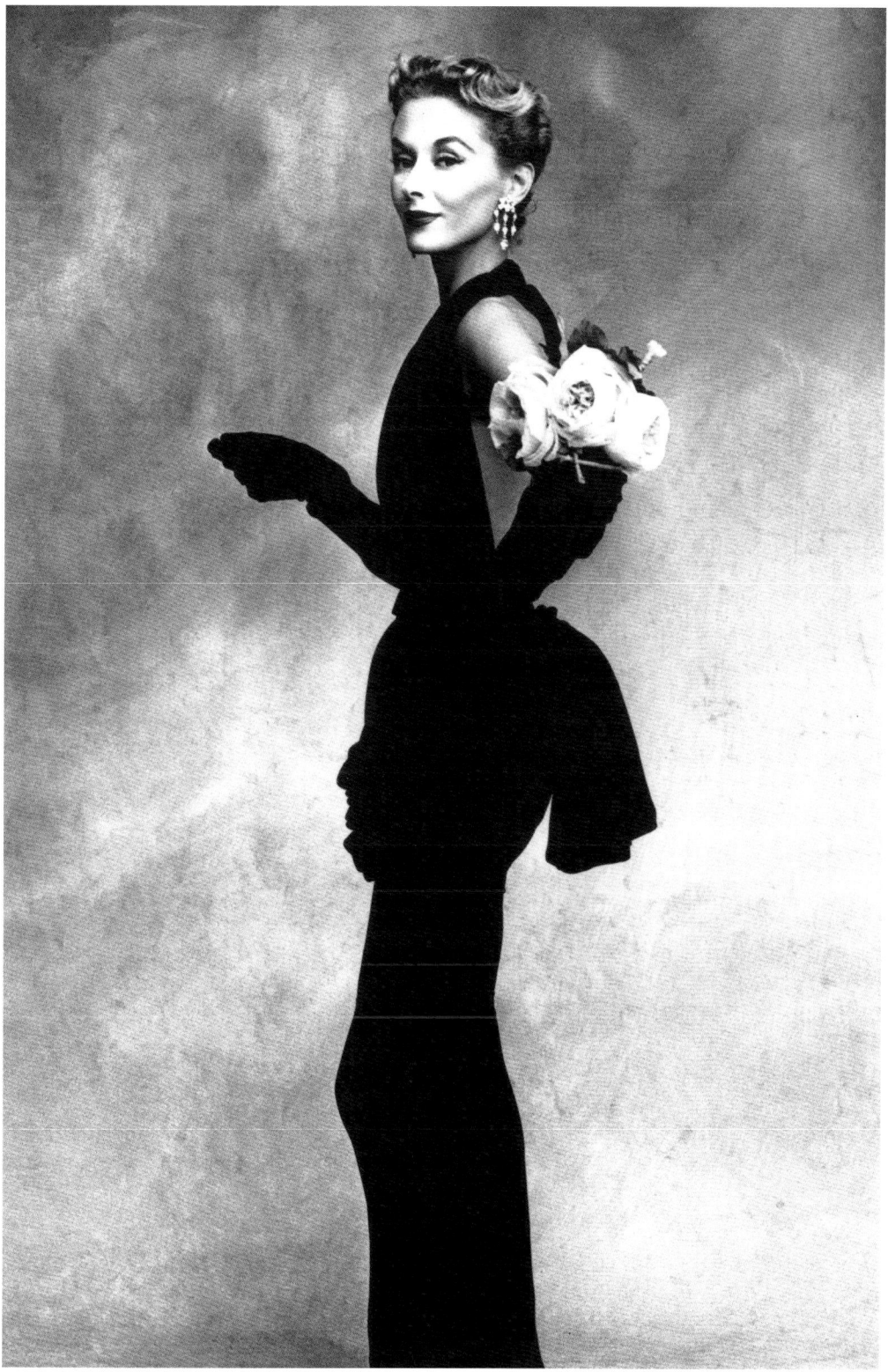

154   **Irving Penn**
Robe de bal blanche en brocart de soie
française, jupe asymétrique, veste brodée
de perles de cristal, collier à franges en strass,
le tout Hattie Carnegie
Variante pour *Vogue* US, 15 octobre 1949
Prêt de l'Archive Tom Penn
25,3 × 20,2 cm

White ball gown in French silk brocade,
asymmetrical skirt, jacket embroidered
with crystal beads, rhinestone fringed
necklace, all by Hattie Carnegie
Variant for *Vogue* US, 15 October 1949
Loan from the Tom Penn Archive

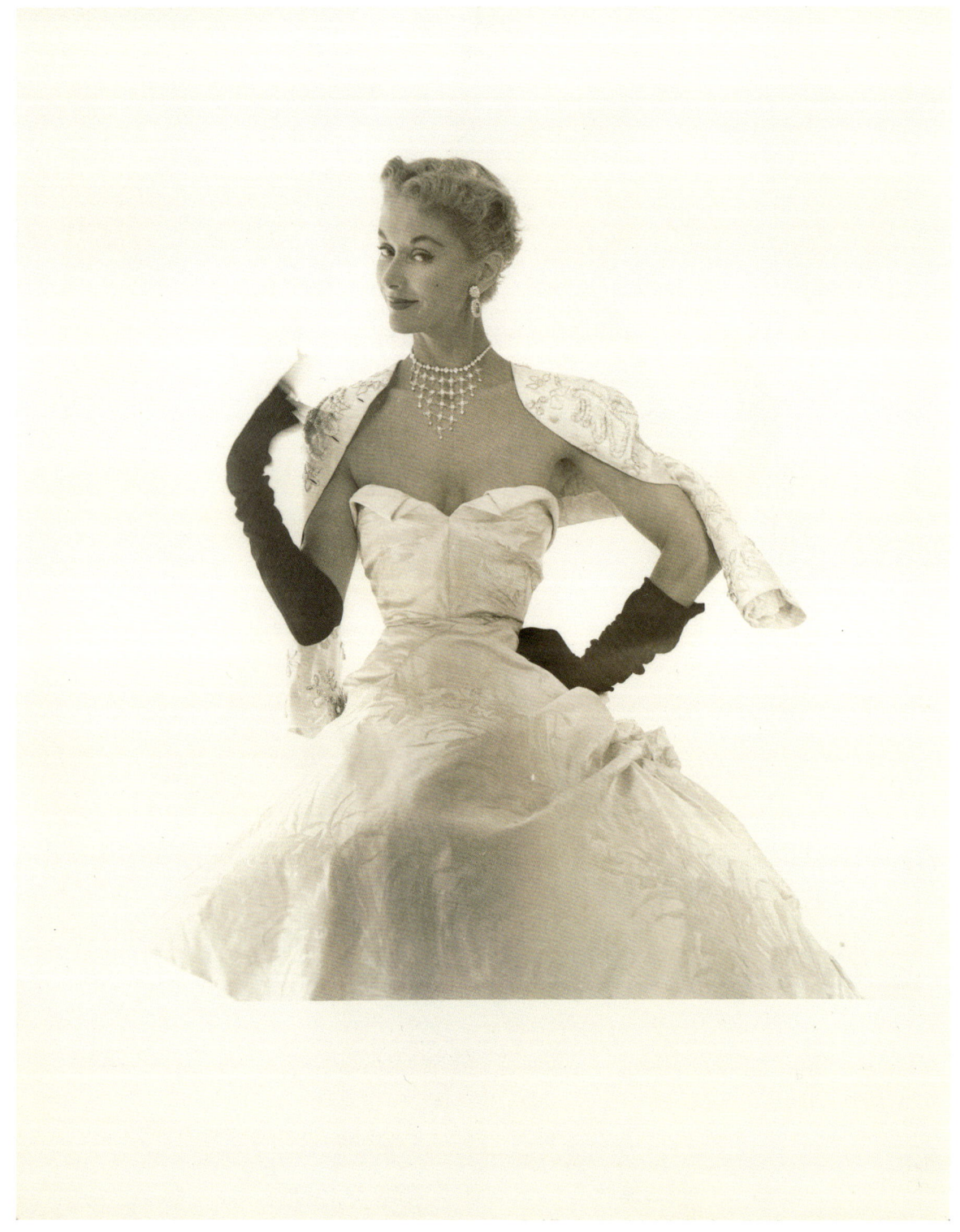

155 **Irving Penn**
Ensemble en tweed Nettie Rosenstein,
chapeau M. John, diamants Harry Winston
Variante en couleur en couverture,
Vogue US, 1er septembre 1951
Prêt de l'Archive Tom Penn
25,3 × 20,5 cm

Tweed ensemble by Nettie Rosenstein,
hat by Mr John, diamonds by Harry Winston
Colour variant for the cover of *Vogue* US,
1 September 1951
Loan from the Tom Penn Archive

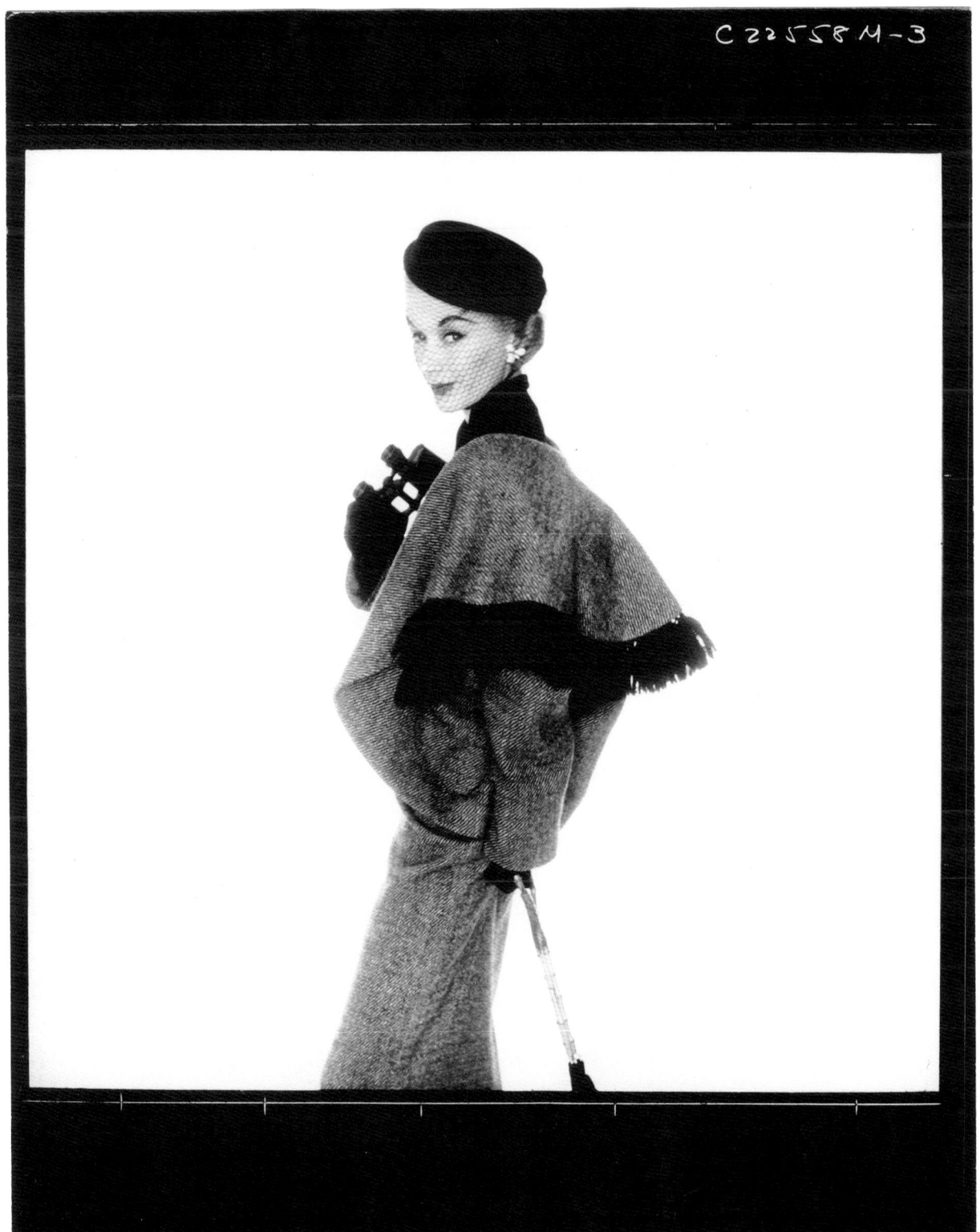

157 **Irving Penn**
Sans titre, variante couleur pour
Vogue US, 1ᵉʳ août 1949
Prêt de l'Archive Tom Penn
22,6 × 19,2 cm

Untitled, colour variant in *Vogue* US,
1 August 1949
Loan from the Tom Penn Archive

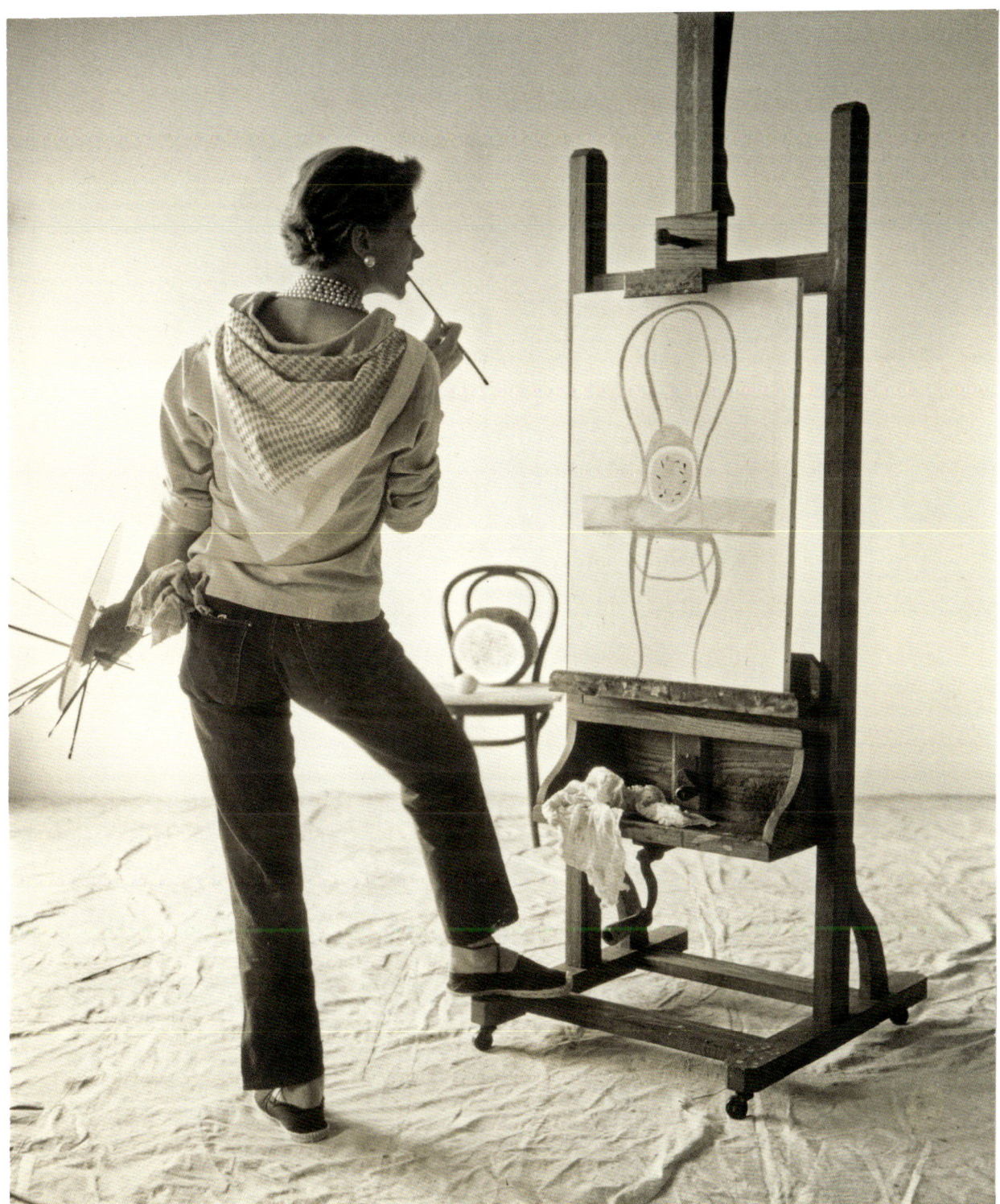

Irving Penn
Sans titre, années 1950
Films Kodachrome
6 × 6 cm chaque (each)

Untitled, 1950s
Kodachrome transparencies

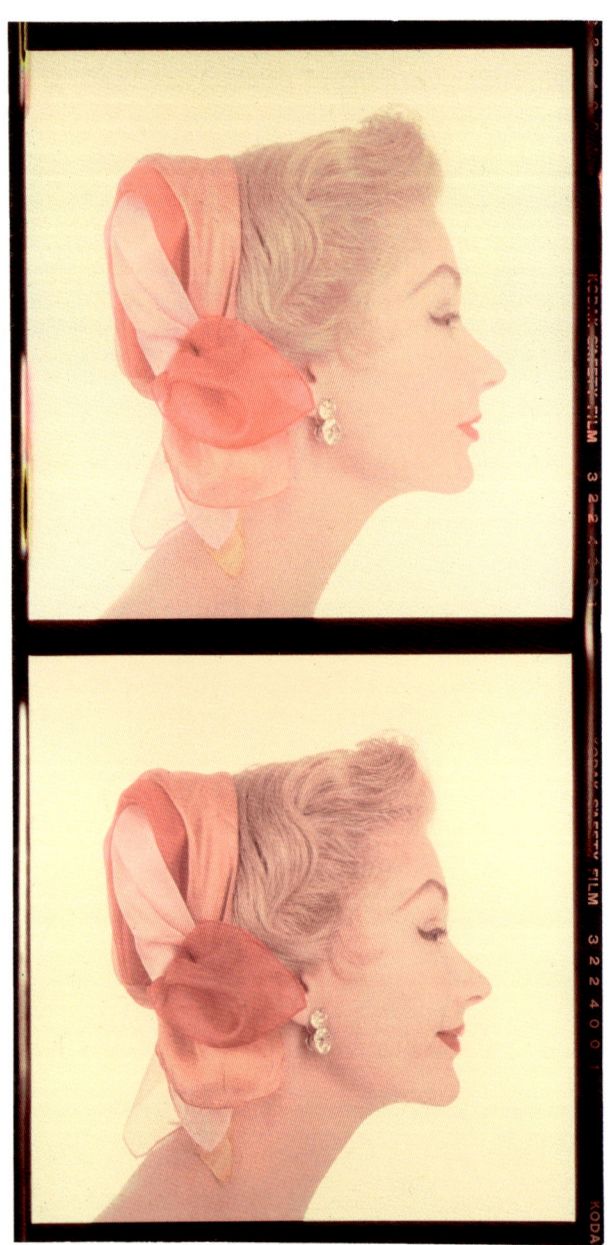

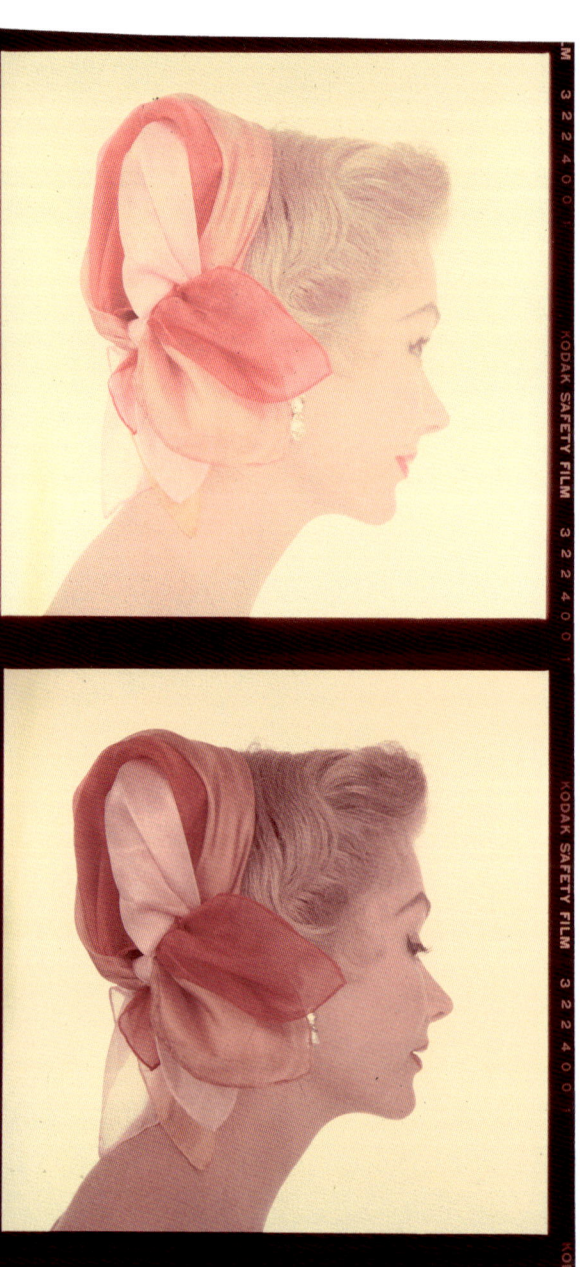

159

Irving Penn
Sans titre, années 1950
Film Kodachrome
10,16 × 12,7 cm

Untitled, 1950s
Kodachrome transparency

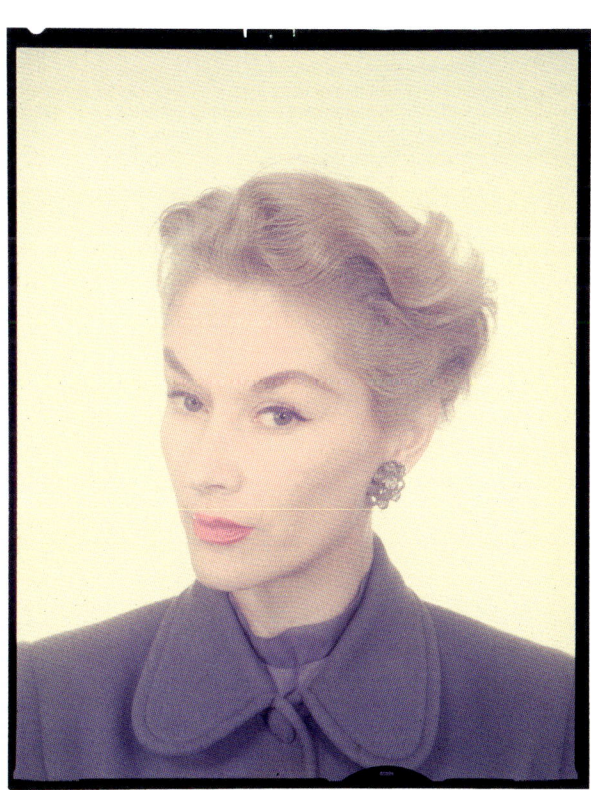

Irving Penn
Publicité pour *Modess*
Harper's Bazaar, octobre 1955
Film Kodachrome
Prêt de l'Archive Tom Penn
25,4 × 20,3 cm

Advertisement for *Modess*
Harper's Bazaar, October 1955
Kodachrome transparency
Loan from the Tom Penn Archive

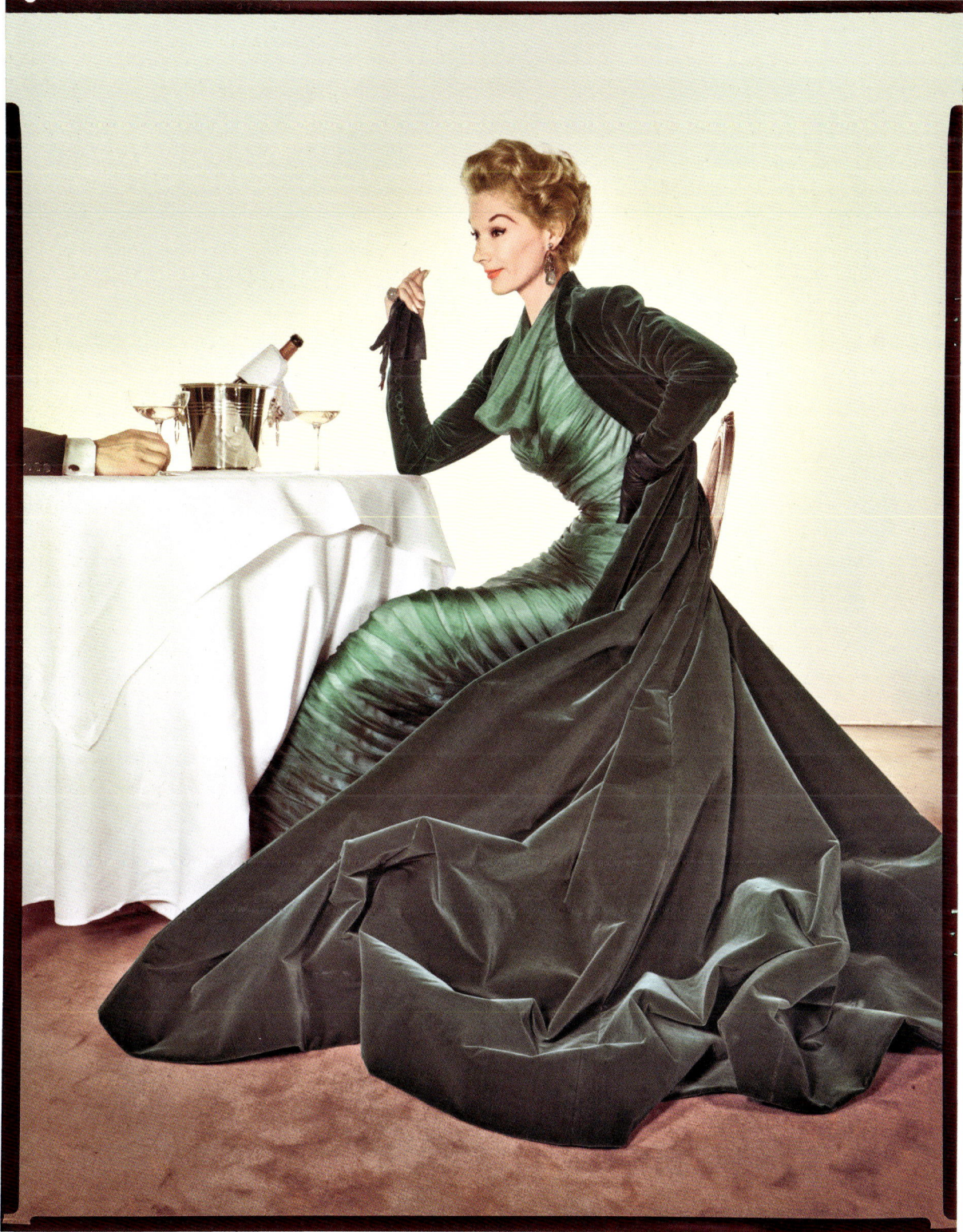

Irving Penn
Sans titre, fin des années 1950
Prêt de l'Archive Tom Penn
30,5 × 26 cm

Untitled, late 1950s
Loan from the Tom Penn Archive

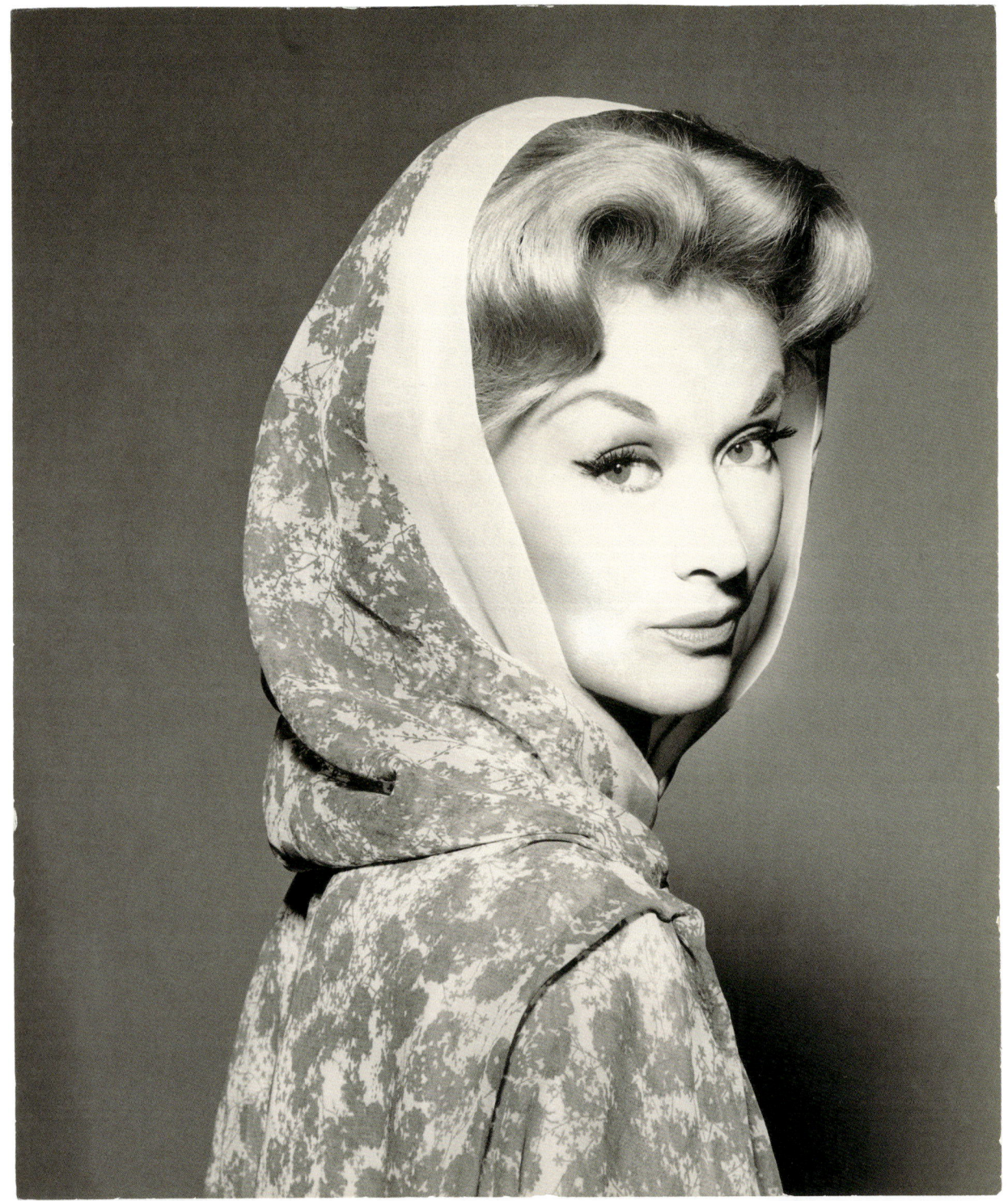

163   **Irving Penn**
Sans titre, variante pour *Vogue* US, 15 avril 1953
Prêt de l'Archive Tom Penn
5,5 × 5,3 cm

Untitled, variant for *Vogue* US, 15 April 1953
Loan from the Tom Penn Archive

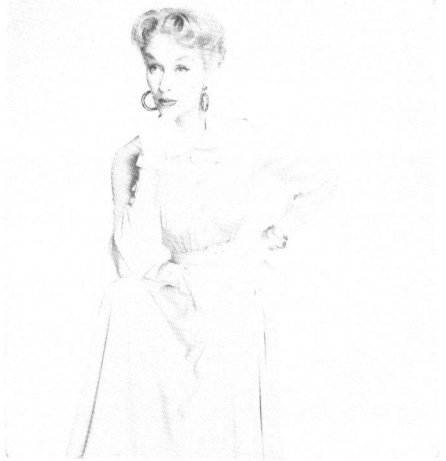

Frances McLaughlin-Gill
Veste blanche Vernon en gabardine
de laine, bijoux Marvella, gants Alexette
Variante pour *Vogue* US, 1er mai 1950
27,8 × 35,4 cm

White jacket by Vernon in wool gabardine,
jewellery by Marvella, gloves by Alexette
Variant for *Vogue* US, 1 May 1950

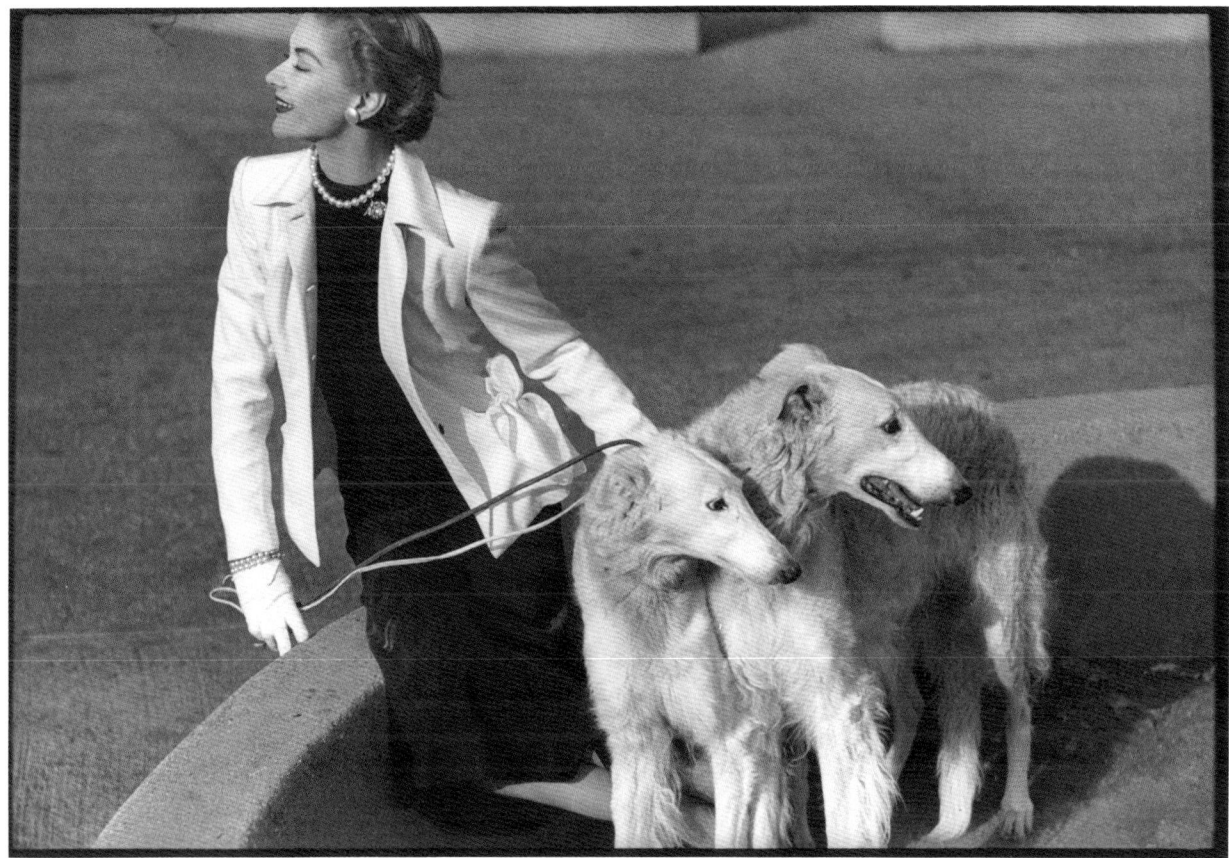

Frances McLaughlin-Gill
Robe Forstmann en laine peignée tropicale
noire et blanche, col et poignets Jo Copeland en
piqué blanc, chapeau de marin John Frederics
en piqué blanc
Vogue US, 1ᵉʳ février 1949
35,4 × 28 cm

Black-and-white tropical worsted wool dress
by Forstmann, white piqué collar and cuffs
by Jo Copeland, white piqué sailor's hat
by John Frederics
Vogue US, 1 February 1949

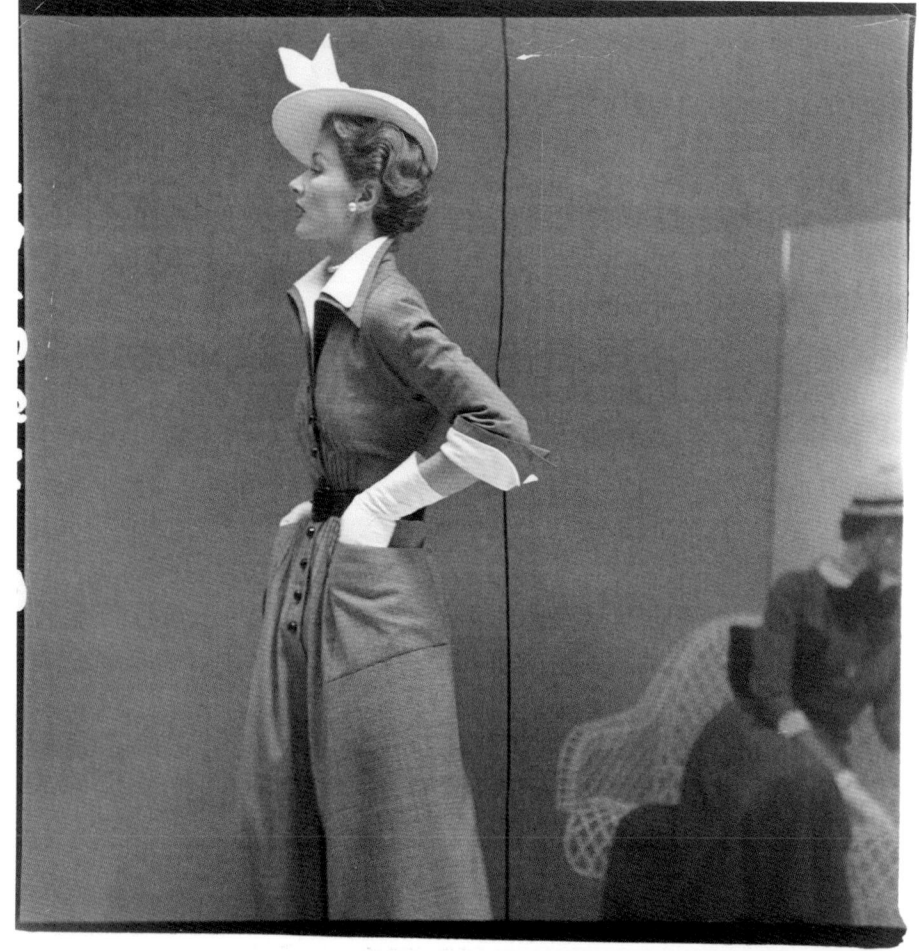

Frances McLaughlin-Gill
New York, 23 novembre 1949 pour *Vogue* US
35,5 × 28,4 cm

New York, 23 November 1949 for *Vogue* US

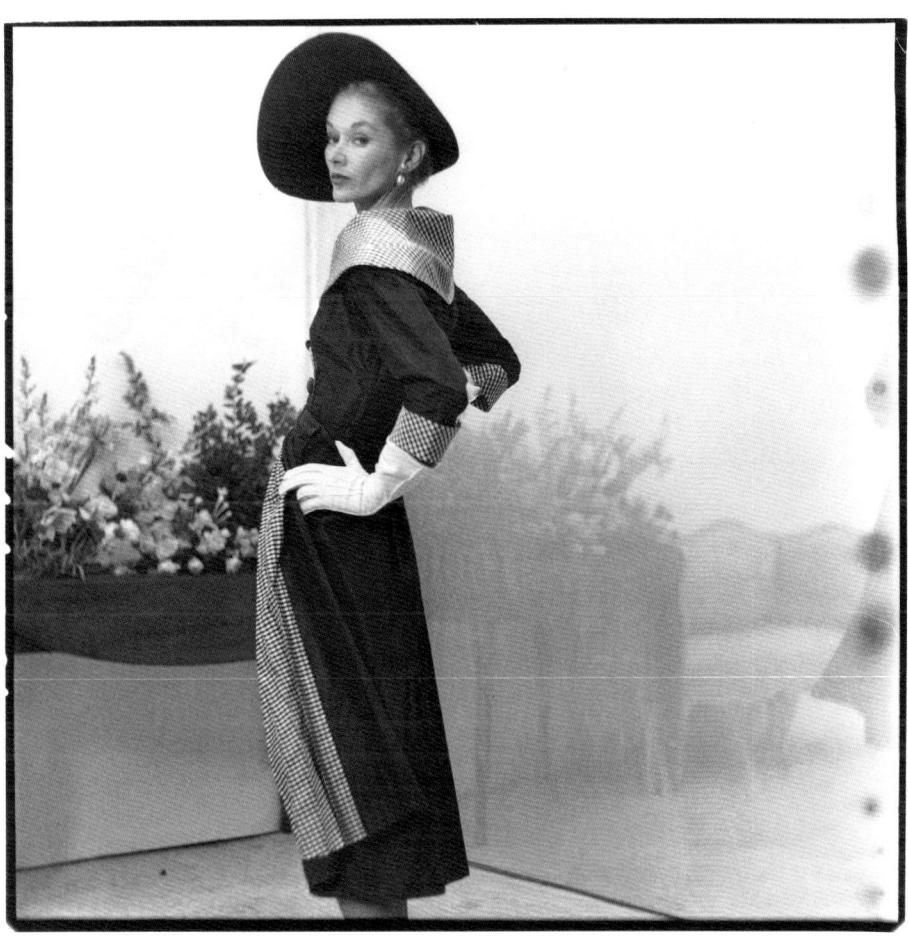

Otto Fenn
Lisa se maquillant, New York, 1948   Lisa at Make-up Mirror, New York, 1948
20,5 × 15,7 cm

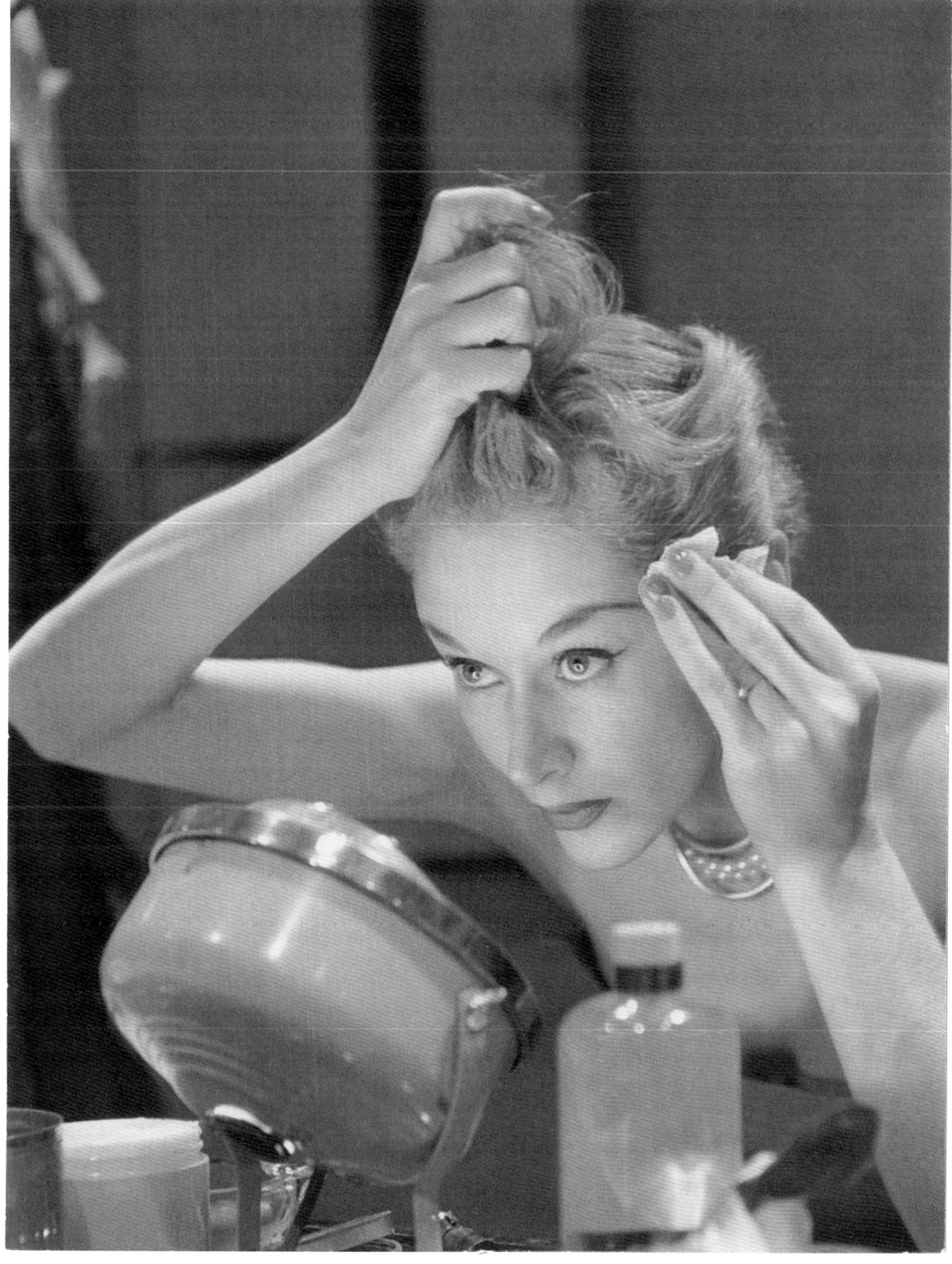

Louise Dahl-Wolfe
Pull en cachemire bleu marine Lyle & Scott,
maillot de bain Cole of California imprimé jaguar
Variante pour *Harper's Bazaar*, janvier 1955
27,3 × 26,3 cm

Marine blue cashmere sweater by
Lyle & Scott worn over a jaguar print
bathing suit by Cole of California
Variant for *Harper's Bazaar*, January 1955

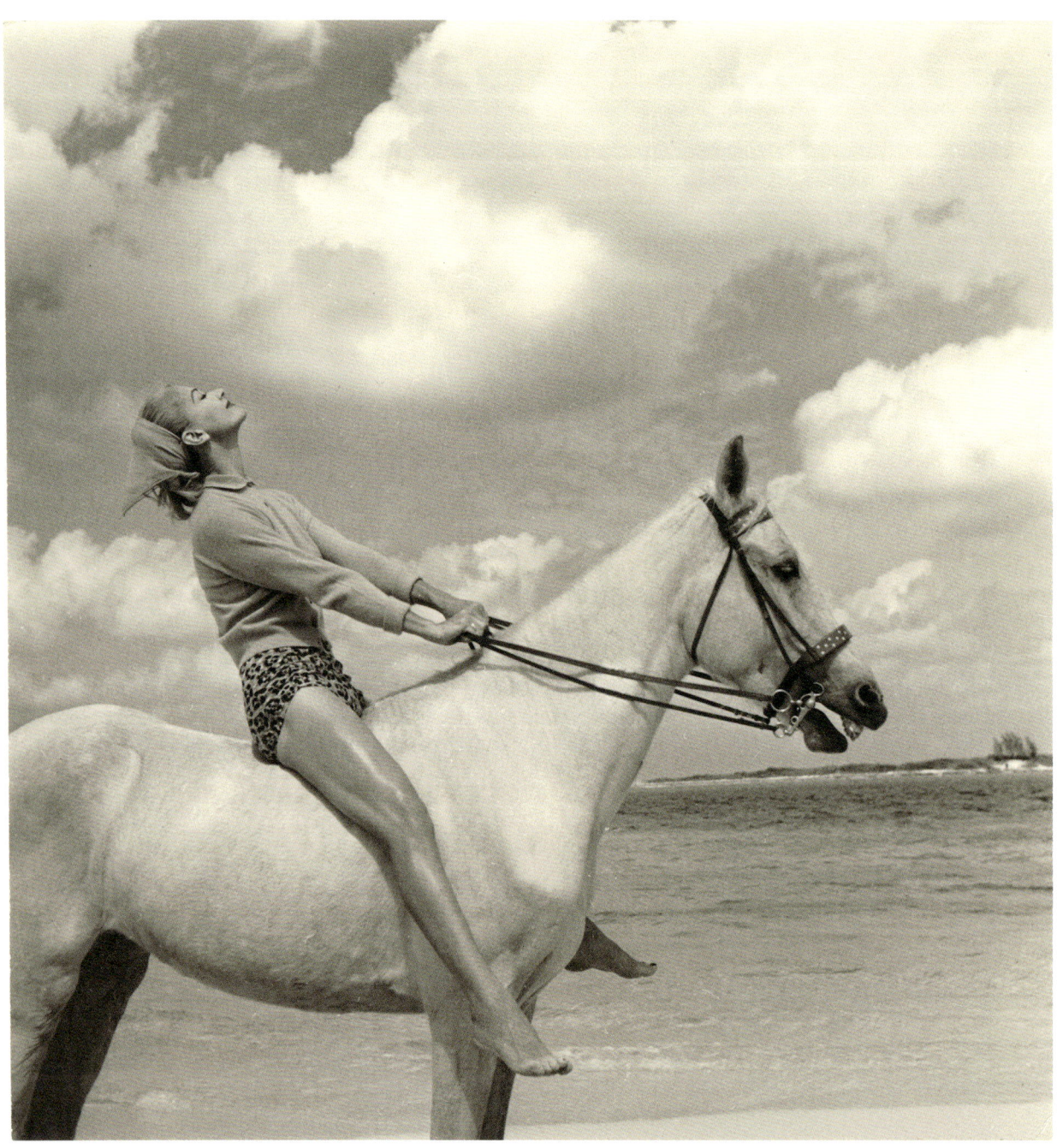

171 **Photographe non identifié**
Lisa et son chien Murphy, années 1950   Lisa and her dog Murphy, 1950s
25,4 × 20,3 cm

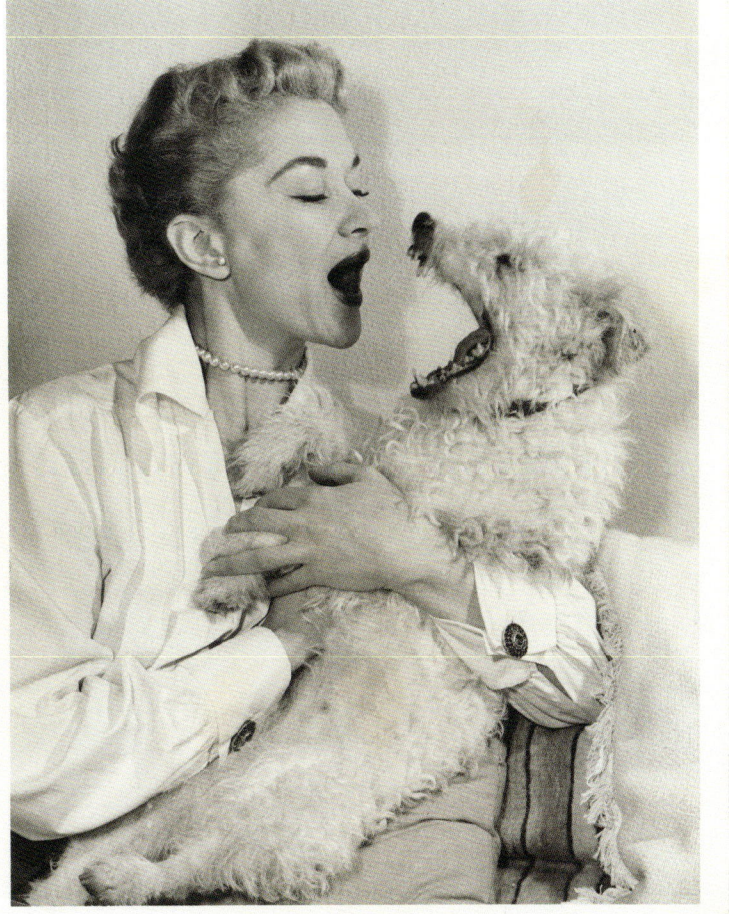

173 **Frances McLaughlin-Gill**
Surblouse en daim champagne par Lisa
Fonssagrives-Penn, Long Island, 1956
35,2 × 27,7 cm

Champagne suede overblouse by Lisa
Fonssagrives-Penn, Long Island, 1956

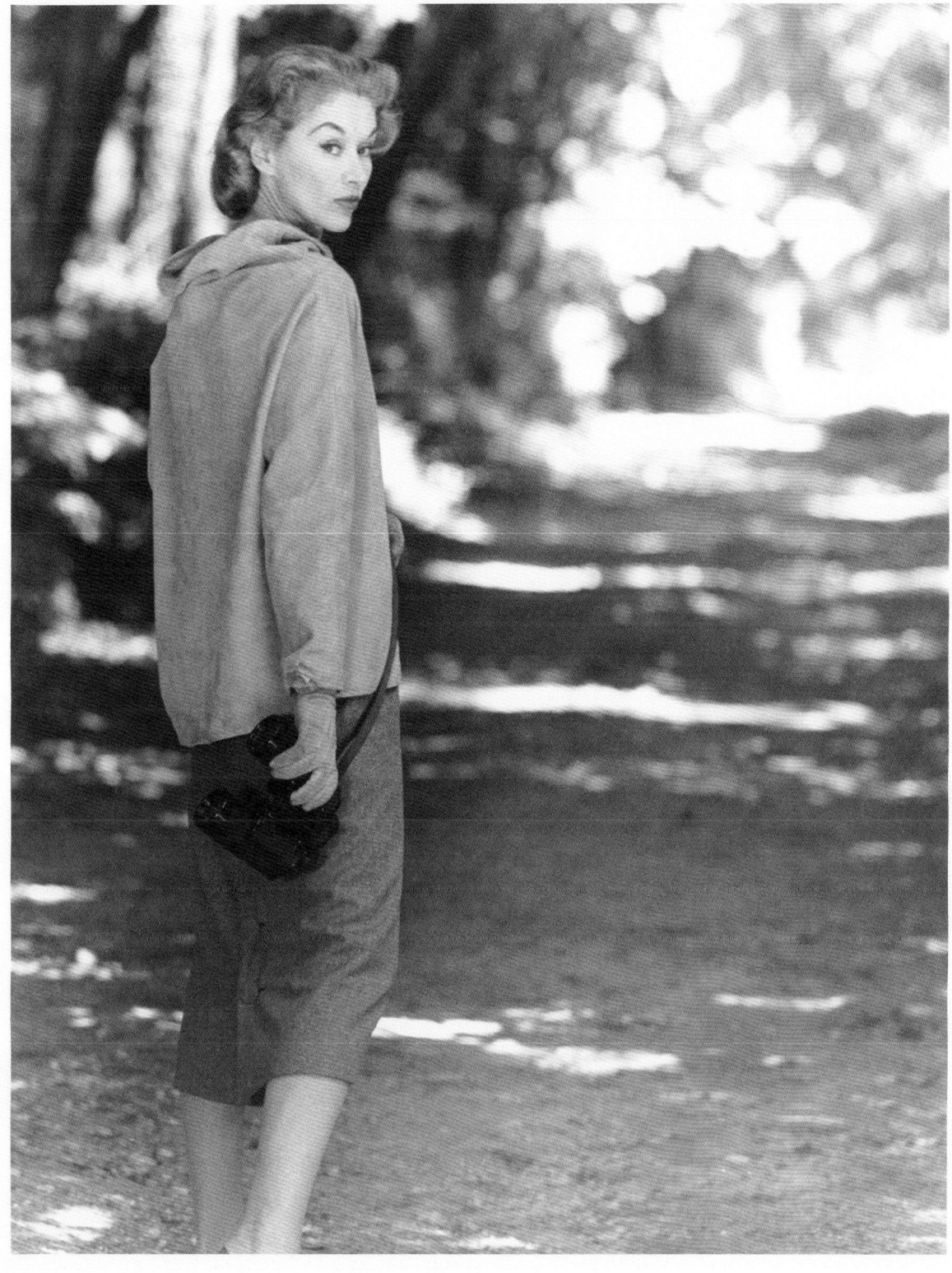

Frances McLaughlin-Gill
Combinaison par Lisa Fonssagrives-Penn
Huntington, Long Island, 1956-1957
35,5 × 35,2 cm

Jumpsuit by Lisa Fonssagrives-Penn
Huntington, Long Island, 1956–1957

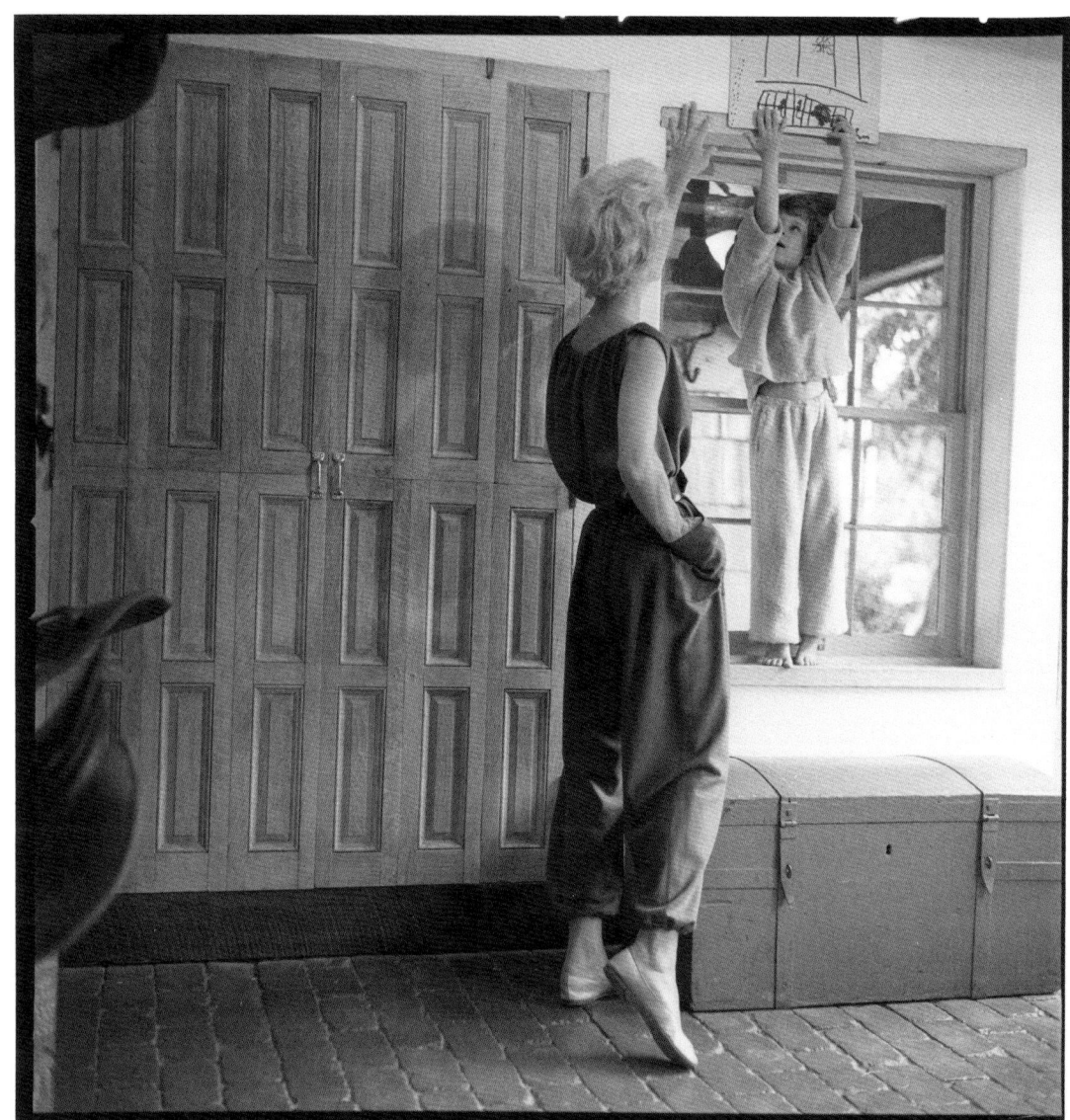

175 **Frances McLaughlin-Gill**
Ensemble en flanelle grise par Lisa
Fonssagrives-Penn, Huntington,
Long Island, 1958
35,3 × 35,4 cm

Grey flannel suit by Lisa Fonssagrives-Penn,
Huntington, Long Island, 1958

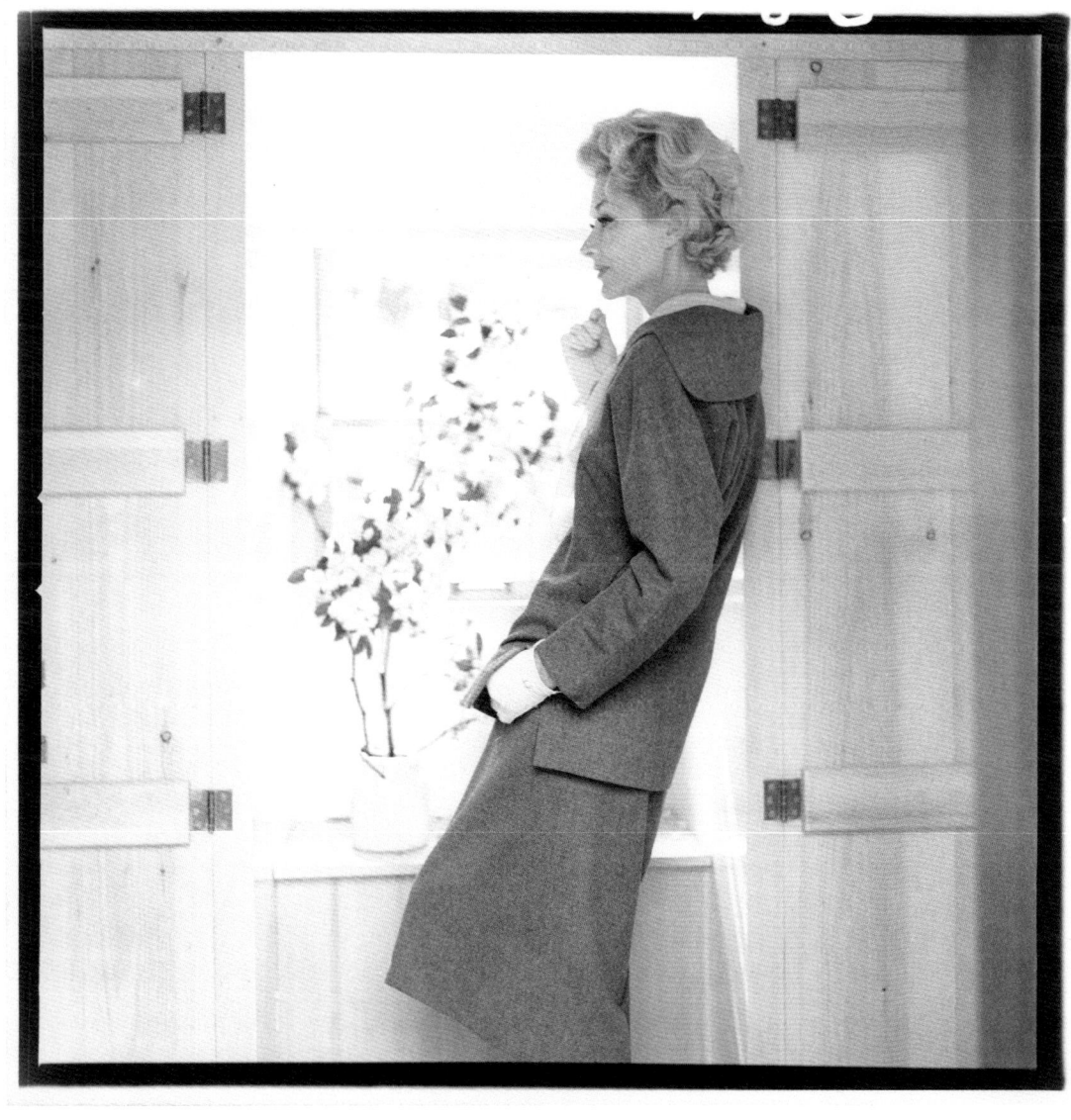

Frances McLaughlin-Gill
Robe en taffetas par Lisa Fonssagrives-Penn
Long Island, 1956
Prêt de l'Archive Tom Penn
25,3 × 20,4 cm

Taffeta dress by Lisa Fonssagrives-Penn
Long Island, 1956
Loan from the Tom Penn Archive

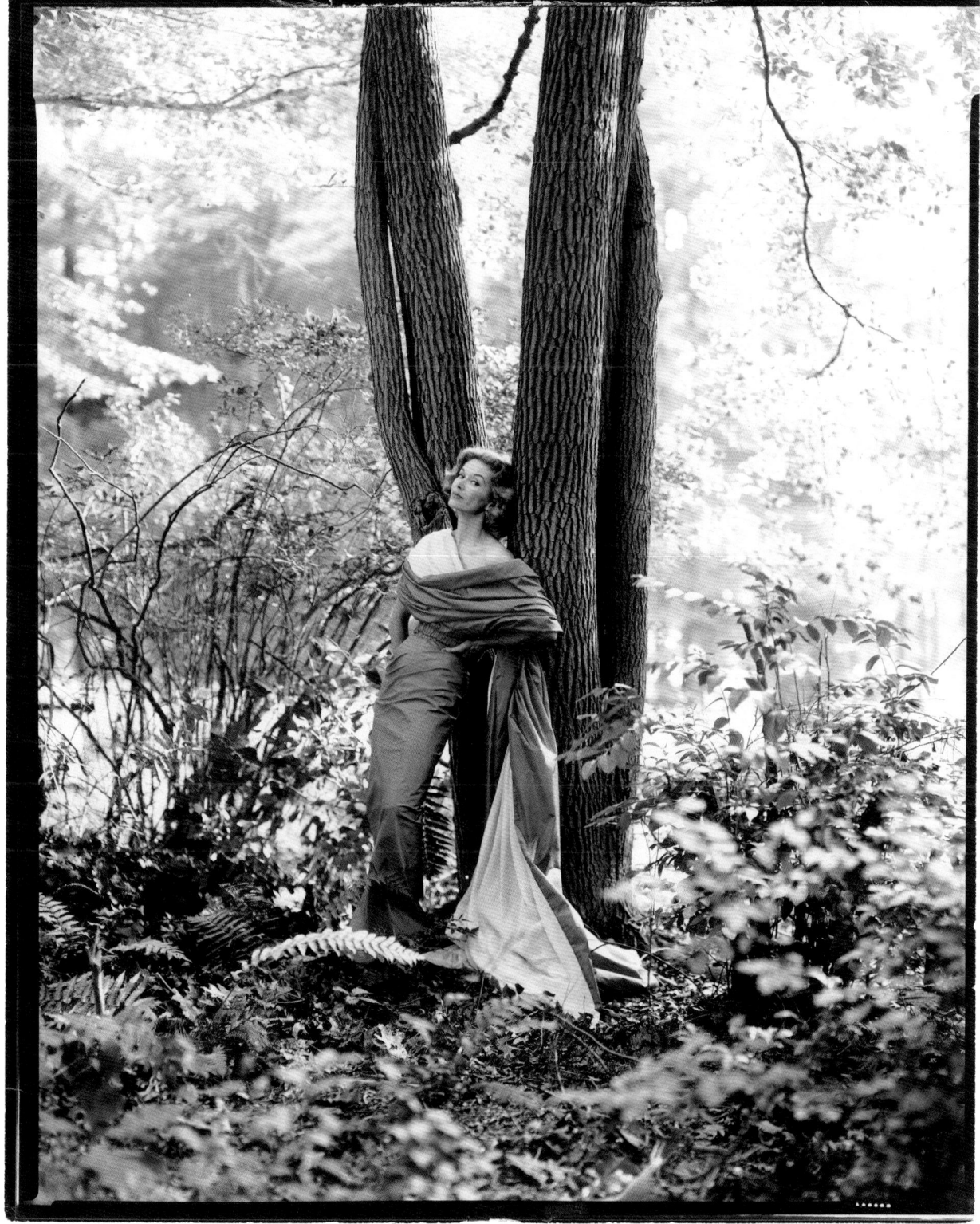

James Abbe Jr.
Design par Lisa Fonssagrives-Penn pour
les magasins Lord & Taylor, Huntington,
Long Island, avril 1959
25,2 × 25,4 cm

Design by Lisa Fonssagrives-Penn for Lord &
Taylor, Huntington, Long Island, April 1959

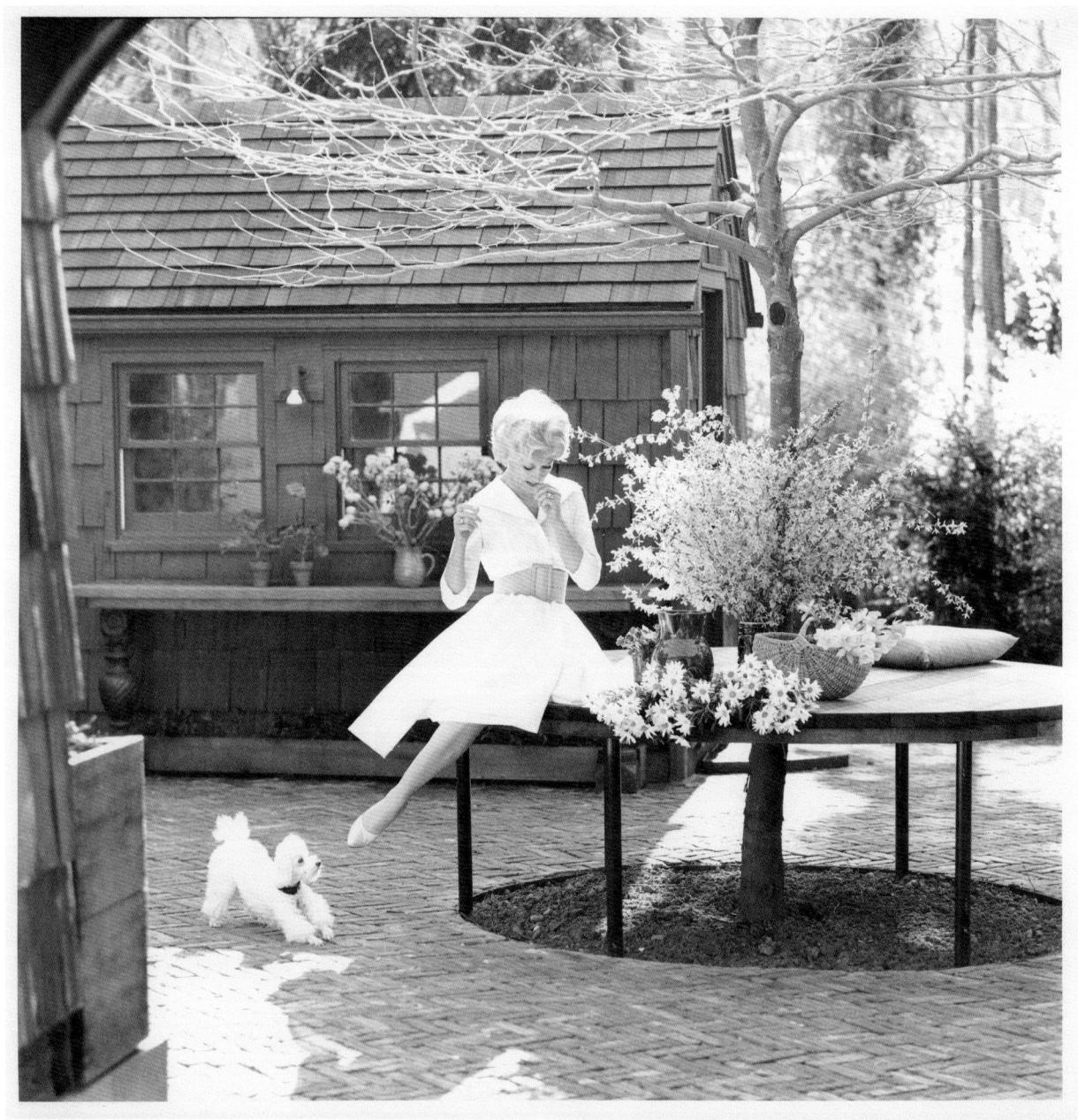

Frances McLaughlin-Gill
Tenue de cocktail en velours vert foncé
par Lisa Fonssagrives-Penn pour les magasins
Lord & Taylor, Long Island, 1958
33,5 × 33,2 cm

Dark green velvet cocktail suit by
Lisa Fonssagrives-Penn for Lord & Taylor,
Long Island, 1958

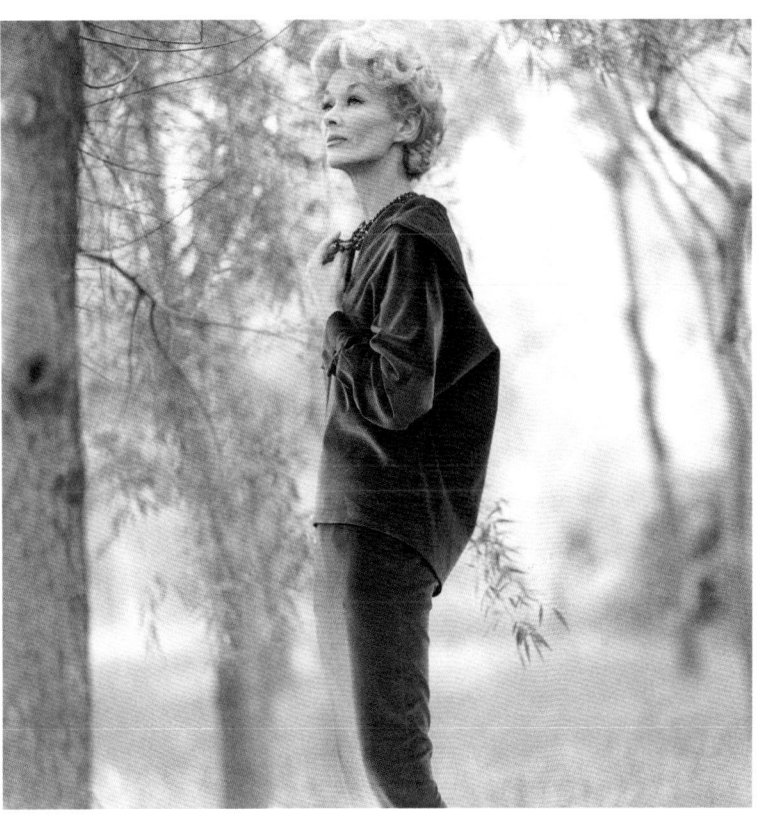

Frances McLaughlin-Gill
Lisa Fonssagrives-Penn portant
ses créations, Long Island, 1956
33,5 × 33,5 cm

Lisa Fonssagrives-Penn modelling
her own design, Long Island, 1956

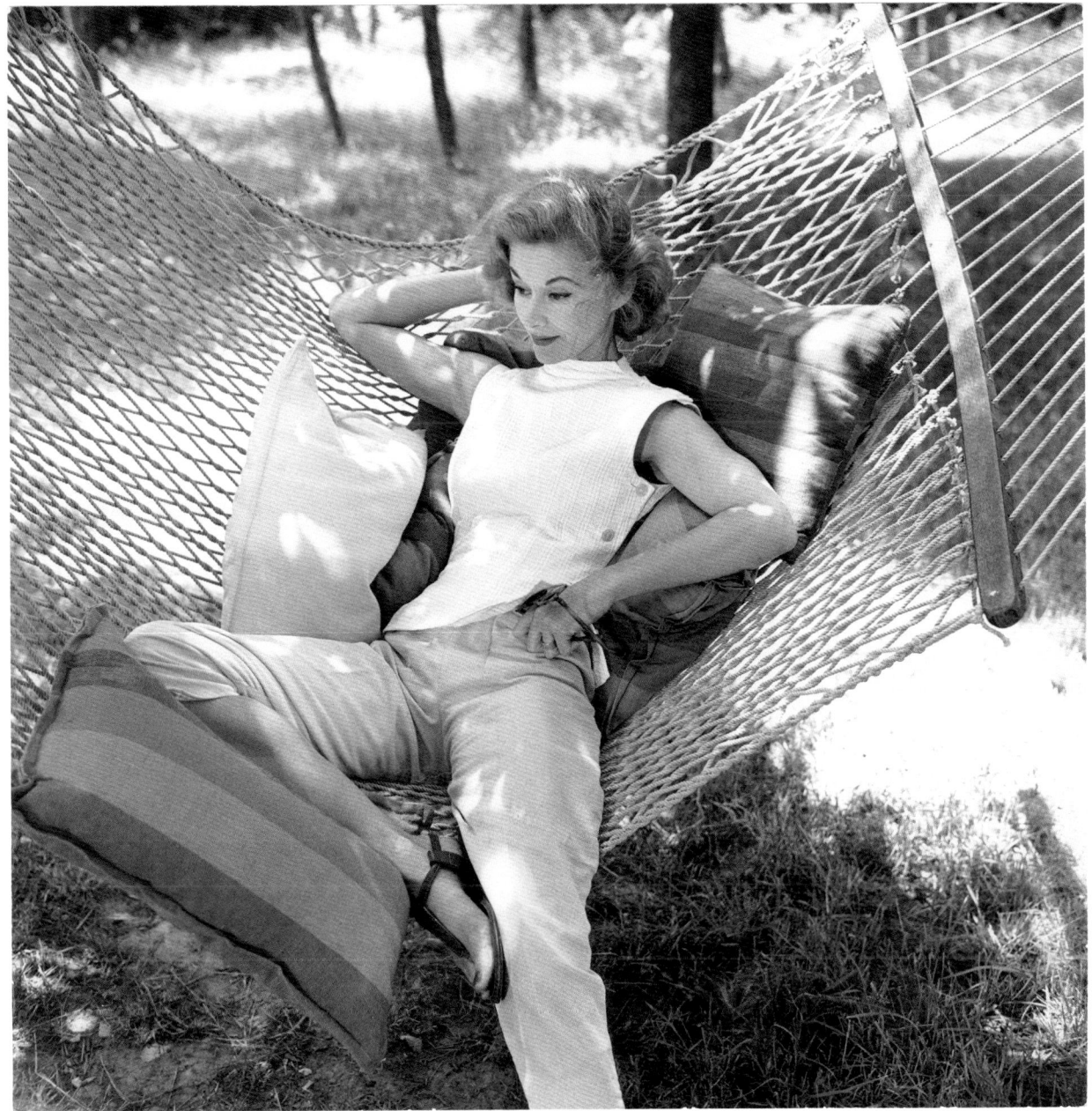

Frances McLaughlin-Gill
Planche contact de la série «Little Furs»
pour *Vogue* US, 15 octobre 1951
25,4 × 20,7 cm

Contact sheet of the "Little Furs"
series for *Vogue* US, 15 October 1951

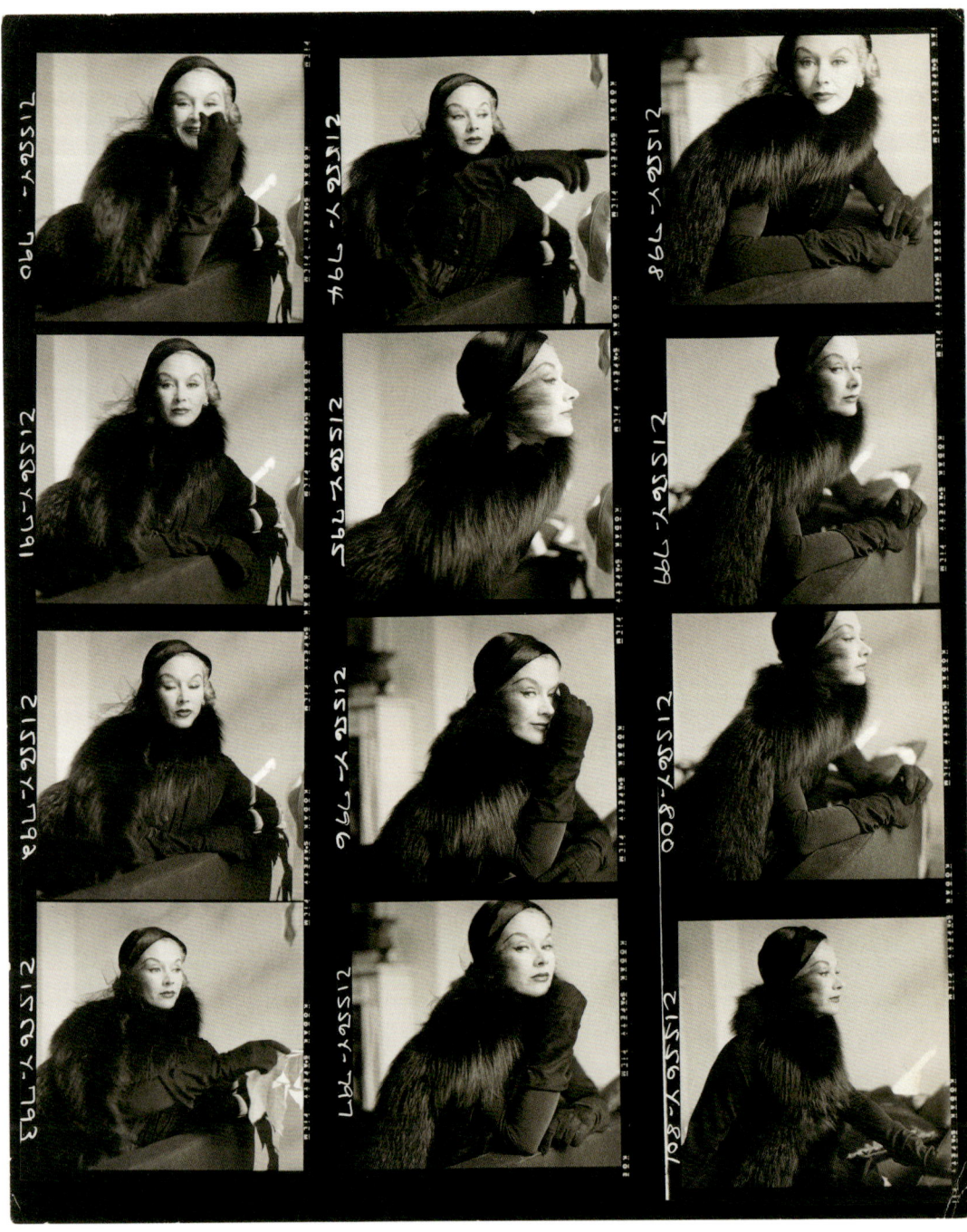

Frances McLaughlin-Gill
Huntington, Long Island, 1951
25,4 × 20,6 cm

Huntington, Long Island, 1951

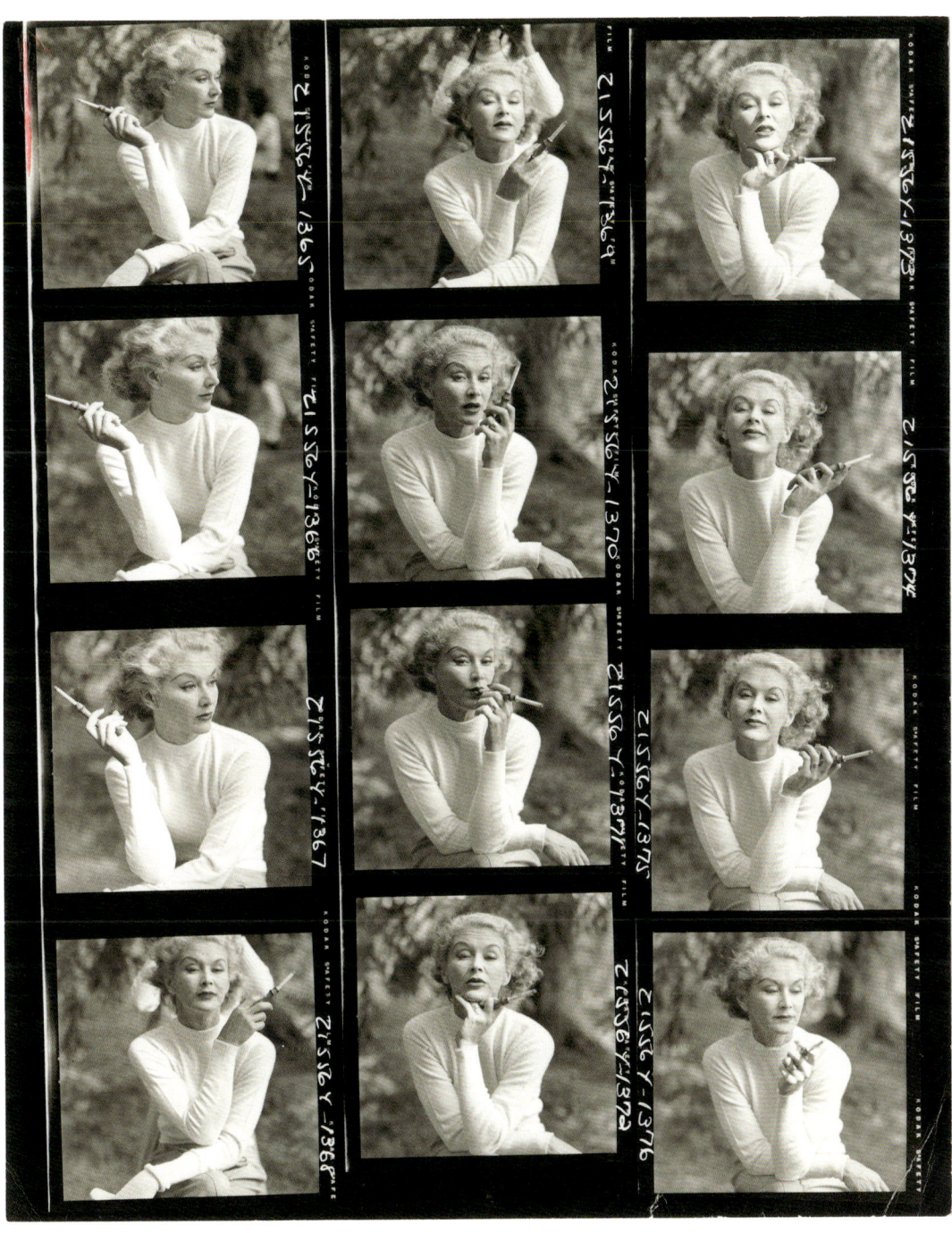

185

Kathryn Abbe
Dans son atelier de couturière avec
son assistante Brigitte Pleterski
Huntington, Long Island, 1958
32,2 × 26,7 cm

In her dressmaking atelier with
her assistant Brigitte Pleterski
Huntington, Long Island, 1958

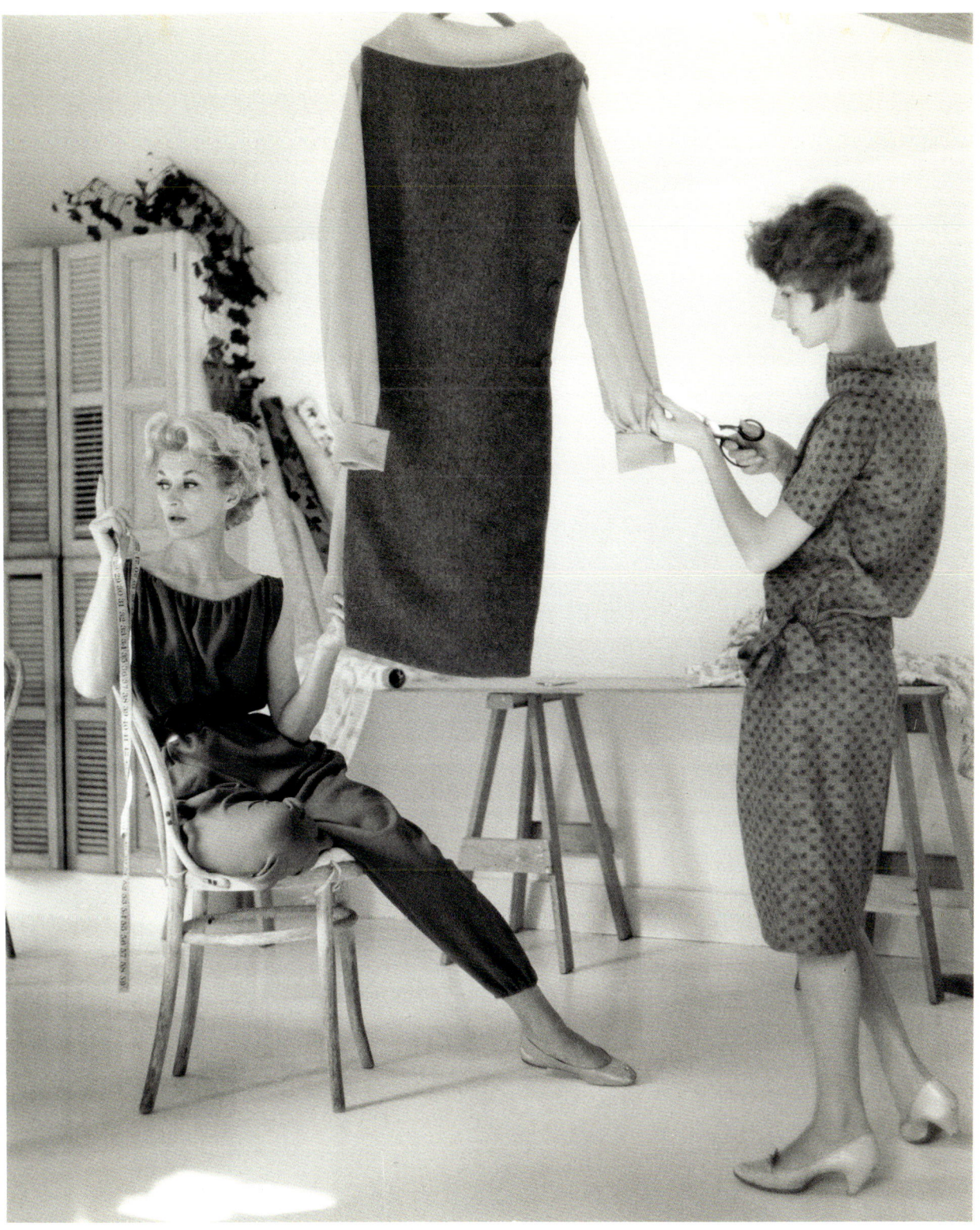

Kathryn Abbe
Robe et large ceinture par Lisa
Fonssagrives-Penn, 1960
25,5 × 20,5 cm

Dress and wide belt by Lisa
Fonssagrives-Penn, 1960

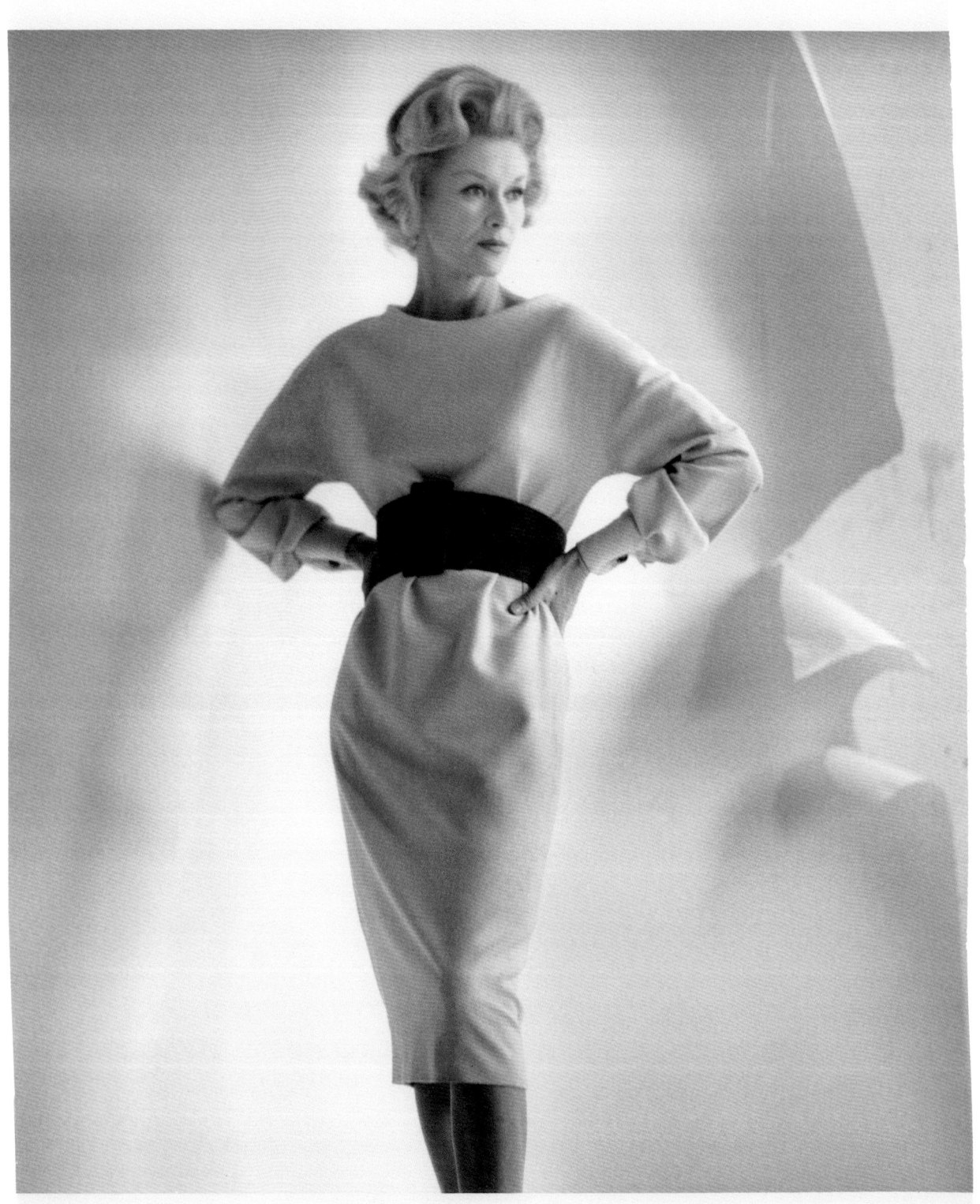

Frances McLaughlin-Gill
Long Island, 1958
Prêt de l'Archive Tom Penn
25,2 × 20,4 cm

Long Island, 1958
Loan from the Tom Penn Archive

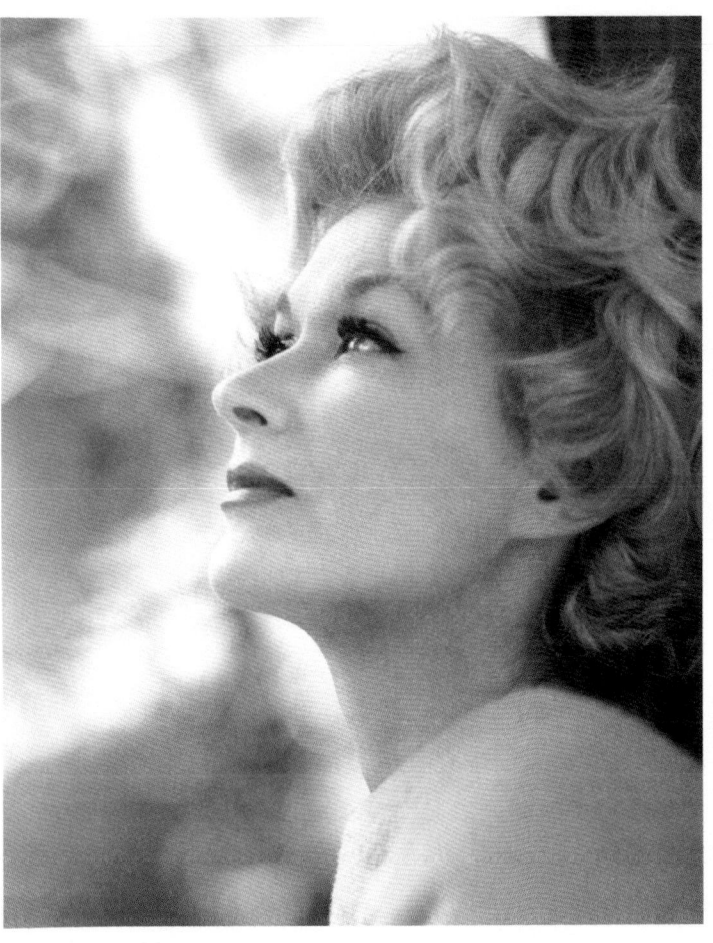

189 **Lillian Bassman**

Touche de rosée, Lisa Fonssagrives-Penn,
New York
Harper's Bazaar, mai 1961
Collection MEP, Paris, don de Lizzie Himmel
27,8 × 35,5 cm

Touch of Dew, Lisa Fonssagrives-Penn,
New York
Harper's Bazaar, May 1961
Collection MEP, Paris, gift of Lizzie Himmel

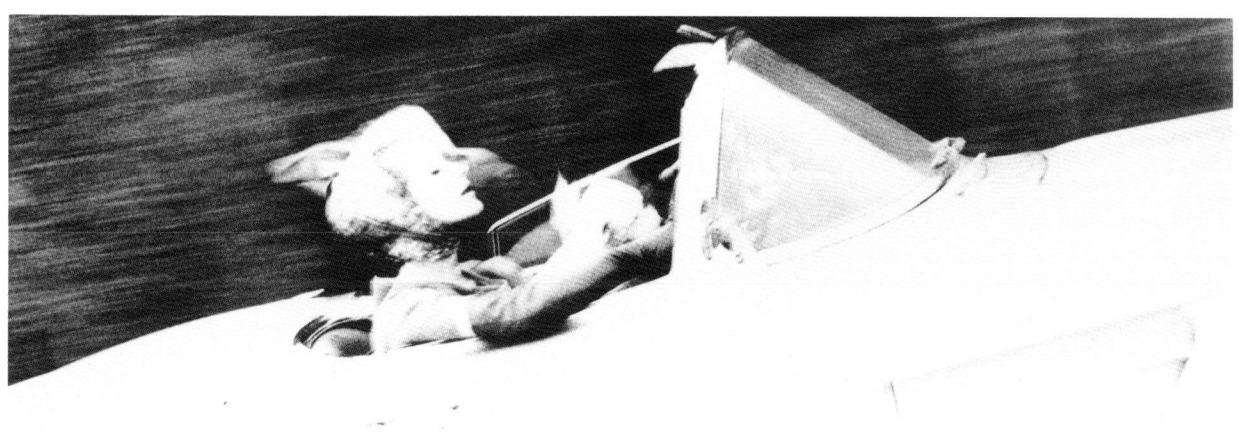

Il est difficile d'imaginer l'histoire de la photographie de mode sans évoquer Lisa Fonssagrives-Penn. L'image de Blumenfeld de la femme suspendue dangereusement à la tour Eiffel; la sirène dans la robe Rochas par Penn; le lévrier blond suédois, svelte et élancé, aux pommettes si hautes et au nez aquilin, les épaules arrondies, le bassin rentré, les pieds posés à la perpendiculaire avec une cheville bien tournée... le modèle de la femme chic des années cinquante, porté par un dynamisme élégant que l'on ne peut regarder aujourd'hui qu'avec nostalgie. Fini le temps de la robe bien taillée, d'une journée entière consacrée à une seule photo, de la femme qui sait mieux se maquiller elle-même que quiconque («un maquilleur ne m'a jamais touché le visage»). Fini le temps des rédactrices de mode excentriques qui emploient des termes comme «ravissant» et «divin», et qui expliquent en détail toutes les merveilles de la petite robe noire. Finie la notion de la cheville bien tournée. Lisa Fonssagrives-Penn ne s'attarde pas sur son travail du passé – elle se montre même réticente à parler de l'approche très différente de la photographie de mode pendant cet âge d'or – et ne s'aventure pas à le comparer au travail d'aujourd'hui qu'elle qualifie simplement de «différent». Elle croit en l'avenir. C'est une femme progressiste dont la formation est solidement ancrée dans le domaine des arts. Cela explique sans doute l'intelligence de ses mouvements.

On est tenté d'employer des superlatifs pour la décrire. Une carrière de mannequin de plus de vingt ans a souri à Lisa Fonssagrives-Penn. Elle est sans âge. Les mêmes yeux de chat pétillent aujourd'hui lorsque l'on évoque son travail de sculptrice. Il est inconcevable d'imaginer que des bronzes aussi gigantesques puissent provenir d'une créature aussi délicate. Dans le texte qui suit, nous avons parlé du travail qu'elle a mené à une époque où les artistes utilisaient la mode et la photographie pour créer des images intemporelles, comme un peintre utilise une toile et de la peinture pour faire un tableau.

David Seidner
Comment êtes-vous arrivée à Paris depuis Stockholm?

Lisa Fonssagrives-Penn
À l'origine, je suis allée à Berlin pour étudier la danse auprès de Mary Wigman. Elle dirigeait une école d'art généraliste où l'on étudiait non seulement la danse, mais aussi les arts plastiques, l'histoire de l'art, et tout ce qui touche à l'art en général. Mes parents accordaient une grande d'importance à l'art. Enfant, j'ai d'ailleurs passé mes vacances à parcourir l'Europe en voiture avec eux pour visiter des musées. Mon père peignait et nous encourageait beaucoup, mes sœurs et moi. Ma mère était aussi très créative.

Elle confectionnait tous nos vêtements et créait une telle atmosphère de magie et de beauté que, tout au long de cette enfance enchantée, je me suis demandé comment j'allais pouvoir trouver une vie meilleure que celle-là et faire quelque chose de ma vie. Enfant, je peignais, je sculptais, et je dansais. Lorsque j'ai entendu parler de l'école de Mary Wigman, cela m'a semblé une situation tellement idéale que je lui ai écrit, elle m'a alors répondu et demandé de venir. Mes parents m'y ont donc envoyée. Par la suite, je suis retournée à Stockholm où j'ai ouvert une école de danse.

À l'époque, il y avait une chorégraphe très connue en Suède, Astrid Malmborg. Elle m'a invitée à participer à un concours international à Paris. Nous nous y sommes rendues et nous avons remporté une sorte de mention honorable. Je suis immédiatement tombée amoureuse de la ville et j'ai décidé d'y rester pour étudier d'autres formes de danse que la danse moderne. Je me suis donc inscrite à des cours de ballet auprès de Princesse Egorova…, une enseignante d'origine russe formidable. Mia Slavenska était aussi dans la classe; elle dansait divinement ! Quelle inspiration ! C'est à cette époque que j'ai rencontré mon premier mari, Fernand Fonssagrives, qui était également danseur, et nous nous rendions ensemble chez les gens pour donner des cours particuliers. Un jour dans l'ascenseur (nous habitions au dixième étage), alors que nous rentrions chez nous après une très longue journée, un homme m'a dit qu'il était photographe et m'a demandé si je voulais bien lui servir de modèle pour des chapeaux. J'étais terriblement timide, mais flattée qu'il me demande de poser. J'étais si jeune et si naïve. Quoi qu'il en soit, j'ai fait ces photos avec cet homme nommé Willy Maywald, et mon mari les a envoyées à *Vogue*. Ils m'ont proposé un essai avec Horst, et je suis arrivée au rendez-vous terrifiée. Je n'avais jamais vu de magazine de mode, je ne savais pas ce qu'était la mode. Je confectionnais tous mes vêtements moi-même et je me souviens du costume en laine, marron foncé, que je portais. J'étais tellement effrayée avec mes cheveux longs et sauvages, complètement ingérables. Personne ne savait quoi en faire. Mais ce sont mes mains qui me préoccupaient le plus : que faire de ses propres mains lorsque l'on pose ? Et même si Horst lui-même, pourtant jeune et inexpérimenté, me faisait me sentir en confiance, je ne savais toujours pas quoi faire de moi-même.

D. S.

Comment avez-vous appris à bouger comme vous le faisiez ? Était-ce naturel ou imitiez-vous ce que vous voyiez chez d'autres femmes ?

L. F. P.

Après l'essai avec Horst, je suis allée directement au Louvre et j'ai observé comment les gens se comportaient, de manière différente selon la façon dont ils étaient habillés. Surtout lorsqu'ils étaient en tenue de soirée. Le lendemain, *Vogue* m'a demandé de faire une séance et nous avions les robes les plus exquises de Lelong & Alix. Cela devait être vers 1936 ou 1937. J'imaginais quel genre de femme porterait la robe que j'allais porter et je me mettais dans la peau de différents personnages. Je me regardais dans le miroir de la loge avant d'aller sur le plateau et j'essayais instinctivement de résoudre les problèmes du photographe. Je regardais la coupe de la robe et j'essayais plusieurs poses pour voir comment mieux la faire tomber, comment la lumière pouvait la mettre en valeur ; j'essayais en fait de créer une ligne comme lorsque l'on commence un dessin. Je me regardais comme un objet et je devenais plus réalisatrice qu'actrice. Je devenais cette fille et non Lisa Fonssagrives.

Ainsi, lorsque je voyais les planches-contacts, je me disais « cette fille se tient correctement ici, là elle a l'air maladroite… ». Le photographe a bien sûr beaucoup à voir avec la façon de se mouvoir. Huene et Horst ont créé une mise en abyme de la réalité. Ils créaient souvent des décors pour le type de femme qui porterait les vêtements qu'ils allaient photographier. Il y avait le temps pour se préparer et le temps pour travailler : le sens de la collaboration et de la camaraderie était merveilleux. C'était aussi une sorte de jeu, cet échange qui a lieu à travers l'objectif. C'est pourquoi je déteste le mot anglais « *shooting* » (« prise de vue »). Il implique quelque chose d'unilatéral et d'impersonnel. Il ne s'agissait jamais d'un « *shooting* », mais d'une séance de pose.

Je prenais ma responsabilité très au sérieux, j'ai même étudié la photographie pour comprendre les problèmes auxquels nous pouvions être confrontés. Je me tenais devant l'appareil photo sur un plateau et je concentrais mon énergie jusqu'à ce que je la sente irradier vers l'objectif et que je sente que le photographe tenait sa photo. C'était un travail très difficile ! Il n'y avait pas de lumières stroboscopiques à l'époque, mais des spots très chauds, souvent de cinq mille watts de chaque côté, et les expositions étaient longues.

Vous pouviez sentir la sueur couler sur votre visage et l'assistant venait vous apporter une serviette. Je me souviens d'une fois à New York, dans les années cinquante, où je faisais du mannequinat pour des manteaux de fourrure en été. Il n'y avait pas de studios climatisés à l'époque. Il faisait si chaud que je me suis évanouie. On m'a remise sur pied et j'ai repris le travail. Pouvez-vous imaginer ce qui se passerait aujourd'hui si un mannequin s'évanouissait sur un plateau de tournage?

D. S.

L'approche était certainement beaucoup plus sérieuse à l'époque. Pensiez-vous que vous faisiez plus qu'une simple photographie de mode? L'idée de faire de l'art était-elle toujours présente?

L. F. P.

La question ne se posait pas. Mais faire une belle photo, c'est faire de l'art, n'est-ce pas? Surtout avec Huene, on avait vraiment l'impression de créer quelque chose. Il était très attentionné, George Huene. Il réglait les lumières avant que l'on n'arrive sur le plateau en faisant appel à une doublure. On sortait donc de la loge et on entrait dans un décor très sombre et dramatique, avec une colonne, un escalier ou un autre élément d'inspiration grecque, et le silence régnait. Il parlait très peu et à voix basse, et il n'y avait qu'un seul assistant, qui se déplaçait comme un chat. À l'époque, personne n'était autorisé sur le plateau, pas même un rédacteur.

D. S.

Fernand Fonssagrives n'était-il pas photographe?

L. F. P.

Oui, il l'était. Lorsque j'ai commencé à être mannequin, il s'est blessé au dos et a dû arrêter de danser. Je lui ai donné un Rolleiflex et il a commencé à prendre des photos. Entre deux collections, il y avait des vacances à n'en plus finir et nous passions beaucoup de temps à voyager.

Fernand me photographiait constamment et vendait ses photos à des magazines dans toute l'Europe. À l'époque, il n'était pas nécessaire d'avoir une commande pour être publié. Si une photo était belle, les magazines la publiaient.

D. S.

Comment vous êtes-vous retrouvée à New York?

L. F. P.

Nous avions fait un voyage en Suède et nous étions en route pour New York lorsque la guerre a été déclarée. Nous avons alors décidé de rester en Amérique. Finalement, mon mariage s'est dissous et j'ai commencé à prendre des photos pour le *Ladies Home Journal*. Je vivais dans l'un de ces grands appartements anciens sur Central Park West et j'avais une chambre noire où je faisais tous mes développements et mes tirages. En fait, lorsque j'ai rencontré Irving (Penn), nous faisions tous les deux des expériences avec du ferricyanure pour blanchir l'image et dissoudre les contours de la forme. Finalement, après m'être remariée, ma chambre noire est devenue une chambre d'enfant, j'ai donc dû faire tirer mes images à l'extérieur. Comme les tirages arrivaient constamment en retard pour les commandes, j'ai fini par y renoncer.

D. S.

Avez-vous continué à faire du mannequinat?

L. F. P.

Oui, surtout pour *Vogue* US, au début des années cinquante. Au milieu des années cinquante, j'ai commencé à dessiner des vêtements. Au début, il ne s'agissait que d'une robe de temps en temps pour l'une des campagnes publicitaires de mon mari, puis les gens ont commencé à me commander des robes de soirée, et je me suis soudain retrouvée à concevoir une ligne de vêtements d'intérieur pour Lord & Taylor. J'ai fini par créer des vêtements de sport pour eux aussi. Cela a duré six bonnes années. Finalement, nous avons dû quitter Central Park West, car ils démolissaient l'immeuble; et comme mon atelier se trouvait dans la salle à manger et que je n'avais pas le droit d'exercer une activité professionnelle dans notre nouvel appartement, j'ai arrêté… et voulu faire autre chose. J'ai commencé à passer de plus en plus de temps dans mon atelier de sculpture dans notre maison de Long Island, où nous n'allions auparavant que les week-ends. Je me suis également inscrite à l'Art Students League pour me perfectionner au dessin. Finalement, nous nous sommes installés à Long Island pour que je puisse passer plus de temps dans mon atelier sans avoir à faire des allers-retours.

D. S.

Quand êtes-vous retournée à Paris pour la première fois après la guerre?

L. F. P.

En 1950 pour faire les collections avec mon mari. Nous avions le plus beau studio en lumière naturelle, rue de Vaugirard. Ensuite, nous sommes retournés à Paris presque tous les ans.

D. S.

N'étiez-vous pas pétrifiée lorsque vous vous êtes suspendue à la tour Eiffel pour Blumenfeld?

L. F. P.

Non, j'étais trop jeune et trop forte. J'étais danseuse, skieuse, et très athlétique. Mais j'ai eu peur lors d'une autre séance où j'ai dû sauter en parachute d'une très haute tour d'exposition.

D. S.

Quel paradoxe! Vous présentiez au monde une image de vous si sophistiquée, presque décadente, et vous aviez en réalité une très bonne hygiène de vie.

L. F. P.

Je sais. Lorsque je rentrais chez moi après des vacances, reposée, *Vogue* me disait: «Nous ne pouvons pas vous utiliser avant au moins dix jours, vous avez bien trop bonne mine.»

D. S.

Avez-vous aussi travaillé avec Blumenfeld à New York?

L. F. P.

Oui, dans les années cinquante. Il était merveilleux. On se sentait si belle avec lui. Il avait l'habitude de tenir mon visage entre ses mains, avec tant de douceur, comme une fleur fragile qu'il voulait poser dans la bonne lumière. Il vivait et travaillait dans les studios Gainsborough, au 222 Central Park South, où j'avais vécu à mon arrivée à New York. À l'époque, il était facile de trouver des appartements de ce type, et croyez-moi, on n'avait jamais de problème pour se garer. En fait, on pouvait garer sa voiture devant la porte et la laisser toute la nuit.

Cette interview, *Lisa Fonssagrives-Penn by David Seidner*, a été commandée et publiée pour la première fois dans *BOMB* n° 12, au printemps 1985. © Bomb Magazine, New Art Publications et ses collaborateurs. Tous droits réservés. Les archives en ligne de *BOMB* peuvent être consultées à l'adresse suivante : www.bombmagazine.org.

It is difficult to imagine the history of fashion photography without thinking of Lisa Fonssagrives-Penn. The image of the woman perilously hanging off the Eiffel Tower by Blumenfeld, the mermaid in the Rochas dress by Penn, the sleek, svelte, Swedish blonde greyhound with painfully high cheekbones and aquiline nose, shoulders rounded, pelvis tucked in, the feet posed perpendicular with a well-turned ankle... the role model of the chic Fifties woman, propelled by an elegant dynamism that we can only look at today with longing. Gone are the days of a finely crafted gown, of an entire day to do one photograph, of the woman who can best do her own makeup ("a makeup artist has never touched my face"). Gone too are the days of eccentric fashion editors who use words like 'dreamy' and 'divine' and expound on the wonders of the little black dress. Gone the notion of the well-turned ankle.

Lisa Fonssagrives-Penn does not dwell on her work in the past, is even reluctant to speak of it. The very different approach to fashion photography during those golden years she does not venture to judge as being better or worse than the work of today, but simply calls it different. She believes in the future. She is a progressive woman whose background lies solidly rooted in the arts. It explains the intelligence of her movement.

One is tempted to talk in superlatives. A career as a model that lasted over twenty years has been kind to Lisa Fonssagrives-Penn. She is ageless. The same cat eyes sparkle now when talking of her work as a sculptress. To think of such enormous bronzes coming from such an elfin-like creature is inconceivable.

In the ensuing text, we talk about her work during an era when artists used fashion and photography to create timeless images, as a painter uses canvas and paint to make a painting.

David Seidner
How did you initially get from Stockholm to Paris?

Lisa Fonssagrives-Penn
Originally, I went to Berlin to study dance with Mary Wigman. She had a sort of comprehensive art school where we not only studied dance but studio art, art history and everything pertaining to art in general. My parents were very supportive of the arts, in fact my childhood vacations were spent driving through Europe with them, visiting museums. My father painted and encouraged us a great deal, me and my sisters. My mother too was very creative.

She made all our clothes and created such an atmosphere of magic and beauty that all throughout this enchanted childhood I wondered how I could possibly do anything better than what I was living and make something of myself. I painted and sculpted and danced as a child, so when I heard about Mary Wigman's school, it sounded so ideal that I wrote to her and she wrote back asking me to come. So my parents sent me. Then I returned to Stockholm and opened up a school of dance.

There was a very well-known choreographer in Sweden at that time called Astrid Malmborg. She invited me to participate in an international competition in Paris and we went and won some kind of honorary mention. I immediately fell in love with the city and decided to stay and study other forms of dance besides modern, so I enrolled in ballet classes with a Russian woman called Princess Egorova..., a fantastic teacher. Mia Slavenska was in the class too; she danced so beautifully! What an inspiration! About that time, I met my first husband, Fernand Fonssagrives, who was also a dancer, and we went together to people's homes to give private lessons. One day we were coming home after a very long day, and in the elevator (we lived on the tenth floor), a man told me that he was a photographer and asked if I would like to model hats for him. I was terribly shy but flattered that he would want me to pose.

I was so young and naive. Anyway, I did these pictures with this man called Willy Maywald, and my husband took them up to *Vogue*. They asked me to do a test with Horst and I arrived terrified. I had never seen a fashion magazine; I didn't know what fashion was. I made all my own clothes and I remember the suit I was wearing, dark brown wool, and I arrived so frightened with my hair long and wild and completely unmanageable. No one knew what to do with my hair. But it was my hands that troubled me most; what to do with one's own hands while posing. And even though Horst himself was so young and inexperienced, and made me feel so confident, I still had no idea of what to do with myself.

D. S.

How did you learn to move the way you did? Was it natural or were you imitating things you saw in other women?

L. F. P.

After that test with Horst I went straight to the Louvre and studied how differently dressed people did different things. Especially in evening clothes. The next day, *Vogue* asked me to do a sitting and we had the most exquisite gowns by Alix and Lelong. It must have been about 1936, or '37. I would imagine what kind of woman would wear the gown I was wearing and assume different characters. I would look at myself in the dressing-room mirror before going on the set and instinctively try to solve the photographer's problems. I would look at the cut of the dress and try different poses to see how it fell best, how the light would enhance it, and basically try to create a line the way one starts a drawing. I would objectify myself and become more of a director than an actress. I became this girl and not Lisa Fonssagrives.

So that when I saw the contacts I would think "There, that girl stands correctly, there she looks awkward..." The photographer of course would have a lot to do with how one moved. Huene and Horst created a kind of reality within a reality. Often, they constructed sets for the type of woman who would wear the clothes to be photographed. There was time to prepare and time to work, and the sense of collaboration and camaraderie was marvellous. It was also a kind of game, that exchange that takes place through the lens. That is why I hate the word "shooting". It implies something so one-sided and impersonal. It was never a "shooting" but a sitting or a seance.

I was terribly serious about being responsible and even studied photography to learn what the problems might be. I would stand before the camera on a set and concentrate my energy until I could sense it radiate into the lens and feel the photographer had the picture. It was very hard work! There were no strobe lights in those days, but very hot spots, often five thousand watts on either side of you and the exposures were long.

You could feel the sweat trickling down your face and the assistant would come over and hand you a towel. In fact, I remember one time in New York in the Fifties when I was modelling fur coats in the summer. And there were no air-conditioned studios then. It was so hot that I just fainted, and they propped me right back up and I went straight back to work. Can you imagine what would happen today if a model fainted on a set?

D. S.

The approach was certainly much more serious then. Did you think of yourselves as making more than just a fashion photograph? Was the idea of making art ever present?

L. F. P.

It was never an issue. But making a beautiful picture is making art, isn't it? Especially with Huene, one really had the impression of creating something. He was very considerate, George Huene. He would set the lights up before one arrived on the set, using a stand-in. So one was led from the dressing room onto a very dark, dramatic set with a column or stairway or some other Greek-inspired element, and there was silence. It was like some mystical ritual. He spoke very little and in a very low voice and there was only one assistant, who moved like a cat. No one was allowed on the set in those days, not even an editor.

D. S.
Wasn't Fernand Fonssagrives a photographer?

L. F. P.
Yes, he was. Just when I began modelling, he had a back accident and had to stop dancing. I gave him a Rolleiflex and he started to take pictures. Between the collections, there were endless vacations and we spent a lot of time travelling.
Fernand photographed me constantly and sold the photographs to magazines all over Europe. In those days, a picture did not have to be assigned to be published. If it was beautiful the magazines would run it.

D. S.
How did you end up in New York?

L. F. P.
We had taken a trip to Sweden and were on our way to New York when war was declared so we decided to stay in America. Eventually my marriage dissolved and I began taking photographs for *Ladies' Home Journal*. I lived in one of those big old apartments on Central Park West and had a darkroom where I did all my developing and printing. In fact, when I met Irving (Penn), we were both doing experiments with ferrous cyanide to whiten the image and dissolve the outline of form. Eventually, after I remarried, my darkroom became a nursery, and all of my prints had to be ordered. They were constantly late for the assignments, so I finally gave it up.

D. S.
And you continued modelling?

L. F. P.
Yes, mostly for American *Vogue*. This was in the early Fifties. By the mid-Fifties, I began designing clothes. At first it was just an occasional dress for one of my husband's advertising campaigns, but then people began to special order evening gowns, and suddenly I found myself designing a line of at-home clothes for Lord & Taylor. Eventually I did sportswear for them too. This lasted a good six years. Eventually we had to move from Central Park West because they were tearing down the building, and since the dining-room was my atelier, and I wasn't allowed to have a business in our new apartment, I just stopped…wanted to do something else. I began spending more and more time in my sculpture studio in our house in Long Island, where previously we had only spent weekends. I also enrolled in the Art Students League to hone my drawing skills. Finally, we moved completely to Long Island, so I could spend more time in the studio without having to commute.

D. S.
When did you first return to Paris after the war?

L. F. P.
In 1950 to do the collections with my husband. We had the most beautiful daylight studio on the Rue de Vaugirard. We've been back to Paris almost every year since.

D. S.
Weren't you petrified when you hung off the Eiffel Tower for Blumenfeld?

L. F. P.
No, I was too young and too strong. I was a dancer and a skier and very athletic. But I was frightened on another sitting when I had to parachute from a very high exhibition tower.

D. S.

What a contradiction in terms. You presented to the world such a sophisticated, almost decadent image of yourself, and you are in reality very wholesome.

L. F. P.

I know. Whenever I would come home after a vacation, rested, *Vogue* used to say to me: "We can't use you for at least ten days, you're much too healthy looking".

D. S.

And did you work with Blumenfeld in New York too?

L. F. P.

Yes, in the Fifties. He was marvellous. He made you feel so beautiful. He used to hold my face in his hands like some fragile flower, so gentle, to pose it in the right light. He lived and worked at the Gainsborough Studios at 222 Central Park South, where I had lived when I first arrived in New York. It was easy in those days to find apartments like that, and would you believe there was never any problem finding parking. In fact, you could pull your car right up in front of your door and leave it overnight.

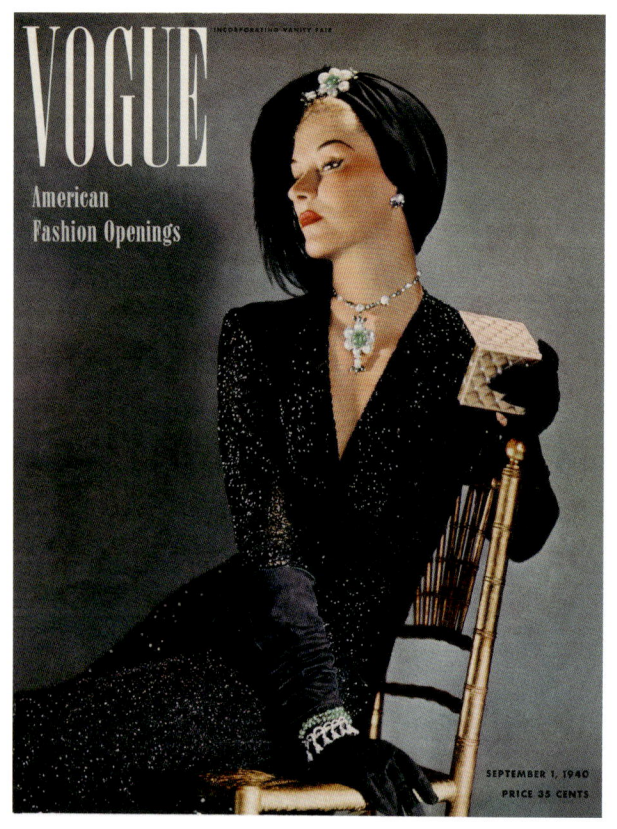

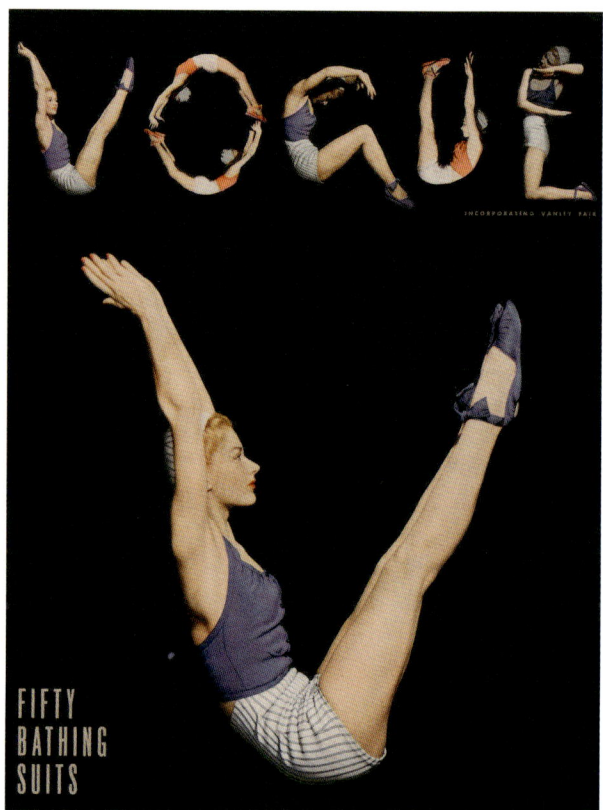

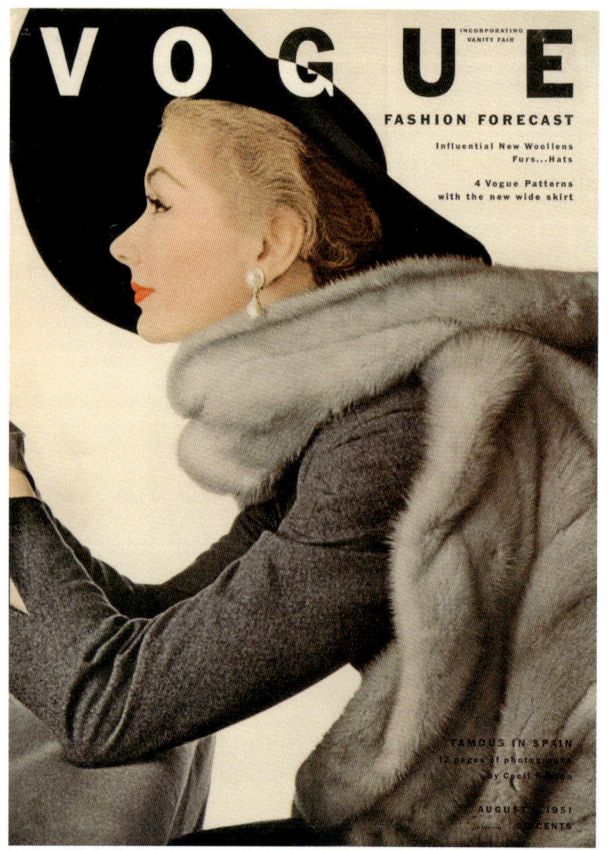

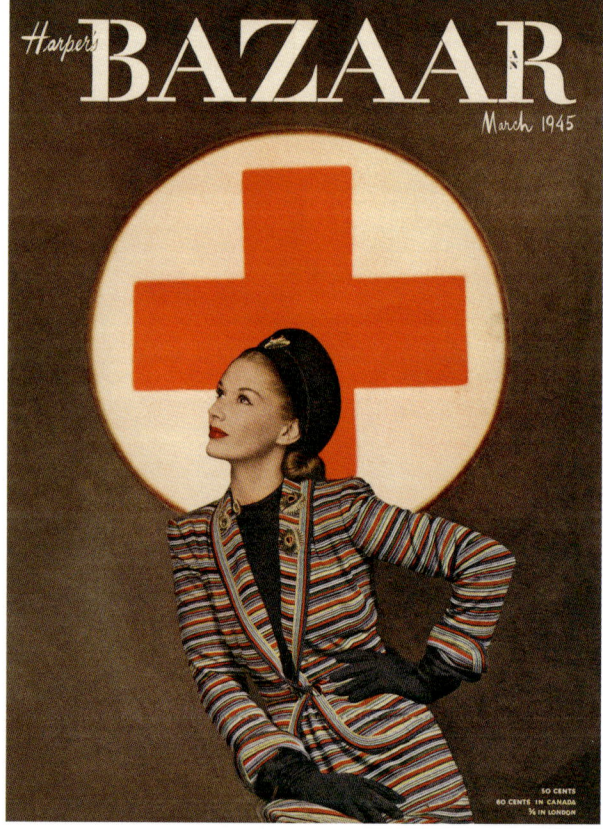

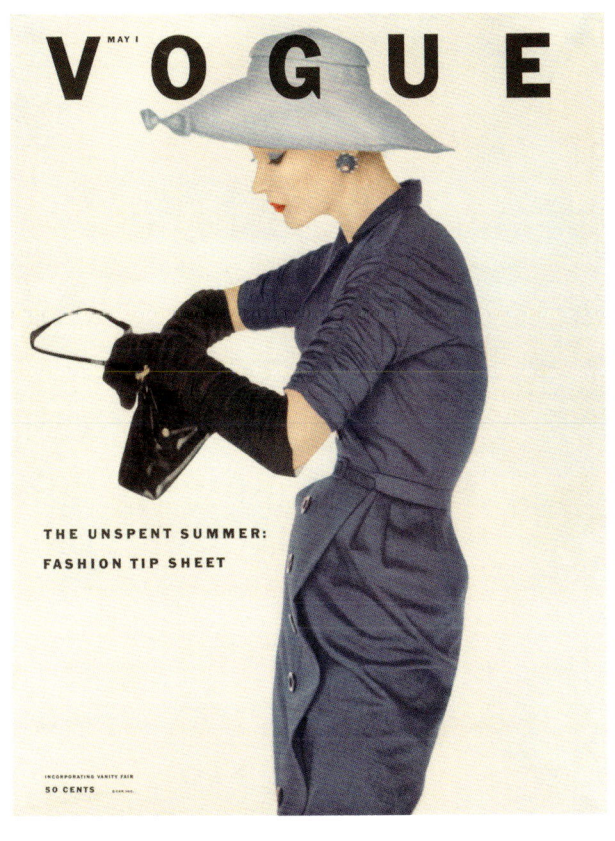

VOGUE

MAY 1

THE UNSPENT SUMMER:
FASHION TIP SHEET

INCORPORATING VANITY FAIR
50 CENTS

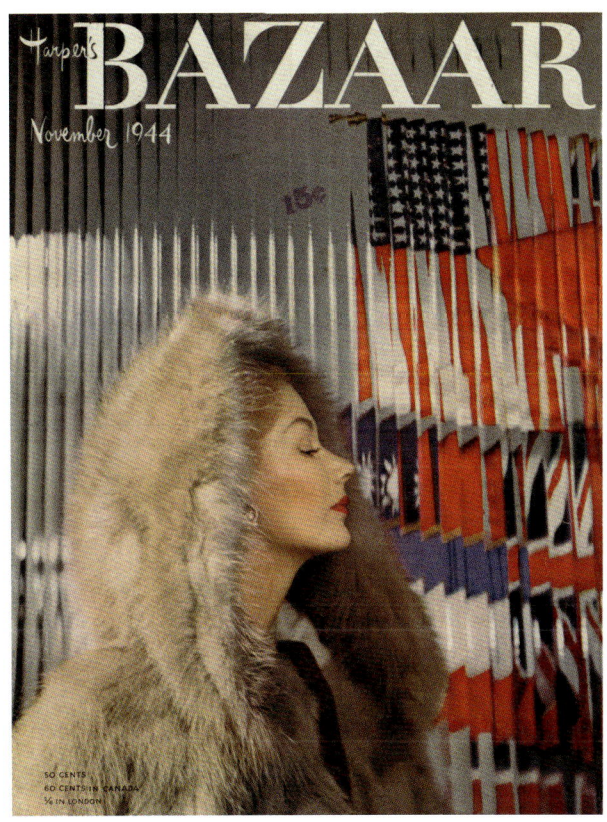

Harper's BAZAAR

November 1944

50 CENTS
60 CENTS IN CANADA
5/- IN LONDON

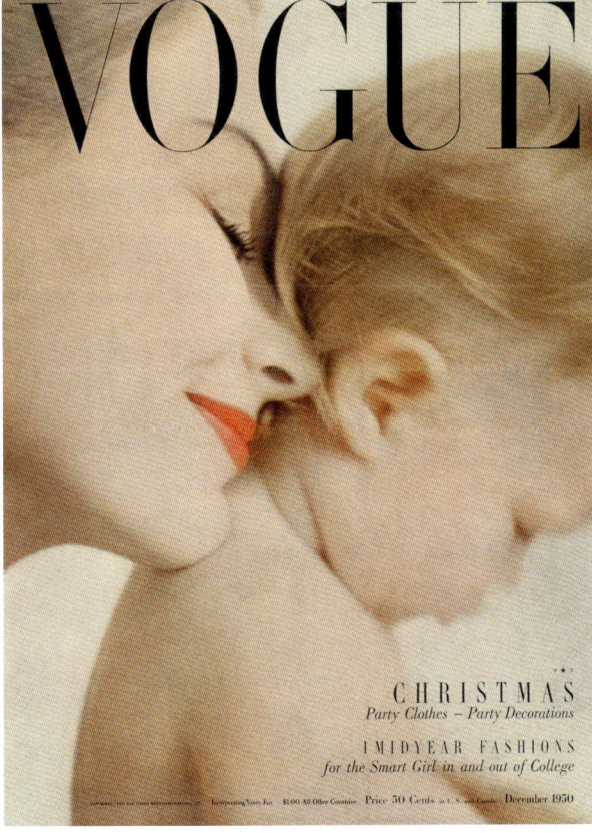

VOGUE

CHRISTMAS
Party Clothes – Party Decorations

MIDYEAR FASHIONS
for the Smart Girl in and out of College

Incorporating Vanity Fair $1.00 All Other Countries   Price 50 Cents in U.S. and Canada   December 1950

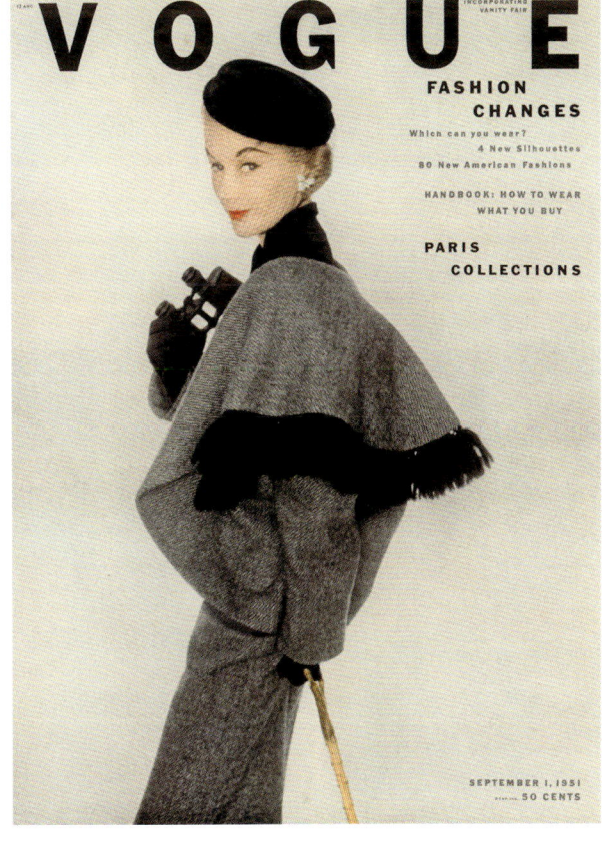

VOGUE

INCORPORATING
VANITY FAIR

FASHION
CHANGES

Which can you wear?
4 New Silhouettes
80 New American Fashions

HANDBOOK: HOW TO WEAR
WHAT YOU BUY

PARIS
COLLECTIONS

SEPTEMBER 1, 1951
50 CENTS

	REPÈRES BIOGRAPHIQUES	BIOGRAPHICAL HIGHLIGHTS
1911	Naissance de Lisa Birgitta Bernstone le 17 mai à Göteborg, en Suède.	Lisa Birgitta Bernstone is born on 17 May in Gothenburg, Sweden.
1911-1930	Enfance à Uddevalla, une ville de la côte ouest. S'adonne à la peinture, la sculpture et la danse. Visite de musées en Europe avec ses parents.	Childhood in Uddevalla, a town on the west coast. Takes up painting, sculpture, and dance. Visits museums in Europe with her parents.
1930	Étudie l'art, le design et la danse à Stockholm.	Studies art, design, and dance in Stockholm.
1931	Étudie l'art et la chorégraphie à Berlin avec Mary Wigman, pionnière de la danse expressionniste, puis de retour à Stockholm ouvre sa propre école de danse avec Astrid Malmborg.	Studies art and choreography in Berlin with Mary Wigman, a pioneer of expressionist dance, then, on her return to Stockholm, she opens her own dance school with Astrid Malmborg.
1933	Se rend à Paris pour participer à un concours international de danse. Elle tombe amoureuse de la ville et décide d'y rester.	Travels to Paris to take part in an international dance competition. She falls in love with the city and decides to stay.
1933-1936	Enseigne le ballet et la danse moderne à Paris et étudie l'histoire de l'art à la Sorbonne.	Teaches ballet and modern dance in Paris and studies art history at the Sorbonne.
1934	Rencontre Fernand Fonssagrives. Ils se marient à Paris l'année suivante.	Meets Fernand Fonssagrives. They marry in Paris the following year.
1934-1935	Danse professionnellement avec Fernand Fonssagrives à Paris et Bruxelles.	Dances professionally with Fernand Fonssagrives in Paris and Brussels.
1935-1939	À la suite d'un accident, Fernand Fonssagrives abandonne sa carrière de danseur. Lisa lui offre un appareil photo Rolleiflex : il devient photographe. Ils voyagent en Europe, Fernand réalise de nombreuses images de Lisa qu'il propose à des publications en France, en Suède et en Allemagne.	An accident forces Fernand Fonssagrives to give up his dancing career. Lisa gives him a Rolleiflex camera and he becomes a photographer. They travel around Europe, and Fernand takes many pictures of Lisa, which he sells to publications in France, Sweden and Germany.

1936	À Paris, dans un ascenseur, rencontre le photographe Willy Maywald, qui lui propose de poser pour lui. S'ensuivra une séance avec Horst P. Horst pour le magazine *Vogue* qui marque le début de sa carrière de mannequin professionnel.	In Paris, in a lift, she meets the photographer Willy Maywald, who asks her to pose for him. This is followed by a modelling session with Horst P. Horst for *Vogue* magazine, marking the start of her professional modelling career.
1936-1939	Elle est photographiée à Paris par Horst P. Horst, Erwin Blumenfeld, André Durst pour *Vogue*; et par Man Ray, Jean Moral, George Hoyningen-Huene et George Platt Lynes pour *Harper's Bazaar*.	She is photographed in Paris by Horst P. Horst, Erwin Blumenfeld, and André Durst for *Vogue*; and by Man Ray, Jean Moral, George Hoyningen-Huene, and George Platt Lynes for *Harper's Bazaar*.
1936-1952	Elle est dessinée par Jean Cocteau, Christian Bérard, René Bouët-Willaumez, Richard Lindner, René Bouché, et René Gruau.	She sits for Jean Cocteau, Christian Bérard, René Bouët-Willaumez, Richard Lindner, René Bouché, and René Gruau.
1939	En mai, elle est photographiée au sommet de la tour Eiffel par Erwin Blumenfeld pour le *Vogue* français. En septembre, Lisa et Fernand sont à New York quand la guerre est déclarée. Ils décident d'y rester.	In May, she is photographed at the top of the Eiffel Tower by Erwin Blumenfeld for French *Vogue*. In September, Lisa and Fernand are in New York when war is declared. They decide to stay.
1940	Fernand commence à photographier pour *Town & Country* et *Ladies Home Journal*. Lisa reprend contact avec des photographes européens exilés, dont Horst P. Horst et Erwin Blumenfeld. Elle s'engage auprès de l'agence de mannequins John Robert Powers, pour laquelle elle travaille à la fois dans le domaine éditorial et commercial.	Fernand begins photographing for *Town & Country* and *Ladies' Home Journal*. Lisa resumes contact with exiled European photographers, including Horst P. Horst and Erwin Blumenfeld. She joins the John Robert Powers modelling agency, where she works on both editorial and commercial assignments.
1940-1952	Elle sera photographiée pour *Vogue* et *Harper's Bazaar* par Kathryn Abbe, James Abbe Jr., Richard Avedon, Lillian Bassman, Erwin Blumenfeld, Louise Dahl-Wolfe, Fernand Fonssagrives, George Hoyningen-Huene,	She is photographed for *Vogue* and *Harper's Bazaar* by Kathryn Abbe, James Abbe Jr., Richard Avedon, Lillian Bassman, Erwin Blumenfeld, Louise Dahl-Wolfe, Fernand Fonssagrives, George Hoyningen-Huene,

	Toni Frissell, Frances McLaughlin-Gill, Irving Penn, George Platt Lynes, John Rawlings, etc.	Toni Frissell, Frances McLaughlin-Gill, Irving Penn, George Platt Lynes, John Rawlings, and others.
1941	Tout en continuant sa carrière de mannequin, elle débute comme photographe. Travaille pour le *Ladies Home Journal* notamment. Naissance de sa fille, Mia Fonssagrives.	While continuing her modelling career, she begins working as a photographer. In particular, she works for *Ladies' Home Journal*. Birth of her daughter, Mia Fonssagrives.
1947	Rencontre Irving Penn lors d'une séance de prise de vue pour une photo de groupe dans *Vogue* : «12 Beauties: The Most Photographed Models in America».	Meets Irving Penn during a shoot for a group photo in *Vogue*: "12 Beauties: The Most Photographed Models in America."
1949	Divorce de Fernand Fonssagrives. Lisa achète une ferme à Long Island et s'y installe avec sa fille Mia. Le 19 septembre, elle fait la couverture du magazine *TIME*.	Divorces Fernand Fonssagrives. Lisa buys a farm on Long Island and moves in with her daughter Mia. On 19 September, she appears on the cover of *TIME* magazine.
1950	En juillet, à Paris, Irving Penn photographie les collections Rochas, Balenciaga, Lafaurie, dans un studio improvisé à la lumière du jour, avec Lisa Fonssagrives comme modèle principal. Les images font l'objet de vastes portfolios dans les éditions américaine, britannique et française de *Vogue*. En septembre, Lisa Fonssagrives épouse Irving Penn à Londres.	In July, in Paris, Irving Penn photographs the Rochas, Balenciaga, and Lafaurie collections in a makeshift natural light studio, with Lisa Fonssagrives as his principal model. The images are featured in extensive portfolios in the American, British, and French editions of *Vogue*. In September, Lisa Fonssagrives marries Irving Penn in London.
1952	Naissance de leur fils, Tom Penn.	Birth of their son, Tom Penn.
1952-1962	Lisa se retire peu à peu du mannequinat et commence à dessiner des vêtements, puis reçoit des commandes pour des robes du soir. Elle crée une collection de vêtements d'intérieur pour les magasins Lord & Taylor.	Lisa gradually retires from modelling and begins designing clothes, later receiving commissions for evening gowns. She designs a collection of leisurewear for Lord & Taylor shops.

1961-1966	Étudie la peinture et la sculpture à l'Art Students League à New York. Transfère son travail dans la maison familiale à Huntington, Long Island, où elle fait de la sculpture. Elle pratique par la suite une variété de médiums et de matériaux, tels que la fibre de verre, le bronze et l'acier, et produit une série d'œuvres sur papier par le biais du procédé de l'aquatinte.	Studies painting and sculpture at the Art Students League in New York. Moves her work to the family home in Huntington, Long Island, where she makes sculpture. Subsequently works in a variety of media and materials, including fibreglass, bronze and steel, and produces a series of works on paper using the aquatint process.
1982-1985	Étudie la gravure avec Donn Steward.	Studies printmaking with Donn Steward.
1983-1986	Exposition de ses sculptures et gravures à la Marlborough Gallery.	Exhibition of her sculptures and prints at the Marlborough Gallery.
1992	S'éteint à New York le 4 février.	Dies in New York on 4 February.

206 REMERCIEMENTS ACKNOWLEDGEMENTS

Cet ouvrage est publié à l'occasion de l'exposition «Lisa Fonssagrives-Penn, icône de mode», présentée à la Maison Européenne de la Photographie à Paris du 28 février au 26 mai 2024.

This book is published to coincide with the exhibition "Lisa Fonssagrives-Penn, Fashion Icon", presented at the Maison Européenne de la Photographie in Paris from 28 February to 26 May 2024.

Directeur/Director: Simon Baker

Responsable de la programmation/Head of Programme: Clothilde Morette

Commissariat/Curators
Responsable des collections/Head of Collections: Pascal Hoël
Responsable adjointe/Deputy to Head of Collections: Frédérique Dolivet

Coordination éditoriale du catalogue pour la MEP/ Editorial coordination: Frédérique Dolivet

La MEP remercie très chaleureusement Tom Penn pour sa donation si généreuse, sa confiance depuis tant d'années et son engagement constant dans ce projet.

MEP warmly thanks Tom Penn for his generous donation, his longstanding trust and his constant commitment to this project.

Ainsi que Mia Fonssagrives Solow pour son soutien amical; Vasilios Zatse, Matthew Krejcarek et Roger Kruger, qui veillent sur la Fondation Irving Penn; Deborah Bell pour sa collaboration si précieuse; Gail Keil pour sa bienveillance; Vince Aletti et Laurence Benaïm pour leurs textes inspirés; Michael Sean Moorman pour avoir partagé ses connaissances sur Fernand Fonssagrives; Lizzie Himmel pour sa généreuse donation.
Nous remercions également John Sare, Billy Jim, Chantelle Bailey, Cora Longworth Clum, Alissa Ryan-Cross, Arnie Herrmann, Dan Kohn, Larry Cohen. Nathalie Prat-Couadau et Juliette Chambon chez Skira pour leur enthousiasme et leur engagement dans le projet dès le premier rendez-vous.

We are also grateful to Mia Fonssagrives Solow for her warm-hearted support, Vasilios Zatse, Matthew Krejcarek and Roger Kruger, who look after The Irving Penn Foundation, Deborah Bell for her invaluable collaboration, Gail Keil for her benevolence, Vince Aletti and Laurence Benaïm for their inspired texts, Michael Sean Moorman for sharing his extensive knowledge of Fernand Fonssagrives, and Lizzie Himmel for her generous donation.

Thanks are also due to John Sare, Billy Jim, Chantelle Bailey, Cora Longworth Clum, Alissa Ryan-Cross, Arnie Herrmann, Dan Kohn and Larry Cohen. And to Nathalie Prat-Couadau and Juliette Chambon at Skira for their enthusiasm and commitment to the project from the very first meeting.

Cette exposition et ce catalogue doivent beaucoup à la collaboration et au soutien de:

This exhibition and catalogue owe a great deal to the collaboration and support of:

Ivan Shaw, Jasmine Kennedy, Condé Nast US;
Caroline Berton, Laure Fournis, Condé Nast France;
Thomas Abbe, Lucinda Abbe, Eli Abbe;
Erin Harris, The Richard Avedon Foundation;
Nadia Blumenfeld-Charbit;
Karen Fenn, Suzanne Fenn;
Kathreen Hedges;
Deborah Hallam, Otto Fenn Personal Papers;
Andrew Cowan, Horst P. Horst Estate;
Åsa Rönngren, George Hoyningen-Huene Estate Archives AB;
Leslie Gill;
Peter Reznikoff;
Josh Lynes;
Ashley Swinford, Center for Creative Photography, Tucson;
Chris Karitevlis, ancien assistant de (former assistant to) Frances McLaughlin-Gill;
Corinne Jamet Vierny;
Sylvie Roy (Palais Galliera).

Ainsi que/as well as:

Lise Frigout;
Laurie Hurwitz;
Louise Prulière;
Daniel Regard et Pascale Géraud (Les Artisans du Regard).

Légendes/Captions p. 200-201

page de gauche/left page:
Vogue US, 1er septembre/1 September 1940
Photo Horst P. Horst
Vogue US, 1er juin/1 June 1940
Photo Horst P. Horst
Vogue US, 1er août/1 August 1951
Photo Irving Penn
Harper's Bazaar, mars/March 1945
Photo Louise Dahl-Wolfe

page de droite/right page:
Vogue US, 1er mai/1 May 1952
Photo Irving Penn
Harper's Bazaar, novembre/November 1944
Photo Louise Dahl-Wolfe
Vogue US, décembre/December 1950
Photo Irving Penn
Vogue US, 1er septembre/1 September 1951
Photo Irving Penn

Prêts de l'Archive Tom Penn/
Loans from the Tom Penn Archive

ÉDITIONS SKIRA PARIS
14, rue Serpente
75006 Paris
www.skira.net

Responsable des éditions
Senior editor
Nathalie Prat-Couadau

Responsable du projet
Project manager
Juliette Chambon

**Chargée de projets éditoriaux
et commerciaux**
Commercial and editorial
projects manager
Meryl Mason

Assistants éditoriaux
Editorial assistants
Roxanne Rebours
Alexandre Hervé

Conception graphique
Graphic design
Agnès Dahan Studio
Agnès Dahan et Raphaëlle Picquet
assistées de Roméo Abergel

Traduction
Translation
Marc Feustel

Relecture
Copyediting and proofreading
Laure Barbosa – Français
Tim Stroud – English

Photogravure
Colour separation
Les Artisans du Regard

ISBN 978-2-37074-238-4
© Éditions Skira Paris, 2024
© Maison Européenne de la Photographie, Paris, 2024

Achevé d'imprimer en janvier 2024 sur les presses
de Graphius à Gand, Belgique
Dépôt légal janvier 2024
Printed in January 2024 by Graphius, Ghent, Belgium
Legal deposit January 2024